Herrmann

Dichterinnen & Denkerinnen

Katharina Herrmann

Dichterinnen & Denkerinnen

Frauen, die trotzdem geschrieben haben

Mit Illustrationen von Tanja Kischel

RECLAM

2020 Philipp Reclam jun. Verlag GmbH,
Siemensstraße 32, 71254 Ditzingen
Umschlaggestaltung und Illustrationen: Tanja Kischel
Druck und buchbinderische Verarbeitung:
Friedrich Pustet GmbH & Co. KG,
Gutenbergstraße 8, 93051 Regensburg
Printed in Germany 2020

ISBN 978-3-15-011243-4

Auch als E-Book erhältlich

www.reclam.de

Inhalt

Eine kleine Geschichte des Lebens und Schreibens

Wenn Sie an Ihren Deutschunterricht in der Schule denken: An wie viele Autorinnen, die sie gelesen haben, können Sie sich erinnern? Ich erinnere mich nur an wenige. Als Schülerin nahm ich an, es hätte vor 1900 neben Annette von Droste-Hülshoff praktisch keine Schriftstellerinnen gegeben. Vermutlich, weil Frauen gar nicht schreiben durften, oder so ... Viele Gedanken machte ich mir darüber, ehrlich gesagt, damals nicht. Ich nahm es einfach hin. Deutschland war eben ein Land der Dichter und Denker. So sagt man ja.

Ich habe erst später gemerkt, dass das gar nicht stimmt. Tatsächlich hat es hunderte Autorinnen gegeben, die erfolgreich geschrieben haben. Deutschland war immer auch ein Land der Dichterinnen und Denkerinnen. Sie sind nur irgendwann aus der Literaturgeschichte verschwunden, vor allem deswegen, weil es eben noch gar nicht so lange her ist, dass Frauen in der Öffentlichkeit deutlich weniger zu sagen hatten als Männer, weswegen sie nicht Teil der öffentlichen Erinnerungskultur wurden.

Autorinnen mussten unter grundlegend anderen Bedingungen schreiben als Autoren: Sie hatten in der Regel weniger Zugang zu Bildung – der Besuch eines Gymnasiums oder gar ein Studium war für sie lange schlicht nicht möglich. Und auch als beides für Frauen möglich wurde, hatten nur wenige die Chance, diesen Weg zu gehen. Zudem stand es Frauen lange nicht zu, einen eigenen Beruf auszuüben und ernsthaft kreativ zu sein – ja, lange Zeit galten sie nicht einmal als vollwertige Individuen. Ihr Raum war in der Regel das Private. Von der Familie und von den Ehemännern hing es maßgeblich ab, ob sie schreiben durften oder nicht. So bedeutet von Autorinnen zu erzählen auch immer, von ihren Familien und ihren Ehen zu erzählen. Beides spielte im Leben von Dichterinnen eine ganz andere Rolle als in dem von Dichtern.

Das Werk von Autorinnen wurde lange nicht anerkannt, wurde höchstens als Unterhaltungsliteratur, nicht aber als Kunst bewertet. Gerade vor 1900 schrieben Frauen unter Bedingungen, die es eigentlich unmöglich machten zu schreiben, eben weil Frauen deutlich dem

Mann untergeordnet waren. Und diese Bedingungen änderten sich nur langsam – und wirken bis heute nach.

Die hier vorgestellten Schriftstellerinnen schrieben trotzdem. Sie schrieben, um zumindest über einen Teil ihres Lebens selbst bestimmen zu können. Dass sie das konnten und taten, ist Zeichen ihres Mutes und ihrer ausnehmenden Intelligenz und Begabung. Und manchmal auch: ihres Humors. All das zeigt sich in ihren Biographien – aber vor allem auch in ihren Werken. Es ist Zeit, sie neu zu lesen.

Ausgewählt habe ich zum einen Schriftstellerinnen, die so wichtig und bekannt sind, dass sie nicht fehlen durften, zum anderen sollten aber auch Autorinnen dabei sein, die heute praktisch völlig vergessen sind – weil es doch Spaß macht, etwas wiederzufinden, das einmal verloren gegangen ist. Zudem sollte es aus jeder Epoche der Literaturgeschichte eine Vertreterin geben, angefangen mit einem zentralen literaturgeschichtlichen Ereignis, mit Gottscheds Theaterreform, und endend mit Schriftstellerinnen, deren Wirken bis in die jüngste Vergangenheit der DDR und BRD hineinreicht.

So sollen hier 20 Dichterinnen vorgestellt werden. Jedes Porträt ist dabei für sich allein lesbar, aber beim Lesen entspinnt sich auch eine kleine Geschichte des Lebens und Schreibens von Autorinnen in Deutschland, und das über einen Zeitraum von mehr als 250 Jahren hinweg. Dabei werden zumindest am Rande auch andere Autorinnen erwähnt, deren Wege sich mit den hier vorgestellten Frauen gekreuzt haben. Sie sind als Wegweiser zu sehen, die zum weiteren eigenen Entdecken einladen sollen. Bei Interesse können Sie ein Verzeichnis der von mir verwendeten Literatur auf meinem Blog www.kulturgeschwaetz.de unter dem Menüpunkt »Dichterinnen und Denkerinnen« einsehen.

Die Zeiten haben sich geändert, und es gibt viel zu entdecken: Hunderte begabte Autorinnen warten darauf, wieder gelesen zu werden. Dazu möchte ich Sie nun einladen.

Luise Adelgunde Victorie Gottsched (1713–1762)

Die Reform des deutschen Theaters

Was muss das für eine Aufregung gegeben haben im Haus von Luise und Johann Gottsched! Zensur eines Theaterstücks, eingeworfene Fensterscheiben bei einem Pastor in Hamburg – und alles wegen einer anonym herausgegebenen Komödie Luises, die der Theaterauffassung ihres Mannes Johann folgte. Dass diese Theaterreform im wahrsten Sinne des Wortes durchschlagenden Erfolg haben würde, hatten die beiden so vermutlich nicht erwartet.

Doch der Reihe nach: Bis ins 18. Jahrhundert hinein wurde die deutschsprachige Theaterlandschaft, wie sie dem einfachen Volk zugänglich war, von Wanderbühnen dominiert: Umherfahrende Schauspielergruppen, in denen einzelne Schauspielerinnen und Schauspieler feste Rollen wie den »Dümmling«, die »jugendliche Verliebte«, den »Intriganten« oder die »Heldin« einnahmen, spielten vorwiegend Stegreifstücke ohne oder mit nur teilweise feststehendem Text. Häufig wurden die Stücke durch Einlagen eines Harlekins unterbrochen, die von einem recht derben Humor gekennzeichnet waren – die Wanderbühnen richteten sich eben an ein meist ungebildetes, sich nach Unterhaltung sehnendes Publikum.

Das wollte Johann Christoph Gottsched im 18. Jahrhundert mit seiner Theaterreform ändern: Das Publikum hatte etwas Besseres verdient. Nein, noch mehr – das Publikum selbst sollte durch das Theater gebessert werden. Sein Ziel war es, ein deutsches Nationaltheater nach französischem Vorbild zu errichten, in dem schriftlich fixierte Stücke gespielt wurden, die die Zuschauer ganz im Geiste der Frühaufklärung moralisch bessern sollten. Der Beruf der Schauspieler sollte mehr Akzeptanz erhalten und ihre wirtschaftliche Not gelindert werden – als fahrendes Volk waren Schauspieler bislang ständig von Armut bedroht gewesen.

Damit die Schauspielgruppen aber überhaupt angemessene Stücke spielen konnten – das Drama des Barock war für die vernünftige Dichtkunst, die Gottsched vorschwebte, zu schwülstig –, mussten erst einmal entsprechende Stücke in deutscher Sprache geschrieben werden: »Natürlich« sollten sie sein, also schlicht und logisch, dem

Vorbild des französischen Dramas folgend, und sie sollten die Vernunft des Publikums fördern.

Es wurde zu Johann Christoph Gottscheds Lebensprojekt. Aber nicht allein das seine: Ihn unterstützte seine Frau, Luise Adelgunde Victorie Gottsched. Die Theaterreform war also eigentlich ein eheliches Gemeinschaftsprojekt, zusammen arbeiteten sie an theoretischen Ausführungen über das Theater, wie es sein sollte, und an neuen Stücken, die den eigenen Ansprüchen entsprechen sollten. Ohne Luise Gottsched als hoch gebildete wie literarisch begabte Vertreterin der Aufklärung wäre die Theaterreform in dieser Form also vielleicht nie möglich gewesen.

Am 11. April 1713 in Danzig als Tochter des Arztes Johann Georg Kulmus und seiner aus einer Augsburger Patrizierfamilie stammenden Frau Katharina Dorothea Kulmus geboren, hatte Luise Adelgunde Victorie Kulmus das Glück gehabt, eine gute Ausbildung zu erhalten und schon früh sogar Französisch und Englisch lernen zu können. Zu dieser Zeit keine Selbstverständlichkeit! Vor allem wurde sie auch in Poesie unterrichtet, und mit 14 schrieb sie bereits so ausgezeichnete Gedichte, dass sie das Interesse Johann Christoph Gottscheds weckte. 1729 lernte er sie bei einem Besuch kennen, und beide hielten Briefkontakt. In den Briefen ging es aber nicht nur um Literatur: Gottsched warb auch um sie. Aus unterschiedlichen Gründen verzögerte sich eine Verlobung, obwohl in den Briefen beide ihre Zuneigung füreinander ausdrückten.

Erst 1735, also sechs Jahre später – Johann Gottsched war seit 1734 Professor in Leipzig, verfügte also über ein Einkommen, das die Gründung eines eigenen Hausstandes erlaubte, wohingegen die Eltern von Luise Kulmus inzwischen gestorben waren – heiratete die nun 22-Jährige den 13 Jahre älteren Johann Gottsched und wurde so Luise Gottsched. Schon bevor die Ehe geschlossen wurde, war beiden klar, dass ihre Beziehung ganz den Idealen der Aufklärung und der Vernunft folgen würde, dass sie also mehr ein intellektuelles als ein emotionales Band verbunden hielt. So schrieb sie am 1. März 1735 in ihrem letzten Brief vor der Hochzeit an ihn: »Sie haben Recht, dass Sie unsere Liebe eine philosophische Liebe nennen. Sie ist von den so oft gewöhnlichen Bündnissen, welchen man zwar auch diesen Namen beizulegen pfleget, sehr unterschieden.«

Nach der Hochzeit beteiligte sich Luise Gottsched nicht nur rege an den Vorhaben ihres Mannes, indem sie die Korrespondenzen führte, die Bibliothek aufbaute, unterschiedliche Bücher und Zeitschriften übersetzte, Schriftstücke abschrieb, Rezensionen verfasste, sondern indem sie eigene Voruntersuchungen zu den Werken ihres Mannes wie der *Sprachkunst* oder der *Deutschen Schaubühne* durchführte und zu beiden auch eigene Beiträge lieferte. Die Ehe blieb kinderlos, und Gottsched, die sich durchaus Kinder wünschte, dürfte sich umso mehr in ihre Arbeit und die Unterstützung ihres Mannes gestürzt haben, wie ein Brief an Freifrau von Kunkel vom 14. November 1736 vermuten lässt:

> Nein, gnädige Frau, die Vorsehung hat noch nicht für gut befunden, mich mit einem Kinde zu begnadigen. Ich würde es gewiss als ein Geschenk des Himmels ansehen, allein auch im Fall ich keins von ihm erhalten soll, ergebe ich mich in dem Willen Gottes. [...] Ich will, im Fall mir die Vorsehung diese Wohltat, aus weisen und mir ersprießlichen Absichten, versagen sollte, mich desto eifriger bemühen, meinen Beruf auf andere Art treulich zu erfüllen. Ich arbeite viel, und lerne noch mehr. [...] An allen diesen würde ich verhindert werden, wenn ich ein Kind hätte, denn auf dieses würde ich meine ganze Zeit verwenden.

Schnell wurde sie so eine Figur des literarischen Lebens – die sich nicht alle Vorschriften gefallen ließ: Obwohl Frauen keinen Zutritt zu Vorlesungssälen hatten, folgte sie ihrem Mann, dem Professor, heimlich zu seinen Vorlesungen und lauschte hinter der offenen Tür, zudem lernte sie Latein – durchaus auf den Wunsch Johann Gottscheds hin. Außerdem schrieb sie eine *Geschichte der lyrischen Dichtkunst der Deutschen*, für die sich aber leider kein Verleger fand. Dennoch verstieß Luise Gottsched im Großen nicht gegen das Frauenbild ihrer Zeit, das von der Überzeugung geprägt war, dass Frauen über einen anderen Verstand verfügten als Männer: Ihr Verstand sei anschaulich, sinnlich, konkret, während der Verstand des Mannes auch abstrakte und theoretische Gedanken fassen könne. Dies und die dem Mann untergeordnete Rolle der Frau stellte Luise Gottsched ebenso wenig in Frage wie die zeitgemäße Überzeugung, dass der Frau bestimmte Tätigkeiten nicht zustünden. Als Johann Gottsched

1732 die 19-Jährige als zweite Dichterin überhaupt nach Christiana Mariana von Ziegler, die Texte für mehrere Kantaten von Johann Sebastian Bach geschrieben hatte, in die Deutsche Gesellschaft aufnehmen wollte, lehnte sie dies in einem Brief vom 19. Juli 1732 ab: »Ich erlaube meinem Geschlechte einen kleinen Umweg zu nehmen; allein, wo wir unsre Grenzen aus dem Gesichte verlieren, so geraten wir in ein Labyrinth, und verlieren den Leitfaden unserer schwachen Vernunft, die uns doch glücklich ans Ende bringen sollte.«

Kleinere Umwege waren also trotzdem erlaubt – und waren der begabten Luise Gottsched wohl auch ein Bedürfnis. Und so gestattete sie sich diese Umwege: Sie übersetzte nicht nur Theaterstücke, sondern übernahm im großen Projekt »Theaterreform« vor allem auch den Bereich der Komödie – wobei die Komödie im Vergleich zur Tragödie als die niedrigere Form des Dramas galt und daher auch von einer Frau bearbeitet werden konnte. Freilich hielt sie sich beim Verfassen ihrer Stücke weitestgehend an die Regeln, die ihr Mann für das neue Theater aufgestellt hatte.

Ihr bekanntestes Stück wurde *Die Pietisterey im Fischbein-Rocke oder Die Doctormäßige Frau* von 1736. Wie der Name schon sagt, handelt es sich ganz im Sinne des Vernunftideals der Aufklärung um eine Satire auf die schwärmerische religiöse Strömung des Pietismus: Der Pietismus war eine Bewegung im Protestantismus des 17. und 18. Jahrhunderts, der eine persönliche, gefühlsbetonte Herzensfrömmigkeit forderte – und deswegen Vertretern der Aufklärung als unvernünftig, ja bisweilen lächerlich erscheinen musste. Und eben diese in Luise Gottscheds Augen irrationale Gefühlsfrömmigkeit setzt ihr Drama dem Spott und der Kritik aus: In der Komödie versucht Magister Scheinfromm, der sich als pietistischer Gottesmann ausgibt, die Abwesenheit von Herrn Glaubeleicht zu nutzen, um auf Frau Glaubeleichtin Einfluss zu nehmen. Diese lässt sich von Scheinfromm und seinen pietistischen Lehren blenden und legt jede Vernunft ab: Sie vernachlässigt ihre Pflichten, zahlt den Angestellten keinen Lohn, entwickelt dafür abstruse theologische Lehren, will schließlich gar eine theologische Abhandlung schreiben, womit sie vollends gegen das Frauenbild ihrer Zeit verstößt, das Autorschaft und Wissenschaft nur Männern zugestanden hat. Vor allem aber lässt sie sich von Scheinfromm um den Finger wickeln, der möchte, dass ihre Tochter Luise, die eigentlich Herrn Liebmann versprochen ist, seinen ungebildeten, unansehnlichen und armen Vetter Herrn von Muckersdorff heiratet. Damit hofft er, den gesamten Besitz der wohlhabenden Familie Glaubeleicht zum Besitz seiner eigenen Familie zu machen – was er allerdings nicht offen zugibt. So behauptet er beispielsweise im Gespräch mit Cathrine, einer Bediensteten der Familie, seine Motive wären allein religiöser Natur, es ginge ihm um nichts anderes als das Seelenheil Luises:

HERR SCHEINFROMM. Aus Eigennutz tue ich das alles nicht; von diesem Laster bin ich durch die Gnade Gottes schon lange Zeit befreiet. Nein, ich tue es aus bloßem Eifer vor Jungfer Luischens Seligkeit.

CATHRINE. O! das sieht man wohl.

HERR SCHEINFROMM. Denn, denkt nur selbst nach. Herr Liebmann ist ein junger, liebenswürdiger Mensch; er ist ganz weltlich; er hat eure Jungfer lieb, und sie ihn. Allein diese Liebe bei den beiden Leuten möchte wohl nur bloß ein natürliches Werk sein; und nicht der Göttlichen Gnade und Barmherzigkeit.

CATHRINE. Davor schwöre ich freilich nicht.

HERR SCHEINFROMM. Heiraten sich nun die beiden Leute; so würden sie sich vielleicht ihre ganze Lebens-Zeit so lieb haben.

CATHRINE. Das ist allerdings zu besorgen.

HERR SCHEINFROMM. Und damit wären zwei arme Seelen auf ewig den Lüsten des verderbten Fleisches unterworfen.

CATHRINE. Ich bitte sie drum. Das ist ja noch ärger, als eine öffentliche Kirchen-Buße!

HERR SCHEINFROMM. Freilich: Heiratet sie aber meinen Vetter: so kriegt sie einen Mann, der gar nicht angenehm ist, und denn wird sie also nicht anders, als mit Göttlichen Beistande und Mitwirkung einer übernatürlichen Gnade lieben können; so werden sie denn in einer heiligen Vereinigung leben, und keine verderbte Lüste kennen.

CATHRINE. Das gesteh ich! Wie Herr Magister? So bald sich in der Liebe zweier Eheleute ein wenig natürliche Liebe mischet; so ist's Sünde?

HERR SCHEINFROMM. Ja, meine Tochter! Alles was die Natur uns befiehlt zu tun; alle Empfindungen, die von ihr kommen, als was nicht bloß die Göttliche Gnade in uns wirket, das ist Sünde.

CATHRINE. Warum denn das?

HERR SCHEINFROMM. Je darum: Weil die ganze Natur in ihrer Quelle, in ihrem Wesen, und in ihrer inneren Beschaffenheit verderbt ist. Ein Ungläubiger, der seinem Vater unzählige Wohltaten tut, der darf nicht denken, dass er was Gutes tue: Sünde tut er. Eine Mutter die ihre Kinder liebt; eine Frau, die ihrem Manne treu ist, wenn sie es nicht bloß durch die Kraft einer übernatürlichen Gnade tut, so sündigt sie.

CATHRINE. Das ist ja betrübt. So werden wir auf die Art lauter Affen und Meerkatzen heirathen müssen, die wir nur durch eine übernatürliche Beihilfe lieben können. Wahrhaftig, ich weiß nicht, ob dieser Glaube die Leute glücklich macht. Aber es schadet nicht; gehn sie nur zur Frau Glaubeleichtin, denn sie erwartet sie.

Das von einem französischen Dramentext inspirierte Stück spielt in Königsberg, zu dieser Zeit eine Hochburg des Pietismus in Deutschland. Dort wurde es sofort verboten. Überhaupt schien das Stück den Nerv der Zeit getroffen zu haben, wurde es doch Anlass für ein neues, strenges Zensuredikt in Preußen. Friedrich Wilhelm I., der dem Pietismus nahestand, bezeichnete es als eine »gottlose Schmäh-Schrift«. Mit Ärger hatten vielleicht auch die Eheleute selbst gerechnet, der Text, der vermutlich nie aufgeführt worden war, wurde anonym veröffentlicht, zwei fingierte Vorworte lenkten den Verdacht auf einen namenlosen männlichen Autor, der angibt, er habe das Stück nie veröffentlichen wollen, dies sei gegen seinen Willen geschehen. Man wusste also um die Brisanz der Komödie – und tatsächlich warf man dem Hamburger Pastor Erdmann Neumeister, ein erbitterter Gegner des Pietismus, die Fensterscheiben ein, weil man vermutete, er sei der Autor. Man hatte selbst den Verlagsort geändert: Der Verleger Breitkopf aus Leipzig, in dessen Haus die Gottscheds lebten, ließ nicht Leipzig, sondern Rostock, eine Hochburg des Anti-Pietismus, als Druckort auf das Titelblatt setzen, um jeden Verdacht von den Gottscheds zu lenken. Erst nach dem Tod Luise Gottscheds am 26. Juni 1762 in Leipzig machte Johann Gottsched in einer Darstellung ihres Lebens ihre Autorschaft öffentlich.

In den letzten zwei Jahren vor ihrem Tod war die Dichterin gesundheitlich extrem angeschlagen: Immer wieder litt sie unter Ohnmachtsanfällen, sie konnte kaum schreiben und essen, verließ in ihrem letzten halben Lebensjahr das Haus nicht mehr. Ihre Ehe war schon längst unglücklich: Nicht nur war ihr Johann Gottsched wohl untreu, die ständige Arbeitsbelastung für sein Werk schränkte ihr Schaffen am eigenen Werk extrem ein. In einem Brief an ihre enge Freundin Henriette von Runckel vom 4. März 1762, also knapp drei Monate vor ihrem Tod, machte Luise Gottsched die Arbeit für ihren Mann für ihre Krankheit verantwortlich: »Fragen Sie nach der Ursache meiner Krankheit? Hier ist sie: Acht und zwanzig Jahre ununterbrochene Arbeit, Gram im Verborgenen und sechs Jahre lang unzählige Thränen.«

Sie starb nach mehreren Schlaganfällen, teilweise gelähmt. Was hätte sie nur für ein Leben führen, was hätte sie alles schreiben können, wenn sie frei hätte entscheiden dürfen? Und dennoch: In diesem eingeengten Leben hatte Luise Gottsched auf kleinen Umwegen den Raum geweitet, der weiblicher Autorschaft in ihrer Zeit zukam; sie schrieb, obwohl sie selbst den Überzeugungen ihrer Zeit gemäß wohl angenommen hatte, dass dies Frauen eigentlich nicht zustünde. Sie schrieb trotzdem, nahm immer wieder Mut und Kraft zusammen. Und im Heimlichen ging sie sogar so weit, eine Tragödie zu schreiben, obwohl diese Gattung nur Männern zukam: *Panthea* von 1744 wurde erst posthum veröffentlicht – Luise Gottsched hielt es für ihr bestes Werk. Das Schlusswort der Heldin des Stückes wirkt wie ein Plädoyer für die Mündigkeit und Selbstständigkeit der Frau:

Jedoch, was klagt mein Schmerz der Götter Fügung an,
Da, wenn ich standhaft bin, ich selbst mir helfen kann.

Ausgewählte Werke

Dramen: *Die Pietisterey im Fischbein-Rocke oder Die Doctormäßige Frau* (1736), *Die ungleiche Heyrath* (1743), *Die Hausfranzösinnen, oder Die Mammsell* (1744), *Panthea* (1744), *Das Testament* (1745), *Herr Witzling* (1745).

Sophie von La Roche (1730–1807)

Die Erfindung des »Frauenromans«

Der Pietismus, den Luise Gottsched in ihrem Drama verspottet hatte, prägte die Jugend von Sophie von La Roche. Am 6. Dezember 1730 als Tochter des Arztes Georg Friedrich Gutermann und seiner Frau Regina Barbara Gutermann in Biberach an der Riß geboren, wuchs Sophie Gutermann in großbürgerlichen Verhältnissen in Augsburg auf. Ihr ehrgeiziger Vater ließ ihr eine gute, für Mädchen typische Bildung zukommen und weckte schon früh ihre Liebe zu Büchern, wie sie es ausdrückte – bereits mit drei Jahren konnte sie lesen und las alles, was ihr gefiel. Eine klassische höhere Schulbildung, wie sie damals nur Jungen vorbehalten war, erhielt Sophie Gutermann jedoch trotz ihrer Begabungen nicht. Auch ihr Wunsch, Latein lernen zu dürfen, wurde ihr verwehrt; der Schwerpunkt ihrer Erziehung lag auf Sprache, Kunst, Literatur, Musik und Haushaltsführung, wie damals für Mädchen üblich.

Zusätzlich musste Sophie jeden Tag in pietistischen Schriften lesen – beide Eltern legten Wert auf eine strenge religiöse Erziehung. Für das junge Mädchen war das gewiss kein Vergnügen. Dennoch sollte für Sophie der Pietismus zeitlebens eine entscheidende Rolle spielen, obwohl sie durchaus noch mehr unter den religiösen Vorstellungen ihres Vaters zu leiden hatte: 1747 wurde sie mit 17 Jahren mit dem Italiener Giovanni Ludovico Bianconi, dem Leibarzt des Fürstbischofs von Augsburg, verlobt. Obwohl dieser 13 Jahre älter war als Sophie, war sie ihm aufrichtig zugeneigt, nicht zuletzt deswegen, weil er sie förderte: Er sorgte dafür, dass sie Klavier- und Gesangsunterricht erhielt und die italienische Sprache und Literatur kennenlernte. Doch die Verlobung wurde gelöst: Zwischen dem Katholiken Bianconi und Sophies Vater kam es zu einem unlösbaren Streit um einen Artikel des Ehevertrages. In einem autobiographischen Brief, der Bestandteil ihres letzten Romans *Melusinens Sommer-Abende* von 1806 ist, schildert sie das Problem so:

> [Bianconi] wollte aber alle Kinder katholisch, mein Vater hingegen die Mädchen lutherisch haben, und dies umso eif-

riger, als er nach seiner physischen Kenntnis glaubte, ich würde, da ich in vollblühender Gesundheit erst 19 Jahre, Biancone hingegen 35 zählte, und viel gelebt habe – mehr Kinder von meinem Geschlechte bekommen, als von dem seinen, also die lutherische Kirche mehr Seelen gewinnen.

Weil sich also Sophies Vater und ihr Verlobter über die Konfession der zukünftigen Kinder nicht einig werden konnten, wurde die Verlobung gelöst. Sophie hatte bei alledem nichts zu entscheiden. Was wie eine Komödie aus der Feder Luise Gottscheds klingt, war hier traurige Realität. Bianconi schlug ihr, ihrem autobiographischen Bericht zufolge, zwar vor, mit den Eltern zu brechen und ihn heimlich dennoch zu heiraten, Sophie jedoch wollte dem Vater keinen Kummer bereiten. So viel Rücksicht nahm ihre Familie auf ihre Situation nicht: Als sie nach der Abreise Bianconis weinte, wurde sie dafür zurechtgewiesen, und sie musste vor den Augen ihres Vaters alle Briefe und Geschenke, die sie von Bianconi erhalten hatte, zerstören. Im Gegenzug schwor sie sich, nie wieder zu singen, Klavier zu spielen oder Italienisch zu sprechen, damit sich niemand anderes an den Fähigkeiten, die sie ihrem ehemaligen Verlobten zu verdanken hatte, erfreuen konnte. Dieses Versprechen hielt sie ihrer Aussage nach ein Leben lang ein.

Während eines Aufenthalts in Biberach 1750 verlobte sich Gutermann mit ihrem Vetter Christoph Martin Wieland, der drei Jahre jünger war als sie und später einer der bedeutendsten Schriftsteller der Aufklärung und neben Johann Gottfried Herder, Johann Wolfgang Goethe und Friedrich Schiller ein Teil des Weimarer Viergestirns werden sollte. Bereits zu dieser Zeit hatte Sophie Gutermann wohl auch schon selbst geschrieben – zumindest antwortete Wieland ihr in einem Brief vom März 1751: »Kurz Sie sind geschickt, eine vollkommne Dichterin zu werden; sie haben mir davon Proben gegeben; und was kann mir angenehmer sein, als zur Entwicklung und Aufklärung ihrer ungemeinen Geschicklichkeit etwas beizutragen.«

Allerdings legte er sie dann, ganz dem Frauenbild der Zeit entsprechend, eher auf die Rolle der Schülerin und Muse fest – ihre schriftstellerischen Versuche und Ideen waren im Briefwechsel vor allem ein Aufhänger für seine eigenen Überlegungen über Dichtung, hinter denen ihre Positionen verschwanden. Ihrer Entwicklung war dies nur in Maßen förderlich, war doch in der ihr zugewiesenen Rolle kein Raum dafür vorgesehen. Die beiden lebten räumlich weit getrennt. Schließlich zog Wieland nach Zürich und hielt seine Verlobte zunehmend auf Distanz, während sie relativ deutlich in ihren Briefen darauf drang, ihn besuchen zu kommen, wohl auch, um endlich zu heiraten. Dass Gutermann dies forcierte, lag nahe, denn sowohl ihre Eltern als auch die Eltern Wielands waren gegen die Verbindung. Ihrem Vater schien Wieland als Student ungeeignet, um seine Tochter zu versorgen. Die Eltern Wielands hielten Sophie Gutermann, da sie in Schloss Warthausen bei Komödien mitspielte, für »liederlich« und für eine »arglistige Coquette«, wie die Mutter am 10. Oktober 1753 an Johann Jacob Bodmer schrieb, bei dem Wieland in Zürich wohnte. Wielands Eltern hielten Briefe zwischen den beiden Verlobten zurück; wenig später, im Dezember 1753, heiratete Gutermann dann Georg Michael (genannt Frank) La Roche, den Privatsekretär von Friedrich von Stadion-Warthausen, und wurde so Sophie von La Roche.

Diese Vernunftehe stellte sie lebenslang zufrieden, sie war harmonisch, gab ihr geistige Anregungen und die Möglichkeit zur Erweiterung ihrer Bildung und ihres Erfahrungsschatzes, zudem finanzielle und gesellschaftliche Sicherheit. Mit Wieland verband sie dennoch weiterhin eine mal engere, mal losere Freundschaft. Immer wieder unterstützte sie ihn in privaten wie beruflichen Notlagen, so dass es wohl keine Übertreibung ist, wenn es in seinem Brief vom 20. Dezember 1805 anlässlich ihres 75. Geburtstags heißt: »Nichts ist wohl gewisser, als dass ich, wofern uns das Schicksal nicht im Jahre 1750 zusammengebracht hätte, kein Dichter geworden wäre.«

Aber auch Wieland unterstützte La Roche zuweilen in ihrer schriftstellerischen Laufbahn, insbesondere bei der Veröffentlichung ihres ersten Romans. Diesen verfasste sie erst viele Jahre später – ihre neuen Aufgaben als Ehefrau, Hofdame und Gesellschafterin in unterschiedlichen adligen Kreisen und die Geburt von acht Kindern, von denen leider nur fünf überlebten, ließen ihr zunächst keine Zeit für das Schreiben. 1768 beendete sie ihren Dienst bei Hofe und begann mit ihrem ersten Roman, den sie dann nach ihrem Umzug in das Bönnigheimer Schloss 1770 fertigstellte. Der Antrieb dazu war auch persönlicher Natur: Ironischerweise hatte ihr Vater den Forderungen La Roches, alle Kinder katholisch erziehen zu lassen, an der noch die Ehe mit Bianconi gescheitert war, zugestimmt, so dass nun alle Töchter in einem katholischen Pensionat erzogen wurden und der Mutter entzogen waren. Man kann sich vorstellen, was das für La Roche bedeutete. In ihrem autobiographischen Bericht in *Melusinens Sommer-Abende* erzählt sie, wie sie aus Trauer und auf Rat eines Freundes hin den Entschluss zu dem Roman fasste: »Doch ich wollte nun einmal ein papierenes Mädchen erziehen, weil ich meine eigenen nicht mehr hatte, und da half mir meine Einbildungskraft aus der Verlegenheit und schuf den Plan zu Sophiens Geschichte.«

Mit »Sophiens Geschichte« ist La Roches erster Roman, *Die Geschichte des Fräuleins von Sternheim,* gemeint, deren Protagonistin Sophie heißt und vielleicht genau deswegen von Lesern oft mit der Autorin identifiziert wurde. Der Roman wurde 1771 zunächst anonym veröffentlicht, zu ungewöhnlich schien eine Frau als Schriftstellerin zu sein. Wieland, der La Roche bei der Veröffentlichung unterstützt und den Text weitgehend überarbeitet und korrigiert hatte, beugte mit einem Vorwort der zu erwartenden Kritik an der Autorschaft einer Frau vor: Er wies darauf hin, dass der Text Mängel und Fehler aufweise, und wandte gegen eine zu strenge Beurteilung durch die (ausschließlich von Männern verfasste) Literaturkritik ein, dass die Autorin bescheiden und rechtschaffen sei, keineswegs daran gedacht habe, »für die Welt zu schreiben, oder ein Werk der Kunst hervorzubringen«, dass ihr Roman aber gerade für Frauen nützlich sein könne, weil sie am Vorbild der Protagonistin moralisch richtiges, einer Frau angemessenes Verhalten erlernen könnten: »Möchten doch, so dacht' ich bei hundert Stellen, möchten meine Töchter so denken, so handeln lernen wie Sophie Sternheim!« Dass eine Frau hier ein Buch geschrieben und veröffentlicht hatte, wurde also über den Nutzen, den dieses Buch durch seine Wirkung auf andere Frauen und vielleicht sogar auf Männer haben würde, legitimiert.

Wieland fungierte als Herausgeber des ersten »Frauenromans« und wies damit Schriftstellerinnen für die kommenden Jahrzehnte einen festen Platz zu: Literatur, die von Frauen geschrieben war, richtete sich in erster Linie auch an Frauen, sie war keine mit von männlichen Autoren verfasster Literatur vergleichbare Kunst, sondern bestenfalls nützliche Unterhaltung. Mehr als das gestanden die damaligen Vorstellungen von Männlichkeit und Weiblichkeit Autorinnen nicht zu. Und dennoch wurde damit gleichzeitig der Raum, der Frauen zugestanden wurde, etwas erweitert: *Die Geschichte des Fräuleins von Sternheim* wurde ein großer Erfolg, der Goethes bedeutenden Briefroman *Die Leiden des jungen Werther* inspirieren sollte. La Roche wurde zur berühmtesten Autorin ihrer Zeit, zur zentralen Autorin der Epoche der Empfindsamkeit, zur ersten »Bestsellerautorin«, und löste damit Luise Gottsched als berühmte Autorin in Deutschland ab. Dass weibliche Autorschaft weniger skandalös und leichter möglich wurde, war vielleicht auch diesem Erfolgsroman zu verdanken.

Aus heutiger Perspektive liest sich *Die Geschichte des Fräuleins von Sternheim* zunächst ungewöhnlich: Die damals moderne, heute jedoch ungebräuchliche Art, einen Roman aus mehreren Perspektiven zu erzählen, zeigt das große Talent Sophie von La Roches. Sie erzählte eine komplexe Handlung multiperspektivisch, und gab mal mehr, mal weniger Einblick in das Geschehen. Es handelt sich dabei um einen sogenannten Prüfungsroman: Die junge Sophie von Sternheim ist auf dem Land aufgewachsen und nach hohen moralischen Maßstäben pietistisch erzogen worden. Nach dem Tod ihrer Eltern muss sie jedoch zu ihrer Tante und ihrem Onkel ziehen und am Leben bei Hofe teilhaben, das ihr nicht zusagt, da sie viele der höfischen Aktivitäten als Zeitverschwendung und die höfischen Gepflogenheiten als eitles, unnatürliches Theater empfindet. Sophie von Sternheim möchte ehrlich und rechtschaffen leben, etwas Nützliches tun, insbesondere möchte sie sich für die Armen einsetzen. Außerdem verliebt sie sich in Lord Seymour, verbietet sich diese Gefühle aber, da sie einer Freundin, die die gleichen Gefühle hegt, nicht in die Quere kommen will. Sophie von Sternheim ahnt dabei nicht, welche Intrigen bei Hofe gesponnen werden, welche Rolle sie darin spielt und wie Lord Seymour über sie denkt. Seymour selbst hat mehr Einblick. Er schreibt über Sophie in einem Brief an einen Freund:

> Diese junge Dame ist eine Freundin des Fräulein C*, von welchem ich Ihnen schon geschrieben habe, das Fräulein Sternheim ist aber erst seit einigen Wochen hier, und zwar zum erstenmal; vorher war sie immer auf dem Lande gewesen. Erwarten Sie keine Ausrufungen über ihre Schönheit; aber glauben Sie mir, wenn ich sage, dass alle mögliche Grazien, deren die Bildung und Bewegung eines Frauenzimmers fähig ist, in ihr vereinigt sind; eine holde Ernsthaftigkeit in

ihrem Gesicht, eine edle anständige Höflichkeit in ihrem Bezeugen, die äußerste Zärtlichkeit gegen ihre Freundin, eine anbetungswürdige Güte und die feinste Empfindsamkeit der Seele; ist dies nicht die Stärke des englischen Erbes von ihrer Großmutter? Einen mit Wissenschaft und richtigen Begriffen gezierten Geist ohne das geringste Vorurteil, männlichen Mut, Grundsätze zu zeigen und zu behaupten, viele Talente mit der liebenswürdigsten Sittsamkeit verbunden; dieses gab ihr der rechtschaffene Mann, der das Glück hatte, ihr Vater zu sein. Nach dieser Beschreibung, mein Freund, können Sie den Eindruck beurteilen, welchen sie auf mich machte. Niemals, niemals ist mein Herz so eingenommen, so zufrieden mit der Liebe gewesen! Aber was werden Sie dazu sagen, dass man dieses edle, reizende Mädchen zu einer Mätresse des Fürsten bestimmt? dass mir Mylord verboten, ihr meine Zärtlichkeit zu zeigen, weil der Graf F. ohnehin befürchtet, man werde Mühe mit ihr haben? Doch behauptet er, dass sie deswegen an den Hof geführt worden sei. Ich zeigte meinem Oncle alle Verachtung, die ich wegen dieser Idee auf den Grafen Löbau, ihren Oncle, geworfen; ich wollte das Fräulein von dem abscheulichen Vorhaben benachrichtigen und bat Mylorden fußfällig, mir zu erlauben, durch meine Vermählung mit ihr, ihre Tugend, ihre Ehre und ihre Annehmlichkeiten zu retten. Er bat mich, ihn ruhig anzuhören, und sagte mir; er selbst verehre das Fräulein und sei überzeugt, dass sie das ganze schändliche Vorhaben zernichten werde; und er gab mir die Versicherung, dass, wenn sie ihrem würdigen Charakter gemäß handle, er sich ein Vergnügen davon machen wolle, ihre Tugend zu krönen. »Aber solang der ganze Hof sie als bestimmte Mätresse ansieht, werde ich nichts tun. Sie sollen keine Frau von zweideutigem Ruhme nehmen; halten Sie sich an das Fräulein C*, durch diese können Sie alles von den Gesinnungen der Sternheim erfahren: ich will Ihnen von den Unterhandlungen Nachricht geben, die der Graf F. auf sich genommen hat. Alle Züge des Charakters der Fräulein geben mir Hoffnung zu einem Triumphe der Tugend. Aber er muss vor den Augen der Welt erlanget werden.«

> – Mein Oheim erregte in mir die Begierde, den Fürsten gedemütigt zu sehen, und ich stellte mir den Widerstand der Tugend als ein entzückendes Schauspiel vor. Diese Gedanken brachten mich dahin, meine ganze Aufführung nach der Vorschrift meines Oheims einzurichten. Mylord Derby hat mir einen neuen Bewegungsgrund dazu gegeben. Er sah sie, und fasste gleich eine Begierde nach den seltnen Reizungen, die sie hat; denn Liebe kann man seine Neigung nicht nennen. Er ist mir mit seiner Erklärung schon zuvorgekommen; wenn er sie rührt, so ist mein Glück hin; ebenso hin, als wenn sie der Fürst erhielte; dann wenn sie einen Ruchlosen lieben kann, so hätte sie mich niemals geliebt. Aber ich bin elend, höchst elend durch die zärtlichste Liebe für einen würdigen Gegenstand, den ich unglücklicherweise mit den Fallstricken des Lasters umgeben sehe. Die Hoffnung in ihre Grundsätze, und die Furcht der menschlichen Schwachheit martern mich wechselsweise.

Lord Seymour, der also Sophie von Sternheims Tugendhaftigkeit überprüfen will – sie soll sich erst den Avancen des Fürsten widersetzen, bevor er ihr seine Liebe offenbart –, hat seine Rechnung aber ohne Lord Derby gemacht, der die höfische Intrige besser beherrscht als alle anderen. Sophie, die von alledem nichts ahnt, wird wenig später glauben, ihre scheinbar verlorene Tugend nur durch eine heimliche Ehe mit Derby, der sich als Retter in der Not gibt, wiederherstellen zu können. Sie wird von diesem aber hinters Licht geführt und muss sich immer wieder angesichts widriger Schicksalsschläge beweisen.

Sophie von Sternheim verkörpert vollkommen das bürgerliche Frauenideal ihrer Zeit: Sie ist tugendhaft, empfindsam, übertritt den Platz, der Frauen zusteht, im Großen an keiner Stelle – ebenso wie die Autorin, Sophie von La Roche. Aber im Kleinen erschließt auch die Figur Sophie von Sternheim neue Handlungsräume für Frauen: Sie entscheidet eigenständig, und es wird ihr zugestanden, sich auch eigenständig falsch entscheiden zu dürfen. Sie entzieht sich männlicher Bevormundung, tritt für das Ideal einer partnerschaftlichen Ehe ein und erobert Frauen im sozialen Engagement für Schwächere einen eigenen Handlungsraum außerhalb der Ehe und innerhalb des öffentlichen Raumes, der ansonsten Männern vorbehalten war. Sosehr *Die Geschichte des Fräuleins von Sternheim* also die damaligen Rollenbilder bestätigte und forttrug, so sehr gelang dem Roman und der Autorin doch der Fortschritt im Kleinen.

Nahezu zeitgleich mit der Veröffentlichung des ersten Romans musste La Roche einen Umzug bewältigen: Ihr Mann wurde 1771 Konferenzminister des Fürstbischofs von Trier, die Familie zog nach Koblenz. Dort wurde das Haus der La Roches bald zu einem Treffpunkt für Künstler und Gelehrte; Friedrich Heinrich und Johann Georg Jacobi, Johann Heinrich Merck, Johann Caspar Lavater, Johann Wolfgang Goethe, Johann Bernhard Basedow und andere gingen ein und aus. 1775 wurde Georg Friedrich Frank La Roche in den Adelsstand erhoben – und 1780 wegen Kritik an Adel und Mönchswesen entlassen. Die Familie zog nach Speyer, wo die Eheleute einen vergleichsweise kümmerlichen, gesellschaftlich unbedeutenden Ruhestand verlebten, dennoch aber zahlreiche Kontakte pflegten und unter anderem von Friedrich Schiller besucht wurden. Vor allem erlaubte es die neue, ruhigere Situation La Roche, größere Reisen selbstständig zu planen und durchzuführen, wovon zahlreiche Reiseberichte zeugen. Zudem gab sie in den Jahren 1783 und 1784 mit *Pomona. Für Teutschlands Töchter* als erste Frau eine Frauenzeitschrift heraus – auch diese Position war bislang Männern vorbehalten gewesen. Die Zeitschrift enthielt Beiträge zu allgemeinbildenden Themen, Reiseberichte, Beiträge über Mode, Moral und Tanz. Doch obwohl Katharina die Große 500 Exemplare kaufte, konnte sie sich auf dem Markt nicht halten – wohl auch deswegen, weil sie kaum durch männliche Kollegen in deren Zeitschriften beworben wurde.

1788 starb Georg Friedrich Frank von La Roche, zwei Jahre, nachdem sie nach Offenbach am Main gezogen waren. Als dann auch noch 1794 La Roches Witwenversorgung aufgrund der französischen Besetzung des linken Rheinufers entfiel, war sie darauf angewiesen, ihren Lebensunterhalt durch das Schreiben zu bestreiten. Dies war umso drängender, da sie nach dem Tod ihrer Tochter Maximiliane im Jahr zuvor drei ihrer acht Kinder bei sich aufgenommen hatte: Über Maximiliane war La Roche die Großmutter von Clemens Brentano und Bettine von Arnim geworden, und aus der Überlieferung Bettine von Arnims ist heute bekannt, dass La Roche hervorragend schwäbisch fluchen konnte.

La Roche gelang es trotz aller Widrigkeiten weitgehend, durch das

Schreiben ihren Lebensunterhalt zu finanzieren, zudem unterstützte sie ihre Familie – und schließlich half noch einmal Wieland. Obwohl die beiden sich auseinandergelebt hatten, trieb Wieland 1806 die Veröffentlichung von *Melusinens Sommer-Abende* voran. In der von Männern dominierten Welt der hohen Literatur fand ihr Werk keinen Anklang mehr – für die ästhetischen Vorstellungen der Weimarer Klassik waren ihre Romane zu sehr der Empfindsamkeit verhaftet –, und um als Muse wahrgenommen zu werden, war sie zu alt. Aber sie wurde gelesen und konnte sich durch die Schriftstellerei, die ihr noch einige Jahrzehnte zuvor keineswegs selbstverständlich offengestanden hatte, weitgehend selbst ernähren. In *Melusinens Sommer-Abende* resümiert sie die letzten Jahre ihres Lebens: »Alles, was ich nachher schrieb, war Folge der Umstände, welche die unselige Revolution in Frankreich über Deutschland wälzte und meine Feder zu einer Art Stütze für mich machte.«

Die Feder, mit der Sophie von La Roche schrieb, war ihre Stütze – sie war es schon gewesen, als sie ein »papierenes Mädchen« anstelle ihrer Töchter erziehen musste. Im Rahmen der Möglichkeiten, die eine Frau in dieser Zeit hatte, lebte Sophie von La Roche ein stolzes, ambitioniertes Leben, in dem es ihr immer wieder gelang, für Frauen ungewöhnliche Freiheiten und Selbstständigkeiten zu erwirken. Sie starb am 18. Februar 1807 friedlich und bei klarem Verstand in Offenbach am Main. Nach ihrem Tod wurde sie in einem Nachruf als »berühmte Schriftstellerin« bezeichnet – und eine solche war sie geworden, obwohl ihr dies in der ersten Hälfte ihres Lebens noch unmöglich erschienen war.

Ausgewählte Werke

Prosa: *Die Geschichte des Fräuleins von Sternheim* (1771), *Briefe an Lina* (Bd. 1: Lina als Mädchen, 1785; Bd. 2: Lina als Mutter, 1795–97), *Neue moralische Erzählungen* (1786), *Geschichte von Miß Lony und Der schöne Bund* (1789), *Rosalie und Cleberg auf dem Lande* (1791), *Schönes Bild der Resignation, eine Erzählung* (1796), *Erscheinungen am See Oneida* (1798), *Fanny und Julia, oder die Freundinnen* (1801), *Liebe-Hütten* (1804), *Herbsttage* (1805); **Autobiographisches:** *Melusinens Sommer-Abende* (1806).

Caroline Auguste Fischer (1764–1842)

Das Recht einer Mutter auf ihre Kinder

Noch zu Lebzeiten von Sophie von La Roche wurde eine Schriftstellerin geboren, die mit den meisten Regeln brechen sollte, die für Frauen ihrer Zeit galten: Caroline Auguste Fischer begehrte auf und entwarf andere mögliche Lebenswege für Frauen – umso bedauerlicher, dass sie heute nahezu vergessen und über ihr Leben nur wenig bekannt ist.

Am 9. August 1764 wurde sie als Carolina Augusta Ferdinandini Venturini, Tochter des herzoglichen Kammermusikers Karl Heinrich Ernst Venturini und seiner Frau Charlotte Juliane Wilhelmine Venturini, geboren. Die wirtschaftlichen Verhältnisse der Familie waren eher bescheiden, aber die Eltern legten Wert auf eine gute Ausbildung ihrer Kinder. In welcher Form auch immer Caroline Auguste unterrichtet wurde – sie dürfte kaum wie ihre beiden Brüder einen geregelten Unterricht besucht haben –, ging ihre Bildung doch offensichtlich über die sonst für Mädchen in dieser Zeit übliche hinaus, wodurch ihre literarische Tätigkeit überhaupt erst möglich wurde.

Wann sie den Prediger und Pädagogen Johann Rudolph Christiani heiratete, ist unklar. Mit ihm ging sie nach Dänemark, wo er 1793 zum Hofprediger in Kopenhagen berufen wurde und ein Jahr später ein Erziehungsinstitut eröffnete, dessen Haushaltsführung Caroline Auguste Christiani übernahm. Nachdem eine gemeinsame Tochter verstorben war, wurde 1797 der Sohn Carl Rudolph Ferdinand geboren, den sie sehr liebte. Und vermutlich war es nicht zuletzt diese Liebe zu ihrem Sohn, die dazu führte, dass Caroline Auguste Christiani sich mit dem bürgerlichen Leben, das ihr schwerzufallen schien, und ihrer Ehe zu arrangieren versuchte. Sie hatte Kontakt zum dänischen Schriftsteller Jens Immanuel Baggesen, dem sie im September 1797 von ihren Eheproblemen schrieb:

> [I]ch habe endlich einmal die abgeschmackte Grille aufgegeben, Trauben auf den Disteln zu suchen und seitdem geht alles gut. Unsere Schlafzimmer sind zwar durch einen sehr ansehnlichen Raum getrennt und werden es so Gott will

> auch bleiben – allein demohngeachtet sind wir doch sehr gute und was mir besonders wichtig ist – sehr einige Freunde. […] Was der Himmel mir übrigens sonst aus Gnaden versagt haben mag, hat er mir hundert und tausendfältig in meinem herrlichen Jungen wiedergegeben – Etwas runderes lieblicheres, kraftvolleres, Herz und Geist erquickenderes als diesen Jungen kann man, glaube ich, nicht sehen.

Dennoch kam es 1798 zur Trennung der Christianis. Die Gründe dafür liegen im Dunkeln –aufgrund unterschiedlicher Äußerungen vermutet man aber, dass Caroline Auguste Christiani ihrem Mann, vielleicht mit Baggesen, untreu gewesen sein könnte. Die Scheidung wurde 1801 vollzogen. Sie erhielt zwar eine gute Unterhaltszahlung, das gemeinsame Kind wurde jedoch ihrem Mann zugesprochen, wie damals üblich. Ein Verlust, der sie schwer getroffen haben muss.

Spätestens zu dieser Zeit begann sie zu schreiben, zudem zog sie nach Dresden, wo sie mit dem Schriftsteller Christian August Fischer zusammenleben sollte. Unverheiratet, wohlgemerkt – womit sie massiv gegen die sozialen Regeln ihrer Zeit verstieß. So unkonventionell und mutig die Autorin auch lebte, so wenig selbstverständlich muss weibliche Autorschaft nach wie vor gewesen sein, denn ihren ersten Roman *Gustavs Verirrungen* veröffentlichte sie 1801 anonym, und auch alle folgenden Bücher ließ sie lediglich mit dem Hinweis »vom Verfasser von Gustavs Verirrungen« drucken. Das ist umso erstaunlicher, da Caroline Auguste Christiani sonst offensichtlich kein Problem damit hatte, gegen gesellschaftliche Regeln zu verstoßen: Nicht nur bekam sie 1803 mit Christian August Fischer einen unehelichen Sohn, sie heirateten auch erst 1808, womit sie zu Caroline Auguste Fischer wurde. Darüber hinaus entwarf sie in ihren Texten vor allem Frauenfiguren, die stark vom Weiblichkeitsideal der Zeit abwichen, ja ihm sogar völlig entgegengesetzt waren.

Caroline Auguste Fischer war, wenn man so will, eine frühe Streiterin für die Gleichberechtigung der Frau. In ihrem 1802 veröffentlichten Roman *Die Honigmonathe* wird dies besonders deutlich. Er steht in der Tradition der empfindsamen Briefromane, wie sie auch Sophie von La Roche geschrieben hat, ist aber weniger von der Empfindsamkeit, sondern eher von der Romantik geprägt. Die Handlung wird auch hier multiperspektivisch durch die Briefe unterschiedli-

cher Personen erzählt: Im Zentrum des Geschehens steht die tugendhafte, das Weiblichkeitsideal ihrer Zeit voll erfüllende Julie, die mit Olivier verheiratet wird, obwohl sie einen anderen liebt. Olivier, der dem Männlichkeitsideal der Zeit entspricht, quält Julie mit seinem Besitzstreben und seiner Eifersucht – ein Konflikt, den sein Freund Reinhold und Julies Freundin Wilhelmine auf unterschiedliche Art zu lösen versuchen. Wilhelmine ist eine Figur mit jenen Eigenschaften, die in dieser Zeit nur Männern zugestanden wurden: Sie ist aktiv statt passiv, eigensinnig, selbstständig, kritisch und versucht, Julie zu beschützen. Entsprechend wird sie als »Amazone« bezeichnet, zu dem Preis, dass ihr von Reinhold die Weiblichkeit, die Attraktivität abgesprochen wird. Das schreckt Wilhelmine jedoch nicht: Sie ist sich sicher, dass sie einen Mann finden wird, der zu ihr passt, und entwirft gar eigene Vorstellungen von der Ehe. Während einer Reise durch die Schweiz nach Italien schreibt sie an Julie:

> Ach! hätte ich nur ein Kind! nur ein einziges Kind! Ein solches Wesen, das ich mit Todesqual mir erkauft, mit Lebensgefahr mir erhalten hätte! – Ich wollte alles! ja Dich selbst wollte ich darüber vergessen.
>
> Nur Geduld! nur Geduld! nur nicht gelächelt! es wird sich alles finden! – In Italien gibt es noch Menschen, die Liebe verstehen. Bauer, oder Bürger, einerlei! »Mein Freund – sage ich dann – gefalle ich dir; so mögte ich wohl auf ein Jahr der fünf deine Frau werden. Sind wir glücklich; so geben wir noch vier Jahre zu. Dann drei, dann zwei, und zuletzt hast du die Freiheit, dich alle Jahr von mir zu trennen.
>
> Aber in der Zeit wo du mir gehörst, gehörst du mir ganz. Kein Laufen, kein Gaffen! das sage ich dir! – Ich binde mich; aber auch du bist gebunden. Hältst du nicht Wort; so ziehst du weiter. Aber die Kinder bleiben mir, oder aus der ganzen Sache wird nichts.«
>
> Du merkst wohl, dass ich die wichtigste Klausel zuletzt bringe. Ist er damit zufrieden, dann mag er nach den ersten fünf Jahren schon weiter ziehen, und den größten Teil meiner Reichtümer mitnehmen. Ich bleibe doch reicher als er.
>
> Ob er aber dabei glücklich sein wird? – O ja! wenn er vernünftig ist, warum nicht? – Ich würde für ihn braten und

kochen, ihn warten und pflegen und alles, was mir an Freuden bekannt wäre in unserm Hause versammlen. Aber, *die Kinder gehören mir!* damit wecke ich ihn des Morgens, und *die Kinder gehören mir!* wiederhole ich ihm des Abends, und wenn er das nicht vertragen kann; so zieht er weiter; oder zieht gar nicht, weil er nicht kommt.

Nichts von Inkonsequenz! die gewöhnlichen Ehen widerstehen mir noch eben so sehr wie vormals. Es ist mir unbegreiflich, warum sich die Leute schlechterdings auf das ganze Leben zusammen schmieden lassen.

Was wäre denn nun dabei verloren? wenn sie alle vier, oder fünf Jahre gesetzmäßig erinnert würden; wie viel große Ränke des Bräutigams und viel kleine der Braut erfoderlich waren, um des heiligen Joches würdig erachtet zu werden.

Nein! nein! auf kurze Zeit wenigstens müssten sie getrennt, und ohne feierliche Erklärung nicht wieder verbunden werden.

Denke Dir! alle fünf Jahre eine neue Hochzeit! Welch ein Familienfest! Väter, Mütter, Kinder, Gesinde, alles würde jauchzen, und jede eheliche Frau würde in ihrem Leben ein paar Dutzend Flitterwochen mehr zählen.

Sage nur, warum sind die Menschen nicht längst auf diesen Einfall gekommen? Warum wollen sie schlechterdings vor Langeweile sterben? Bewillkommen sich mit Gähnen Morgens und Abends, und denken auf kein Mittel zur Rettung.

Eine Ehe auf Zeit – das dürfte nicht nur damals unerhört gewesen sein, und es wird wohl großen Mut gekostet haben, eine solche Figur in einem Roman auftreten zu lassen! Zudem widersprach Fischer hier der damals üblichen Regelung, dass im Falle einer Trennung die Kinder stets dem Vater zugesprochen wurden. Vermutlich ist dies ein Echo auf den Verlust des eigenen Sohnes.

Aber die Dichterin – die in ihrer Zeit durchaus erfolgreich war und gelesen wurde – wandte sich mit ihrer Figur der Wilhelmine nicht nur gegen die gesellschaftlichen Konventionen, sie widersprach auch dem eigenen Lebensgefährten und späteren Ehemann Christian August Fischer. Scharf lässt die Autorin ihre Figur Wilhelmine den Bestseller ihrer Zeit *Elisa oder das Weib wie es seyn sollte* (1795) von Wilhelmine Karoline von Wobeser kritisieren, den sie als »himmelschreiend« und »abgeschmackt« bezeichnet. Die *Elisa* fordert von Frauen, was zu dieser Zeit generell von Frauen gefordert wurde: Unterordnung, Passivität, Einfühlsamkeit, Tugendhaftigkeit, Entsagung. Und Christian August Fischer hatte 1800 unter dem Titel *Über den Umgang der Weiber mit Männern* einen zweiten Teil zur *Elisa* geschrieben, in dem er diese Tendenzen sogar noch verstärkte. Mit der Figur der Wilhelmine widersprach Fischer ihm und ihrer Zeit und zeigte eine andere Möglichkeit auf, als Frau das eigene Leben zu gestalten: aktiv, selbstständig, zupackend.

Wie sich das Zusammenleben der Fischers angesichts dieser Differenzen gestaltet haben mag, muss im Dunkeln bleiben. Von Dauer war auch diese Beziehung nicht: Nur sieben Monate nach ihrer Hochzeit 1808 ließen sich die beiden wieder scheiden. Caroline Auguste Fischer wurde rechtlich eine Unterhaltszahlung zugeschrieben – und das Sorgerecht des gemeinsamen Sohnes! Ganz im Sinne ihrer Figur Wilhelmine hatte sie sich durchsetzen können. Christian August Fischer vermerkte in seinem Buch *Amtsführung* in der gängigen gelehrte und also »unweibliche« Frauen abwertenden Weise: »Im September 1808 verheiratete ich mich; diese Ehe ward aber schon nach sieben Monaten wieder getrennt. Jede gelehrte Frau und namentlich eine Schriftstellerin, macht in den meisten Fällen sich und ihren Mann unglücklich, zumal wenn sie der ältere Teil ist.« Dass eine Ehe mit einem Mann, der so von der eigenen Frau dachte, nicht funktionieren konnte, liegt auf der Hand.

Caroline Auguste Fischer ging mit ihrem Sohn nach Heidelberg, hielt sich mit dem Unterhalt, der allerdings ab 1813 nur noch unregelmäßig gezahlt wurde, ihrem Schreiben und vielleicht einer kleinen eigenen Erziehungsanstalt oder einer kleinen Leihbücherei finanziell über Wasser. Wie genau sie sich und ihren Sohn ernähren konnte, ist unklar, aber es gelang ihr, sie war selbstständig. 1814/15 zog sie nach Würzburg, veröffentlichte vor allem kürzere Beiträge in Zeitschriften und mischte sich in eine Diskussion über Kunst ein – ein Thema, zu dem Frauen eigentlich nichts zu sagen hatten. Adolph Müller bezeichnete sie daraufhin als »literarische[...] kunstrichterliche[...] Amazone«, womit es der Autorin wie ihrer Figur Wilhelmine erging.

Laut Zeitgenossen wurde Caroline Auguste Fischer im Lauf der Jahre zunehmend melancholisch. Ab 1820 erschienen keine Veröffentlichungen mehr von ihr. 1833 verbrachte sie, vermutlich aufgrund ihrer Melancholie, eine Zeit im Hospital, dann zog sie zu ihrem Sohn nach Frankfurt am Main. Er hatte sich dort eine bürgerliche Existenz aufgebaut, wollte bald heiraten – doch sein früher Tod im Juni 1834 durchkreuzte diese Pläne. Wieder verlor sie einen Sohn! Und damit verliert sich auch die Spur von Caroline Auguste Fischer bis zu ihrem Tod: Als die Dichterin am 26. Mai 1842 in einem Hospital in Frankfurt verstarb, hinterließ sie ein Vermögen von sechs Talern – man weiß nicht, wovon sie gelebt hatte, aber es war ihr gelungen, für sich zu sorgen. Sie starb als eine mutige Frau mit einer ungewöhnlichen Biographie und hinterließ neben diesen sechs Talern ein ebenso ungewöhnliches Werk, dessen Wiederentdeckung lohnt.

Ausgewählte Werke

Prosa: *Gustavs Verirrungen* (1801), *Vierzehn Tage in Paris* (1801), *Krauskopf und Goldlöckchen* (1802), *Selim und Zoraïde* (1802), *Paridamia oder die Krebsscheeren* (1802), *Die Honigmonathe* (1802), *Der Günstling* (1809), *Margarethe* (1812), *Kleine Erzählungen und romantische Skizzen* (1812).

Zur Abbildung: Da es keine Bilder von Caroline Auguste Fischer gibt, wurde anhand eines Bildes von ihrem Sohn versucht, ihr Aussehen zu rekonstruieren. Die Illustration basiert jedoch nicht auf einer authentischen Abbildung Fischers.

Johanna Schopenhauer (1766–1838)

Die Frage: Wer ist hier das Genie?

»Kennen Sie eigentlich Arthur Schopenhauer, den Sohn der berühmten Schriftstellerin Johanna Schopenhauer?« Diese Frage würde heute wohl niemand so stellen, schließlich ist der Philosoph Arthur Schopenhauer viel berühmter als seine Mutter. Doch das war nicht immer so. Zu ihren Lebzeiten war Johanna Schopenhauer bekannter als ihr Sohn, ihr erster Roman *Gabriele* machte sie zur Bestsellerautorin, während das heute bedeutende Werk ihres Sohnes *Die Welt als Wille und Vorstellung* fast zeitgleich erschien und dreißig Jahre lang kaum Leser fand.

Johanna Schopenhauer wurde als Tochter des Kaufmanns Christian Heinrich Trosiener und seiner Ehefrau Elisabeth Trosiener am 9. Juli 1766 in Danzig geboren, entstammte also dem wohlhabenden Bürgertum. Das aufgeweckte Mädchen erhielt auf Betreiben des Vaters und eines Geistlichen aus der Nachbarschaft, Richard Jameson, eine bemerkenswert gute Ausbildung, sie durfte sogar Fremdsprachen lernen. Wie ungewöhnlich das für eine junge Frau war und wie scharf gebildete Frauen in dieser Zeit angegangen wurden, wird daran deutlich, dass Johanna Trosiener für ihre Fremdsprachenkenntnisse gehänselt wurde. In ihren Jugenderinnerungen heißt es:

> Ein Mädchen und Englisch lernen! Wozu in aller Welt sollte das ihr nützen? Die Frage wurde täglich von Freunden und Verwandten wiederholt, denn die Sache war damals in Danzig etwas Unerhörtes. Ich fing am Ende an, mich meiner Kenntnis der englischen Sprache zu schämen, und schlug deshalb einige Jahre später es standhaft aus, auch Griechisch zu lernen, so sehr ich es innerlich wünschte, und so freundlich auch Jameson deshalb in mich drang.
>
> Der Widerwille gegen den Gedanken für ein gelehrtes Frauenzimmer zu gelten, lag schon damals, wie eben noch jetzt, in meiner jungen Seele […].

Und nicht nur dieser Wunsch blieb unerfüllt: Die junge Johanna Trosiener wünschte sich nichts sehnlicher, als sich zur Malerin, zur Künstlerin ausbilden zu lassen. Als sie diesen Wunsch ihrem Vater offenbarte, tat er ihn – ganz der pragmatische Kaufmann – als Kinderei ab. Ihre Zukunft war die aller bürgerlichen Mädchen: Sie sollte heiraten, um Ehefrau und Mutter zu werden. Und tatsächlich machte sie eine bemerkenswert gute Partie: Der sehr reiche Patrizier und Kaufmann Heinrich Floris Schopenhauer hielt um ihre Hand an, und da keine vernünftigen Gründe gegen diese Ehe sprachen, stimmten die Eltern und Johanna zu. Johanna Trosiener war sich durchaus bewusst, dass sie den 19 Jahre älteren Mann nicht liebte – aber sie musste mit gutem Grund befürchten, dass ihre Eltern das nicht als Argument gelten lassen und sie vielleicht sogar verstoßen würden, wenn sie ablehnte.

1785 wurde also diese Vernunftehe geschlossen, die unglücklich verlief: Auch Heinrich Floris Schopenhauer liebte Johanna Schopenhauer nicht; an so etwas wie Liebe glaubte er ohnehin nicht. Sie gefiel ihm lediglich gut, und da er von Frauen sowieso nicht viel hielt, war sie für ihn nicht mehr als ein Besitzstück, das er erworben hatte. Hinzukam sein schwieriges Gemüt – er litt wohl unter Depressionen –, das er vermutlich an die Kinder vererbte. Immerhin erlaubte ihr die Ehe ein äußerst luxuriöses Leben und weite Reisen, die sie später auch literarisch verarbeiten sollte. 1788 kam Arthur, 1797 Adele Schopenhauer zur Welt, dazwischen war die Familie von Danzig nach Hamburg gezogen. 1805 starb Heinrich Floris bei einem Sturz aus dem obersten Stockwerk des Hauses. Sowohl Johanna als auch Arthur schlossen Suizid nicht aus.

Durch ihr Erbe finanziell abgesichert, zog Johanna Schopenhauer 1806 mit ihrer Tochter Adele von Hamburg nach Weimar. Arthur blieb in Hamburg, um seine Lehre als Kaufmann fortzuführen, die der Wille des Vaters, nicht seiner war. Arthur Schopenhauer wollte studieren und Philosoph werden. Dazu sollte es aber erst später kommen.

In Weimar führte Johanna Schopenhauer einen beliebten Salon, in dem zweimal in der Woche Johann Wolfgang Goethe, Christoph Martin Wieland, Wilhelm Grimm, die Brüder August Wilhelm und Friedrich Schlegel sowie Ludwig Tieck ein- und ausgingen. Auch Mitglieder der großherzoglichen Familie besuchten sie, obwohl sie nicht adelig war. Und überhaupt war Johanna Schopenhauer mit

Goethe eng befreundet, vor allem nachdem sie geholfen hatte, dessen von der besseren Gesellschaft in Weimar ausgeschlossene Frau Christiane in diese einzuführen: Sie lud Christiane Goethe, geborene Vulpius, als erste zu ihren Teegesellschaften ein, während Frauen wie Charlotte von Schiller und Bettine von Arnim nur voll Dünkel auf sie herabblickten. An ihren Sohn Arthur schrieb Johanna Schopenhauer in diesem Kontext am 24. Oktober 1806: »Ich denke, wenn Goethe ihr seinen Namen gibt, können wir ihr wohl eine Tasse Tee geben.« Johanna Schopenhauers Tochter Adele – die übrigens auch Schriftstellerin wurde – nannte Goethe »Vater«.

Noch enger war allerdings Johanna Schopenhauers Freundschaft zu dem Jenaer Professor für Ästhetik Carl Ludwig Fernow, der erheblichen Einfluss auf ihre kunsthistorischen und schriftstellerischen Interessen hatte. Zudem durfte Arthur Schopenhauer durch dessen Fürsprache endlich die kaufmännische Tätigkeit aufgeben und ein Studium beginnen. Als Fernow 1808 starb, begann Johanna Schopenhauer zu schreiben: Sie verfasste seine Biographie, um seine Schulden zu bezahlen, und war damit so erfolgreich, dass sie weiterhin schrieb. Immer schlechter dagegen wurde ihr Verhältnis zu ihrem Sohn Arthur. Endgültig zerbrach ihre Beziehung 1814, wobei der konkrete Anlass unklar ist. Es wird gemutmaßt, dass Johanna Schopenhauer sich geweigert hatte, seiner Forderung nachzukommen, sich von dem jungen Regierungsrat Georg Friedrich von Gerstenbergk, der inzwischen bei ihr eingezogen war, zu trennen. Doch schon zuvor hatten die beiden kein gutes Verhältnis gehabt, auch als Arthur in Weimar gewesen war, hatte er nicht bei ihr gewohnt. Am 13. Dezember 1807 schrieb sie ihm:

> Höre also, auf welchem Fuß ich mit Dir sein will, Du bist in Deinem Logis zu Hause, in meinem bist du Gast […], ein willkommener lieber Gast der immer freundlich empfangen wird, sich aber in keine häusliche Einrichtung mischt; um diese, um Adelens Erziehung und Gesundheit, um meine Domestiken bekümmerst Du Dich gar nicht […]. Alle Mittage um ein Uhr kommst Du und bleibst bis drei, dann sehe ich Dich den ganzen Tag nicht mehr, außer an meinen Gesellschaftstagen wozu Du kommen kannst wenn Du willst, […] wenn Du Dich dabei des leidgen Disputierens etc. das

mich auch verdrüslich macht, wie auch allen Lamentierens über die dumme Welt und das menschliche Elend Dich enthalten willst, weil mir das immer eine schlechte Nacht und üble Träume macht, und ich gern gut schlafe.

Arthur Schopenhauer war ein Frauen- und Menschenfeind. Zudem hatte er die Launen seines Vaters geerbt, was diese Zeilen der Mutter verständlich macht, die sich und ihren Hausstand vor den Vorschriften ihres Sohnes schützen wollte. Dennoch war gewiss auch Johanna Schopenhauer, die selbst ihre Tochter Adele nicht immer gut behandelte, eine schwierige Person.

In all diesen Jahren schrieb Johanna Schopenhauer erfolgreich weiter: Zunächst veröffentlichte sie Reiseberichte und Novellen, 1819/20 erschien dann ihr erster Roman *Gabriele*, der so beginnt:

»Niemand liebt seine Freunde inniger als ich, mein Leben gäbe ich willig für sie hin, aber Unmöglichkeiten darf mir niemand zumuten.« Mit diesen Worten verließ Gräfin Eugenia ziemlich erhitzt den Salon der Gräfin Rosenberg, in welchem die Hauptprobe einer für den folgenden Abend bestimmten Darstellung von Tableaux soeben gehalten ward, und rauschte mit einer leichten Verbeugung an der eintretenden Aurelia vorüber. Flammend vor Zorn, blieb die Gräfin Rosenberg auf ihrem königlichen Throne sitzen. Ein reichgestickter Baldachin erhob sich über ihrem Haupte, ein Purpurmantel umwallte in weiten Falten ihre majestätische Gestalt, in ihrem schwarzen Haare funkelte ein Diadem von Brillanten, und ihre Hand hielt das goldne Zepter. Vor ihr stand ein mit reichen Teppichen und Prachtvasen geschmückter Tisch, um sie her waren mehrere Herren und Damen in altrömischer und ägyptischer Kleidung eifrig, aber fruchtlos, bemüht, sie zu beruhigen. Die Szene ging in einer alkovenartigen, von einem großen goldnen Rahmen umfassten Vertiefung der Zimmerwand vor, gerade der Türe gegenüber, verborgne Lampen gossen einen magischen Strom von Licht über sie aus, im Zimmer selbst herrschte tiefe Dämmerung, doch verriet ein leises Flüstern und Rauschen die Gegenwart mehrerer Personen.

Sprachlos vor Erstaunen über das ihr unbegreifliche, plötzlich hereingebrochne Unheil, blieb Aurelia, die Tochter der Gräfin, in der eben geöffneten Türe stehen; hinter ihr schmiegte sich furchtsam die sechzehnjährige Gabriele, welche in diesem Moment aus der tiefsten Einsamkeit eines alten Bergschlosses angelangt war, um einige Monate im Hause ihrer Tante zuzubringen. Aurelia, ihre Cousine, hatte sie mit der Versicherung empfangen, dass sie zum Glücke heute ganz unter sich wären; und nun stand sie da, einen freundlichen Empfang erwartend, und wusste bei dem wunderbaren Anblick, der sich ihr darbot, nicht, ob sie wache oder träume.

»Tue mir die Liebe«, rief die Gräfin Aurelien entgegen, sowie sie ihrer ansichtig ward, »tue mir die einzige Liebe und werde morgen krank, bleib den ganzen Tag im Bette; ich lasse früh alles absagen, mit der Feier deines Geburtstages ist es vorbei, wir haben weder Konzert, noch Ball, noch Tableaux; Eugeniens prätentiöser Eigensinn vernichtet alles. Mit ihrer winzigkleinen Figur besteht sie darauf, an meiner Stelle die Kleopatra vorzustellen und, da ich ihr beweise, wie unmöglich dies sei und ihr die Rolle der Dienerin, welche das Schmuckkästchen trägt, zuteile, eilt sie davon und derangiert mir den ganzen Plan.« »Könnten wir nicht die Dienerin ganz weglassen?« stammelte furchtsam ein junger Mann in römischer Tracht, welcher wahrscheinlich den Antonius vorstellte. »Unmöglich«, erwiderte Kleopatra, »wo soll ich die köstliche Perle hernehmen, wenn das Schmuckkästchen fehlt? Und überdies ist die Figur zur Gruppierung des Ganzen unentbehrlich. Es ist vorbei!« fuhr sie fort, indem sie sich in höchst unmutiger Stellung auf ihrem Throne zurückwarf: »Eugenia macht heute Abend und morgen früh gewiss noch fünfzig Visiten, um ihren Triumph zu sichern. Keine Dame wird an die Stelle treten, welche sie verschmähte, und alle Welt ist doch schon von der Darstellung unsrer morgenden Tableaux voll. Um sie zu sehen beschleunigt Ottokar seine Zurückkunft von der Reise, er trifft morgen ein, und nun ist alles zerstört! Ich könnte vor Verdruß weinen«, setzte sie hinzu, das Gesicht in beide Hände verbergend.

Aurelia benutzte diese Pause in der heftigen Rede ihrer Mutter, um Gabrielens Ankunft zu melden. »Lass die Cousine von Aarheim an Eugeniens Stelle treten«, riet sie, indem sie das bange Kind hinter sich hervorzog und vor den Rahmen hinstellte. »Die Kleine?« fragte die Gräfin, sich emporrichtend und Gabrielen von oben bis unten mit prüfendem Blicke betrachtend. »Nun«, fuhr sie fort, »stehen wird sie ja können; nötigenfalls stellen wir sie auf eine Erhöhung. Willkommen, liebes Kind!« Mit diesen Worten zog sie Gabrielen zu sich in den Rahmen, küsste sie auf die Stirn, gab ihr ein goldnes Kästchen in die Hand, stellte sie in die gehörige Attitüde und schob sie an den von der Gräfin Eugenia verlassenen Platz, indem sie selbst wieder ihren Thron einnahm. Alle andere, zur Gruppe gehörende Personen reihten sich im nämlichen Moment in gebührender Ordnung um sie her.

»Es geht!« rief hocherfreut die ganze Gesellschaft im Zimmer. »Aber«, setzte lachend Aurelia hinzu, »deliziös sieht es jetzt aus, das blasse Gesicht, die roten Augen und das schwarze Kleid mitten in all der bunten Pracht und Herrlichkeit; doch sei nur getrost, Gabriele, morgen soll es besser werden; Wind und Staub haben dir heut auf der Reise übel mitgespielt, das ist morgen vorüber und ich will dich schon kostümieren.« Die arme Gabriele, welche bei allen diesen Vorgängen noch kein Wort hatte aufbringen können, flüsterte jetzt, halb nur hörbar und in großer Beklommenheit, die Frage: was sie denn eigentlich morgen tun solle?

Die junge Gabriele von Aarheim, die im Zentrum der Romanhandlung steht, hat mit all den Dingen zu schaffen, die auch Johanna Schopenhauer selbst und ihren Zeitgenossinnen das Leben schwer machten: Ein misanthroper Vater, unerfüllte Liebe und eine erzwungene, lieblose Vernunftehe. Gabriele verhält sich im Umgang mit all dem nicht nur dem weiblichen Rollenbild ihrer Zeit, sondern auch dem Ideal der Entsagung der Weimarer Klassik entsprechend: Immer wieder verzichtet sie aufgrund äußerer Umstände auf ihr Glück. Schopenhauer bekräftigt diese zeittypischen Ideale aber nicht so ohne weiteres, sondern zeigt am Schicksal Gabrieles vor allem auch deren fatale Folgen auf. Tausende Leserinnen dürften ihr Schicksal in dem Gabrieles wiedergefunden haben.

1819, also zeitgleich zur Veröffentlichung von *Gabriele*, verlor Schopenhauer einen Großteil ihres Vermögens durch den Bankrott des Handelsunternehmens, dem sie ihr und Adeles Geld anvertraut hatte. Fortan musste sie vom Schreiben leben, was auch einigermaßen gelang. Sie wurde zu einer der bekanntesten Autorinnen ihrer Zeit. Dennoch waren ihre Lebensverhältnisse nun deutlich bescheidener. 1832 zog sie mit Adele nach Bonn, wo sie Kontakt zu August Wilhelm Schlegel und Annette von Droste-Hülshoff hatte. Doch die finanzielle Situation spitzte sich mit den Jahren immer weiter zu, vor allem als nach einem Schlaganfall 1823 ihre Füße gelähmt blieben. 1837 wandte sie sich mit einem Bittbrief an den Großherzog Karl Friedrich von Sachsen-Weimar und dessen Frau, die ihr eine Ehrenpension gewährten und sie zudem einluden, nach Jena zu ziehen. Das tat Johanna Schopenhauer – und starb dort am 16. April 1838. Sie hatte eben noch Tee getrunken, war zu Bett gegangen und dann entschlafen.

Gelebt hatte Johanna Schopenhauer als eine bemerkenswert eigenwillige und selbstbewusste Frau, als eine der berühmtesten Dichterinnen ihrer Zeit, die immer um ihr Recht auf Glück und Selbstentfaltung gekämpft hatte – und das in einem Jahrhundert, in dem für Frauen Entsagung und Verzicht auf Individualität galten. Goethe soll sie schon früh auf die Begabung ihres Sohnes Arthur Schopenhauer hingewiesen haben, worauf sie geantwortet haben soll: »Ich habe niemals von zweien Genies innerhalb einer Familie gehört!« – und natürlich sah sie sich selbst als das Genie der Familie. Obwohl Genies zu ihrer Zeit nicht weiblich waren, war sie eines: ein weibliches Genie.

Ausgewählte Werke

Prosa: *Gabriele* (1819/20), *Die Tante* (1823), *Sidonia* (1827/28), *Richard Wood* (1837), mehrere Novellensammlungen (1816, 1830, 1836) und Erzählungen (1825–1828).

Rahel Varnhagen (von Ense) (1771–1833)

Die Kunst, zu leben

> Ein gebildeter Mensch ist nicht der, den die Natur verschwenderisch behandelt hat; ein gebildeter Mensch ist der, der die Gaben, die er hat, gütig, weise und richtig, und auf die höchste Weise gebraucht; der dies mit Ernst will; der mit festen Augen hinsehen kann, wo es ihm fehlt, und einzusehen vermag, was ihm fehlt. Dies ist in meinem Sinne Pflicht, und keine Gabe; und konstituiert für mich allein einen gebildeten Menschen.

So schrieb Rahel Varnhagen am 14. Dezember 1807 in einem Brief an Frau von Fouqué. Bildung bedeutete für sie, die sie als Frau von Schulbildung ausgeschlossen gewesen war, nichts Geringeres als umfassende Selbstveredelung und Menschwerdung. Bildung war für diese hochintelligente und tief fühlende Frau ein Weg zur Überwindung der ihr durch ihre Zeit und Umstände gesetzten Grenzen – und Bildung war für sie stets an den Kontakt zu anderen Menschen gebunden, mit denen sie sich mündlich oder schriftlich austauschte.

Die Voraussetzungen dafür wurden schon in ihrer Kindheit geschaffen: Am 19. Mai 1771 wurde sie als ältestes Kind des jüdischen Bankiers und Juwelenhändlers Markus Levin und seiner Frau Chaie geboren. Sie erhielt eine für Mädchen typische, jedoch gute Ausbildung. Ihre sprachliche Begabung ermöglichte es ihr, Hebräisch, Englisch, Italienisch und Französisch zu lernen und so später nicht nur deutsche, sondern auch fremdsprachige Literatur zu lesen. Zwar empfand sie ihren Vater als äußerst streng und launenhaft, sein Wohlstand und sein Geschäftsleben sorgten aber für eine rege Geselligkeit im Hause Levin, die für Rahel anregend war. Als der Vater schon 1790 starb, pflegte die junge Frau diese weiter: Sie lud Intellektuelle, Künstler und Adelige ein – und diese kamen, weil sie die anregende Atmosphäre schätzten, die Levin ihren Gesellschaften zu verleihen vermochte. Zwischen 1790 und 1806 führte sie ihren ersten Berliner Salon, an dem beispielsweise Friedrich und August Schlegel, Ludwig und Friedrich Tieck, Clemens Brentano, Friedrich Schleiermacher, Johann Gottlieb Fichte, Wilhelm und Alexander von Humboldt, Jean Paul, Adalbert von Chamisso, Prinz Louis Ferdinand und dessen Geliebte Pauline Wiesel teilnahmen. Rahel Levin war nicht die einzige jüdische Frau, die zu dieser Zeit einen Salon in Berlin führte – als Frau und Jüdin gleich doppelt von der Gesellschaft ausgeschlossen, waren Salons für sie und andere Frauen wie Henriette Herz, Amalie Beer und Philippine Cohen ein Weg, um an geistigem Austausch und Öffentlichkeit teilzuhaben. Der Mythos besagt, dass Rahel Levin ihren Salon in der Dachstube, die sie im Haus ihrer Eltern bewohnte, geführt haben soll. Vermutlich ist dies aber nur eine Legende; sehr viel wahrscheinlicher ist, dass sie ihre Gäste wie damals üblich in den Gesellschaftsräumen des Elternhauses empfing oder mit ihnen spazieren ging. So oder so: Zum Gelingen ihres berühmten Salons trug ihre kluge wie emotional zugewandte Art wesentlich bei. Graf Hugo von Salm, der 1801 zu ihren Gästen gehörte, schilderte die Atmosphäre so:

> Denn die äußere Gestalt der Unterhaltung war ohne Zwang und Absicht, alles knüpfte natürlich an das Interesse des Augenblicks, der Person, des Namens, deren gerade gedacht wurde. Vieles, das in Anspielungen bestand und irgend eine Kenntnis voraussetzte, entging mir ganz, anderes wenigstens teilweise. [...] Am merkwürdigsten war Dlle. Levin selbst. Mit welcher Freiheit und Grazie wusste sie um sich her anzuregen, zu erhellen, zu erwärmen! Man vermochte ihrer Munterkeit nicht zu widerstehen. Und was sagte sie alles! Ich fühlte mich wie im Wirbel herumgedreht und konnte nicht mehr unterscheiden, was in ihren wunderbaren, unerwarteten Äußerungen Witz, Tiefsinn, Gutdenken, Genie oder Sonderbarkeit und Grille war. Kolossale Sprüche hörte ich von ihr, wahre Inspirationen, oft in wenigen Worten, die wie Blitze durch die Luft fuhren, und das innerste Herz trafen. Über G o e t h e sprach sie Worte der Bewunderung, die alles übertrafen, was ich je gehört hatte.

Und in der Tat: Johann Wolfgang Goethe, den Levin einige wenige Male in ihrem Leben treffen sollte, wurde von ihr vergöttert – laut ihrer eigenen Aussage. Als Zeitgenossin der Romantik fühlte sie sich

also eher zu den Idealen der Aufklärung und der Weimarer Klassik hingezogen. Sie strebte nach Bildung, Humanität, Wahrheit, Bescheidenheit und Ernsthaftigkeit.

Doch nicht nur in ihrem Salon suchte Rahel Levin den Kontakt zu und den gedanklichen Austausch mit anderen. In einer Zeit, in der das Veröffentlichen von Büchern nach wie vor schwierig für Frauen war – an die Veröffentlichung philosophischer Abhandlungen gar nicht zu denken –, schrieb Rahel Levin: Briefe. Ihr Werk, ihr gedankliches Vermächtnis ist verteilt auf Tagebucheinträge und Tausende Briefe. Ihr Denken war immer Denken im Austausch mit anderen, ihr Werk immer Gemeinschaftswerk. Doch die Tiefe darin, mit der sie ihr Empfinden und Erleben, ihre Wünsche, Ängste und Verletzungen reflektierte, ist auch ein individuelles Kunstwerk.

Ihr erster regelmäßiger Briefkontakt wurde ab 1793 David Veit, ein in Göttingen Medizin studierender Jugendfreund. Weitere Kontakte kamen hinzu, auch über den Salon. Im Winter 1795/96 lernte Levin dann ihre erste große Liebe kennen: Im königlichen Opernhaus traf sie auf Graf Karl Friedrich Alexander von Finckenstein. Sie teilten ihr Interesse für Musik und fanden so zueinander. Das ungleiche Paar – er kam aus einer angesehenen und begüterten christlichen Familie, sie lebte seit dem Tod des Vaters in finanziell beengten Verhältnissen und war als Jüdin von der Gesellschaft ausgeschlossen – verlobte sich. Die beiden lebten räumlich oft voneinander getrennt und hielten über Briefe Kontakt. Doch Finckenstein erwies sich als charakterschwach, er wich ihr aus und zeigte wenig Bereitschaft, sich seiner Familie, die gegen eine Verbindung war, zu widersetzen. Im Februar 1800 trennte sich Rahel Levin von ihrem zu dieser Zeit in Wien lebenden Verlobten. Ihr Brief endet mit dem Satz: »Es war der letzte Akkord eines üblen Konzerts.« Wie tief Finckensteins Verhalten sie verletzt haben muss, wird deutlich, wenn sie Jahre nach der Trennung angesichts seines frühen Todes 1811 an Henri Campan schreibt: »Da ist er nun von dieser Erde ausgestrichen, unter ihr verscharrt; mitsamt seinem falschen Ehrgeiz, und seinen Treulosigkeiten, Lügen, Niedrigkeiten, all seinem Hochmut! […] Ich verachte ihn, diesen Finckenstein, tot oder lebendig.«

Nach der Trennung von Finckenstein ging Rahel Levin auf Reisen – auch um 1800 war in so einer Situation ein Tapetenwechsel wohl genau das Richtige. Mit der Gräfin Caroline von Schlabrendorff, die ein uneheliches Kind erwartete, verschlug es sie für ein Jahr nach Paris, wo sie 1801 den Kaufmann Wilhelm Bokelmann kennenlernte. Die Begegnung war für Levin berührend und von großer Bedeutung, auch wenn sie nicht von Dauer war. Und auch der junge spanische Gesandtschaftssekretär Don Raphael d'Urquijo, den sie 1802 kennen und lieben lernte, enttäuschte ihre Erwartungen. Sie liebten sich leidenschaftlich, Levin merkte aber bald, dass d'Urquijo sie nicht ganz verstand und sich nicht in ihr Leben und ihren Gesellschaftskreis integrieren ließ. Die beiden trennten sich zwei Jahre später. An ihren späteren Ehemann wird sie am 7. November 1808 über diese Beziehung schreiben: »[I]ch stellte mich vor, ich stellte mich hinter, ich bog, und bog, und bog.« Doch all ihr Verbiegen hatte die Beziehung nicht retten können.

Die verlorene Schlacht bei Jena und Auerstedt 1806 und der Einzug Napoleons in Berlin veränderten die gesellschaftliche Stimmung grundlegend: Die politisch wie wirtschaftlich schwierige Situation bereitete Rahel Levins Salon ein Ende. Sie fühlte sich einsam, von allen Freunden verlassen. An Gustav von Brinckmann schrieb sie 8. Januar 1808: »So ist alles anders! Nie war ich so allein. Im Winter, und im Sommer auch noch, kannt' ich einige Franzosen: mit denen sprach ich hin und her. Die sind alle weg. Meine deutschen Freunde, wie lange schon; wie gestorben, wie zerstreut!« Umso intensiver pflegte sie ihre Briefkontakte und gewann Rebecca Friedländer und Pauline Wiesel, Friedrich Gentz und Alexander von der Marwitz als Freunde hinzu. Pauline Wiesel, eine Femme fatale ihrer Zeit und trotz ihrer Ehe mit dem Kriegsrat Friedrich Ferdinand Wiesel die erklärte Geliebte des Prinzen Louis Ferdinand von Preußen, sollte lebenslang ihre Freundin bleiben, obwohl oder vielleicht gerade weil die beiden Frauen oberflächlich betrachtet so unterschiedlich waren. Doch oberflächlich betrachtete Rahel Levin nichts. Sie, die immer wieder als nicht sonderlich hübsch beschrieben wurde und die Bildung so hoch schätzte, fühlte sich der schönen Pauline Wiesel, die in den Augen von Rahels späterem Ehemann jeglicher Bildung entbehrte, innerlich tief verbunden, denn beide teilten ihrer Ansicht nach gerade in ihrer Unterschiedlichkeit ein gemeinsames Schicksal: Sie waren Außenseiterinnen. An die sich im Ausland aufhaltende Pauline Wiesel schrieb Levin:

Berlin, den 12t März
Abends halb 9. 1810. Dienstag.

Es ist eine Schandtat, dass ich Ihnen nicht schrieb: ein Unglück; ein Unglück wie jede Schandtat! Teuere geliebte Freundin, und Freund! Weh! – mein wundes Herz weint dieses Weh! – Weh! dass unser Leben wegrinnt ohne dass wir zusammenleben. Sie sind allein, getrennt von mir, und ich bin allein, entfernt von Ihnen. Nur einmal konnte die Natur zwei solche zugleich leben lassen. In diesem Zeitalter. Alle Tage sehe ich Sie, und die Natur, und mich mehr. Entfernt von Ihnen, tue ich nichts, als mir jedes Wort, jede kleine Tat von Ihnen repetieren, jede Äußerung; und glauben Sie, zu nennen weiß ich die Prinzipien Ihres ganzen Wesens, Ihres Seins besser, als Sie selbst: es ist nur ein Unterschied zwischen uns, Sie leben alles; weil Sie Mut haben, und Glück hatten; ich denke mir das meiste; weil ich kein Glück hatte, und keinen Mut bekam; nicht den, dem Glücke, das Glück abzutrotzen es ihm aus den Händen zu ringen; ich habe nur den, des Tragens erlernt; aber groß verfuhr die Natur in uns beiden. Und wir sind geschaffen, die Wahrheit in dieser Welt zu leben. Und auf verschiedenem Wege, sind wir zu einem Punkt gelangt. Wir sind neben der Menschlichen Gesellschaft. Für uns ist kein Platz, kein Amt, kein eitler Titel da! Alle Lügen haben [k]einen: die ewige Wahrheit, das richtige Leben und Fühlen, das sich unabgebrochen auf einfach tiefe[n] Menschenanlagen, auf die für uns zu fassende Natur zurückführen lässt, hat keinen! Und somit sind wir ausgeschlossen aus der Gesellschaft. Sie, weil sie sie beleidigten. (Ich gratuliere Sie dazu! so hatten Sie doch etwas; viele Tage der Lust.) Ich, weil ich nicht mit ihr sündigen und lügen kann. Ich weiß ganz Ihre innre Geschichte. Jede Beleidigung die Sie der Gesellschaft zufügten, obgleich sie in Ihnen gerechtfertigt war – verwundete Sie selbst: ich weiß Schritt vor Schritt, wie es gekommen ist. »Gerne wären Sie ein Häuslich Weib, herzten und küssten den Mann.« wie Goethe im distichon sagt; aber es ging nicht. Und wohin, mit dem entsetzlichen Vorrat, mit dem Apparat von Herz und Leben!

> Empfindsam sich selbstzerstörende, opfernde Nonnen sind nicht alle Menschen. In den Krieg möchte man ziehen, ich auch so, um Nahrung für den Anspruch zu suchen mit dem einen die Natur hinaus ins Dasein geschickt hat. Beim allgerechten allmächtigen Gott, auf hohem Richterstuhl, man zieht für weniger in den Krieg! und geehrt wird man dafür! Hätten Sie ein Herz in Wiesels Busen gefunden, Sie hätten nimmer ein anderes gesucht. Dieser aber räsonnierte in seinem Mangel, und seinem unglücklichen Überfluss von Worten, Ihren zu spät ausgebildeten und zu furchtsamen Geist, weit in die Irre. Ihr besseres Bewusstsein lebte immer nebenher. Ich weiß alles. Zum Leiden ist Ihr starkes Herz nicht gemacht.

Zwei Jahre, bevor Levin diesen Brief abschickte, hatte sie eine engere Beziehung zu ihrem späteren Ehemann Karl August Varnhagen von Ense aufgenommen. Die beiden hatten sich schon 1803 flüchtig kennengelernt und kamen 1806/07 – als er, der Sohn einer fortschrittlich denkenden Arztfamilie, nach dem Tod seines Vaters sein Medizinstudium abbrechen und sich als Hauslehrer in Berlin durchschlagen musste – erneut in Kontakt. Er fühlte sich zu der inzwischen Ende 30-Jährigen stark hingezogen, warb um sie und brachte ihr uneingeschränkte Hochachtung entgegen. Rahel Levin beantwortete dieses Werben nach all ihren negativen Erfahrungen zunächst zurückhaltend, dann aber positiv. Zum ersten Mal fühlte sie sich erkannt und wertgeschätzt. 1811 schrieb sie ihm: »Du bist der Einzige in der ganzen Welt, der mich je lieb hatte, der mich behandelt wie ich andere. Ja, ich bekenne es Dir gerne mit dem ganzen Drang der Erkenntlichkeit; von Dir lernte ich geliebt sein, und Du hast Neues in mir geschaffen.« Und er unterstützte sie in ihrem Werk: Auf sein Betreiben hin wurde 1812 ein Briefwechsel zwischen Rahel und ihm über Goethe in Cottas *Morgenblatt für gebildete Stände* abgedruckt – ihre erste Veröffentlichung. Auch in Zukunft sollte er maßgeblich an der Sammlung und Aufarbeitung ihres umfangreichen Briefwerkes beteiligt sein.

Doch selbst in dieser Beziehung blieben die Verhältnisse zwischen den beiden lange ungeklärt. Häufig waren sie auch räumlich voneinander getrennt, insbesondere nachdem Karl August Varnhagen zum Militär gegangen war, da er über diesen Umweg eine Diplomatenlaufbahn einschlagen wollte – was ihm auch gelang. Doch sollte es bis September 1814 dauern, bis sie endlich heiraten würden – und zuvor musste Rahel, um einen christlichen Mann heiraten zu können, ihren Namen und ihre Identität aufgeben, woran erneut der Ausschluss von Jüdinnen und Juden aus der Gesellschaft unmittelbar sichtbar wird. Am 23. September 1814 ließ sie sich evangelisch taufen und nahm den Namen Antonie Friedrike an – bewusst in Anlehnung an Friedrich II., also an die Emanzipationszeit und also als Verweis auf ein Stück jüdische Geschichte. Vier Tage später heiratete sie und wurde zu Antonie Friedrike Varnhagen von Ense. Manche Briefe sollte sie weiterhin mit dem Kürzel »R« unterschreiben, andere unterzeichnete sie nun mit Friedrike.

Die Varnhagens lebten zunächst in Wien, ab 1816 in Karlsruhe, dann ab 1819 wieder in Berlin, wo Rahel Varnhagen – die unter diesem Namen in die Literaturgeschichte eingehen sollte – ihren zweiten Salon öffnete. Georg Wilhelm Friedrich Hegel, Alexander von Humboldt, Eduard Gans, Leopold von Ranke, ihr Bruder Ludwig Robert gingen ein und aus. Sie war nun, vielleicht auch aufgrund ihrer fortgeschrittenen Lebenserfahrung, stärker Mentorin und Stütze Jüngerer. So ermunterte und unterstützte sie Heinrich Heine, Ludwig Börne und Bettine von Arnim – Heine würde ihr später einen Teil seiner Gedichtsammlung *Buch der Lieder* widmen.

Sie lebte wie jemand, der trotz aller Widrigkeiten das Leben liebte. Bereits 1817 erklärte sie in einem Brief an David Veit: »Sie müssen und sollen wissen, dass ich viel aufs Leben gebe. Es kann sehr gut schon hier auf der Erde sein.« Sie sprach und schrieb und lebte, indem sie jede sie einengende Ordnung überschritt. Ihre Worte verglich sie in einem Brief an Fouqué mit »zusammengelaufenen Rebellen mit Knitteln«.

Doch ab 1830 ließen ihre Kräfte nach, sie war oft und lange krank. Nachdem ihr Bruder und Goethe bereits 1832 gestorben waren, starb Rahel Varnhagen im Alter von nur 61 Jahren am 7. März 1833 in Berlin nach langer Krankheit an einem Nervenschlag. Noch im selben Jahr veröffentlichte ihr Mann Karl August Varnhagen eine Sammlung ihrer Briefe und Tagebucheinträge unter dem Titel *Rahel. Ein Buch des Andenkens für ihre Freunde*, das ihrem großen Bekanntenkreis Trost und Erinnerung war – denn ihre vielen Freunde vergaßen sie auch lange nach ihrem Tod nicht. Noch 1838 schrieb Bettine von Arnim an

Karl August Varnhagen: »Das Schöne an Rahels Geist war eben dies Eingehen in das Individuelle, nach welchem sie urteilte, und so war sie nachsichtig, wo andere verdammten, und sie schmeckte wohl gar das Salz in dem, was andere als die Asche eines verbrannten Lebens verwarfen.«

Neben ihrem Werk, das sie in Form von Briefen und Tagebucheinträgen hinterließ, war dies vermutlich die Kunst, die Rahel Varnhagens damalige Bedeutung ausmachte und auch heute noch mitbestimmt: ihre Liebe zur Bildung, zu Menschen – kurz: ihre Lebenskunst. All das war ihr eins. Am 11. März 1810 notierte sie in ihr Tagebuch: »Was machen Sie? Nichts. Ich lasse das Leben auf mich regnen.«

Ausgewählte Werke

Autobiographisches: Tagebucheinträge und Briefe sind in unterschiedlichen Sammlungen veröffentlicht worden, u. a. in *Rahel. Ein Buch des Andenkens für ihre Freunde.*

Karoline von Günderrode (1780–1806)

Der Wunsch nach Erfüllung

Liest man die Forschungsliteratur zu Karoline von Günderrode, so wird man schnell feststellen: Über den Tod der damals erst 26-Jährigen gibt es mehr und zuverlässigere Zeugnisse als über ihr Leben – und wie traurig ist es, dass dies so ist. Was man heute über das Leben der Dichterin weiß, ist oft widersprüchlich und ungenau, verzerrt durch den Blickwinkel anderer. Und dennoch ist es gerade dieser Blick anderer auf Karoline von Günderrode, der dafür gesorgt hat, dass sie nicht – wie zum Beispiel Louise Brachmann, eine Dichterin ihrer Zeit mit nicht unähnlichem Lebenslauf – in Vergessenheit geraten ist. Insbesondere ist dies ihrer Freundin Bettine von Arnim zu verdanken. Selbst Schriftstellerin und eine Enkelin Sophie von La Roches, setzte diese ihr 1840 mit dem Briefroman *Die Günderode* ein Denkmal.

Und so fasziniert die Biographie der jungen Dichterin bis heute, ist Rätsel und Identifikationsfläche, die immer wieder literarisch bearbeitet worden ist: Zuletzt ließ Christa Wolf in *Kein Ort. Nirgends* Karoline von Günderrode als Figur auftreten. Dabei ist deren reale Biographie nicht reich an großen Ereignissen und Abenteuern – dafür finden sich umso mehr große Verluste und Wünsche. Am 11. Februar 1780 wurde sie als ältestes von sechs Kindern des Regierungsrates Hector Wilhelm von Günderrode und seiner Frau Luise Sophie Victorie Auguste Henriette Friedrike in Karlsruhe geboren. Den Vater verlor sie schon 1786, und mit seinem Tod verlor die Familie auch ihre Einnahmequelle: Fortan gehörten die Günderrodes zum verarmten Adel. Die Mutter erhielt lediglich eine kleine Pension und zog mit ihren Kindern nach Hanau, wo sie als Hofdame des Landgrafen Wilhelm von Hessen Aufnahme und etwas Anerkennung als Schriftstellerin fand. Wenig Interesse an den Aufgaben einer Hausfrau und Mutter aufbringend, überließ sie schnell die Verantwortung für die Kinder ihrer ältesten Tochter, Karoline von Günderrode. Zudem ging sie mit dem Geld der Familie schlecht um – der zunächst noch vorhandene Hauslehrer musste bald eingespart werden, was für die intelligente und wissbegierige Karoline gewiss ein Verlust war. Sie musste sich nun autodidaktisch weiterbilden.

Doch damit nicht genug des Unglücks: Am 30. März 1794 starb ihre Schwester Louise an Tuberkulose. Karoline von Günderrode hatte die jüngere Schwester gepflegt und war dabei vermutlich selbst krank geworden: Seither klagte sie darüber, immer wieder graue Punkte zu sehen, die verbunden waren mit unerträglichen Kopfschmerzen. Es kann sich um eine chronische Bindehautentzündung gehandelt haben, die die junge Frau fortan dazu brachte, grünes Papier zu nutzen, um die Augen zu schonen, und dazu zwang, mit Kopfschmerzen im verdunkelten Zimmer im Bett zu liegen.

Erst das Jahr 1797 brachte ein paar kleine Aufschwünge für die gerade mal 17-Jährige: Sie schloss Freundschaft mit Lisette Mettingh und Susanne von Heyden, die ihr für den Verlauf ihres kurzen Lebens als Freundinnen erhalten bleiben sollten, und sie wurde in das evangelische Cronstetten-Hynspergische Adelige Damenstift in Frankfurt aufgenommen, in dem sie fortan zwei Zimmer bewohnen durfte. Das Stift bot adeligen, unverheirateten, verarmten Frauen ein gesichertes Leben mit einigen Freiheiten – entgegen den ursprünglich sehr strengen Statuten durften sie Besuch empfangen und das Stift verlassen, etwa um ins Theater oder auf Reisen zu gehen. Dafür gab es zahlreiche andere Regeln: Den Frauen stand eine Pröpstin vor, und zu offiziellen Anlässen musste Schwarz getragen werden, des Weiteren speiste man zusammen und musste sich »schicklich« verhalten. Vor allem aber dürfte Günderrode darunter gelitten haben, als jüngste der Frauen vorwiegend von betagteren Damen umgeben gewesen zu sein, weswegen sie immer wieder auf kleine Reisen ging und Freunde und Verwandte besuchte. Nach einem Besuch bei ihrer Freundin Karoline von Barkhaus im Mai und Juni 1799 schrieb sie dieser: »Da sitze ich wieder in meiner einsamen Zelle, und die vergangenen schönen Tage scheinen mir ein Traum, der ein dumpfes schmerzliches Gefühl des verflossenen und des augenblicklich schmerzlichen Entbehrens zurücklässt.« Und dieses schmerzliche Gefühl des Entbehrens sollte Günderrode ihr Leben lang begleiten.

Den Briefwechsel mit Barkhaus hatte sie 1799 aufgenommen, und aus ihm geht hervor, wie breit gefächert die Interessen der jungen Dichterin waren, wie sehr ihre Bildung, die sie sich selbst angeeignet hatte, auf der Höhe der Zeit war: Sie beschäftigte sich mit Literatur und Kunst, Mythologie und Religion, Philosophie und Chemie, Latein und Geographie. Nicht nur für eine Frau ihrer Zeit war sie sehr gebildet, womit sie von der Konvention abwich – eine weitere Linie, die sich durch ihre Biographie ziehen sollte, denn Konvention und damit verbundene Einschränkungen, Verlust von echtem, authentischem Leben blieben ihr zuwider. In ihr Studienbuch schrieb sie: »Bestimmung des Menschen. Nennt man eine völlige Übereinstimmung mit sich selbst Vollkommenheit, so ist diese Vollkommenheit das höchste erreichbare Ziel des Menschen; Vervollkommnung aber ins unendliche ist seine Bestimmung.«

Auch in der Liebe suchte Karoline von Günderrode diese Vollkommenheit: 1799 lernte sie während ihres Aufenthalts bei Karoline von Barkhaus den Jurastudenten Friedrich Carl von Savigny kennen, in den sie sich leidenschaftlich verliebte. Er erwiderte diese Gefühle zunächst, schien zwischenzeitlich auch eine Heirat zu erwägen, doch eine solche kam nie zustande – Günderrode sollte Jahre brauchen, um ihre Gefühle für Savigny zu überwinden. Auch Liebe war für die Dichterin nur als unendliches Gefühl möglich. Wenigstens hier, in ihrem Inneren, wollte sie, die in der Realität immer wieder entbehren musste, Vollkommenheit und Unendlichkeit erfahren. In ihrem Gedicht *Liebe und Schönheit* heißt es am Ende:

Drum kann die Liebe nimmer sich gnügen,
Drum ist sie nimmer reich in ihrem Reich;
Drum sucht sie Schönheit sich ihr anzufügen
Und bettelt ewig vor der Schönheit Reich.
Doch ach! unendlich ist das Reich des Schönen
So auch unendlich unserer Liebe Sehnen.

Savigny und Günderrode blieben dennoch Freunde, und einige Jahre später bat er sie gar, zwischen ihm und Gunda Brentano, die er heiraten wollte, die seine Werbung aber lange abwies, zu vermitteln. Günderrode war erbost und half trotzdem: Die Ehe wurde 1804 geschlossen.

Kennengelernt hatte sie Gunda, Bettine und Clemens Brentano 1801, in dem Jahr, in dem sie erneut einen Verlust hinnehmen musste: Auch ihre Schwester Charlotte war an Tuberkulose gestorben, auch diese hatte sie gepflegt. Umso wichtiger dürfte es für die junge Frau gewesen sein, neue Kontakte zu knüpfen, Kontakt zum Leben zu halten. Die Brentanos wurden zu einem wichtigen Teil ihres Lebens, vielleicht auch, weil diese wie sie selbst den Ideen der Romantik verpflichtet waren, die wie sie das Gefühl und das Authentische über Bürgerlichkeit und Konvention stellten. Mit Gunda Brentano, der sie nach Charlottes Tod schrieb: »Mein Leben ist so leer«, hielt sie über zwei Jahre Briefkontakt, obwohl diese ihr nur unregelmäßig antwortete und ihre Interessen offensichtlich nicht teilte. Warum Günderrode sich dennoch so sehr um diesen Kontakt bemühte, ist unklar. Vielleicht wollte sie so in Savignys Nähe bleiben. Clemens Brentano hingegen war eine Zeit lang heftig verliebt in sie, die ihn jedoch, vielleicht aufgrund seiner ungestümen, aufbrausenden Art, zurückwies.

Doch damit nicht genug der Verluste und Enttäuschungen: 1802 starb eine weitere Schwester, Amalie von Günderrode. Im folgenden Jahr zog sich Karoline von Günderrode mit ihrer Schwester Wilhelmine zu einer Tante nach Gießen zurück. Die Mutter der beiden lebte inzwischen in finanziell so schwierigen Verhältnissen, dass diese anfing, auch das Erbteil ihrer Töchter anzugreifen und diese so völlig der Verarmung preiszugeben. Savigny half in dieser Erbstreitigkeit, über deren Ausgang nichts bekannt ist. Dann, ein Jahr später, sollte Günderrode, wie erwähnt, nicht nur Savigny mit Gunda Brentano vermählt, sondern auch ihre Schwester Wilhelmine und ihre Freundin Lisette Mettingh, nun Nees, heiraten sehen. Günderrode, mit all ihren inneren Gefühlsstürmen, blieb allein. Sie intensivierte ihr Bemühen um Bildung und um ihre Dichtung – sie wollte mit ihrer Kunst ernst genommen werden wie ein Mann, ein für ihre Zeit unerreichbares Unterfangen. Sie hatte bereits 1801 an Gunda Brentano geschrieben:

> [...] der alte Wunsch, einen Heldentod zu sterben, ergriff mich mit großer Heftigkeit; unleidlich war es mir, noch zu leben, unleidlicher, ruhig und gemein zu sterben, schon oft hatte ich den unweiblichen Wunsch, mich in ein wildes Schlachtgetümmel zu werfen, zu sterben. Warum ward ich kein Mann! Ich habe keinen Sinn für weibliche Tugenden, für Weiberglückseligkeit. Nur das Wilde, Große, Glänzende gefällt mir. Es ist ein unseliges, aber unverbesserliches Missverhältnis in meiner Seele; und es wird und muss so bleiben, denn ich bin ein Weib und habe Begierden wie ein Mann, ohne Männerkraft. Darum bin ich so wechselnd, und so uneins mit mir.

Für eine junge Frau, die etwas Großes leisten, die das ganze Leben voll ausschöpfen wollte, war in dieser Zeit kein Platz. Was hätte ihr an Leid erspart werden können, wären die damaligen Bedingungen für Frauen nicht so beengend gewesen! Und so veröffentlichte Günderrode ihre Gedichtbände unter männlichem Pseudonym, auch deswegen, weil sie sich in ihrer Dichtung mit Bereichen beschäftigte, die nach wie vor ausschließlich Männern vorbehalten waren: Sie widmete sich mythischen und philosophischen Themen, insbesondere ist ihr Werk tief beeinflusst von der Philosophie Schellings und Schlegels. 1804 erschien unter dem Pseudonym »Tian« *Gedichte und Phantasien*, wobei ihr der Ehemann von Lisette Nees bei der Veröffentlichung half, denn nach wie vor brauchte eine Autorin männliche Unterstützung, um Zugang zum Buchmarkt zu bekommen. Schon bald wurde sie als Verfasserin hinter dem Namen »Tian« enttarnt – Clemens Brentano war überrascht, dass die junge Frau, in die er so verliebt gewesen war, ihr poetisches Talent einfach vor ihm geheim gehalten hatte, und nahm den Briefkontakt kurzzeitig wieder auf. Erst reagierte er auf die Veröffentlichung der Günderrode in einem Brief an seine Schwester Bettine mit »Entzücken« und sprach der Dichterin »Vollkommenheit« zu, als Günderrode ihn aber selbst in seine Schranken wies und manche seiner Einschätzungen in einem Brief an ihn am 10. Juni 1804 als eine »fatale Perücke [...] die Sie mir aufgezwängt haben, die ich eigentlich nicht trage weil sie mich sehr beengen würde« zurückwies, reagierte er beleidigt, wertete ihre Dichtung ab und begann sogar, hinter ihrem Rücken schlecht über sie zu reden.

Der Kontakt zu seiner Schwester, Bettine Brentano, die später durch eine Hochzeit mit Achim von Arnim zu Bettine von Arnim werden sollte, intensivierte sich dagegen 1804. Bettine Brentano sah die ältere Karoline von Günderrode nicht nur als Freundin, sondern auch als Lehrerin. Zunächst besuchte sie sie 1805 im Stift, wo Günderrode ihre Talente zu fördern, ihr Latein und Hebräisch beizubringen und sie systematisch zu unterrichten versuchte. Dies widerstrebte dem freien, unsystematischen, assoziativen Denken Brentanos – doch sie bemühte sich so sehr, den Anforderungen zu entsprechen, dass sie an einem Nervenfieber erkrankte und von ihrer Freundin und Lehrerin gepflegt werden musste. Zusätzlich war sie erschüttert, als sie in Günderrodes Zimmer einen Dolch fand und von dieser die

Stelle unter der Brust gezeigt bekam, an der ein Stich tödlich wirken musste. Nachdem Bettine Brentano wieder gesund war, beschränkten sich die beiden Frauen auf Briefkontakt, blieben einander aber verbunden. Die berühmteste Folge dieser Freundschaft ist der eingangs schon genannte Briefroman *Die Günderode*, mit dem Bettine von Arnim ihre Freundin dem Vergessen entrissen hat. Darin schreibt sie Karoline von Günderrode zu, schon früh das Motto vertreten zu haben: »Recht viel wissen, recht viel lernen, und nur die Jugend nicht überleben. – Recht früh sterben!«

1804, in diesem Jahr der Veränderungen, lernte Günderrode auch Georg Friedrich Creuzer in Heidelberg kennen, Professor für Altertumswissenschaft an der dortigen Universität. Die beiden verliebten sich leidenschaftlich – doch Creuzer war bereits verheiratet. Zunächst schien es so, als wäre er bereit, sich von seiner Frau zu trennen – er musste Günderrode, die lange gegen eine Heirat mit ihm war, sogar dazu überreden. Es war der Anfang eines ständigen Hin und Her, das die junge Frau noch mehr mitgenommen haben muss als das Scheitern der Beziehung zu Savigny, eben gerade deswegen, weil Creuzer immer wieder so tat, als wäre ein Zusammenleben möglich. Günderrode, der Konventionen ohnehin zuwider waren, wäre sogar bereit gewesen, eine Dreierbeziehung zusammen mit der Ehefrau Creuzers zu führen, sie nahm sogar brieflichen Kontakt zu ihr auf. Doch Creuzer war unentschlossen, schwankte zwischen seinem bürgerlichen Leben als verheirateter Professor und der leidenschaftlichen Geliebten. Diese veröffentlichte in der Zwischenzeit weitere Werke, häufig mit Unterstützung Creuzers: 1805 erschien *Poetische Fragmente*, erneut unter dem Pseudonym »Tian«, und sie veröffentlichte ihre *Geschichte eines Braminen* in dem von Sophie von La Roche herausgegebenen Almanach *Herbsttage*. Im selben Jahr erschienen ihre Dramen *Udohla*, *Magie und Schicksal* und *Nikator*. Günderrode sollte noch weitere Dramen schreiben, in denen häufig heldenhafte Frauenfiguren im Mittelpunkt standen. Zumindest in der Fiktion konnten Frauen Helden sein. Überhaupt sollten Dramen einen größeren Teil ihres Œuvres ausmachen als Gedichte, auch wenn sie vor allem für ihre Lyrik berühmt werden sollte. All ihre Werke sind – ebenso wie ihr Leben – geprägt vom Denken Schellings, daher war es Günderrodes Wunsch, den Unterschied zwischen Ich und Welt zu überwinden, die Einheit von beidem zu leben und schreibend herzustellen. Doch daran, diese Einheit von Innen und Außen zu leben, musste sie in ihrer Zeit mit all ihren Konventionen scheitern.

Creuzer, der selbst ebenfalls unter dem Hin- und Hergerissensein litt und es sich gewiss nicht leicht machte, isolierte sich und Günderrode zunehmend. 1806 verpflichtete er sie, den Kontakt zu Bettine Brentano abzubrechen, was sie tat. Nach einer langen Krankheit, während der ihn seine Frau pflegte, entschied er sich jedoch endgültig für seine Ehe und gegen Günderrode. Diese, die nichts davon ahnte, schrieb noch im Juni 1806 an Lisette Nees: »Ich bin eigentlich lebensmüde, ich fühle, dass meine Zeit aus ist, und dass ich nur fortlebe durch einen Irrthum der Natur; dies Gefühl ist zuweilen lebhafter in mir, zuweilen blässer.« Zuletzt hatte sie Creuzer dazu aufgefordert, mit ihr gemeinsam in den Tod zu gehen – und jetzt wollte er ihr nicht einmal selbst seine Entscheidung mitteilen: Er ließ einen Freund einen Brief an Günderrode verfassen, der ihr aber erst überreicht werden sollte, nachdem sie von Freundinnen auf den Inhalt vorbereitet worden war. Aber der Brief fiel ihr, die auf Nachricht von Creuzer gewartet und den Brief abgefangen hatte, unvorbereitet in die Hände. Sie zog sich kurz auf ihr Zimmer zurück und wirkte dann, als sie es verließ, gefasst, fast erleichtert. Sie verabschiedete sich beiläufig von ihren Freundinnen zu einem Spaziergang am Rhein, wie sie ihn häufig unternahm. Am nächsten Morgen fand man sie tot am Ufer. Sie hatte sich mit dem Dolch, den sie schon so lange besessen hatte, das Herz durchstochen.

Creuzer, der Mentor ihrer Veröffentlichungen bleiben sollte, ließ nach ihrem Tod die schon begonnene Drucklegung von *Melete* abbrechen, einer neuen Sammlung unterschiedlicher literarischer Arbeiten von Günderrode, die sie unter dem Pseudonym »Ion« hatte veröffentlichen wollen. Schon gedruckte Exemplare ließ er vernichten, da er selbst in diesem Werk unter dem Namen »Eusebio« vorkam. Nur ein einziges Exemplar wurde – vermutlich von einem der Drucker – gerettet, und so konnte *Melete* 1906, einhundert Jahre nach dem Tod Karoline von Günderrodes, doch noch gedruckt werden.

Den Wunsch nach unbedingter Erfüllung in der Liebe, nach der liebenden Auflösung des Innen und Außen zweier Menschen ineinander, und der tiefe Schmerz über die fehlende Erfüllung dieser Liebe hatte Karoline von Günderrode noch vor ihrem Freitod in ihrem Gedicht *Die eine Klage*, das in *Melete* erscheinen sollte, zum Ausdruck gebracht:

Die eine Klage

Wer die tiefste aller Wunden
Hat in Geist und Sinn empfunden
Bittrer Trennung Schmerz;
Wer geliebt was er verloren,
Lassen muss was er erkoren,
Das geliebte Herz,

Der versteht in Lust die Tränen
Und der Liebe ewig Sehnen
Eins in Zwei zu sein,
Eins im Andern sich zu finden,
Dass der Zweiheit Grenzen schwinden
Und des Daseins Pein.

Wer so ganz in Herz und Sinnen
Konnt' ein Wesen liebgewinnen
O! den tröstet's nicht
Dass für Freuden, die verloren,
Neue werden neu geboren:
Jene sind's doch nicht.

Das geliebte, süße Leben,
Dieses Nehmen und dies Geben,
Wort und Sinn und Blick,
Dieses Suchen und dies Finden,
Dieses Denken und Empfinden
Gibt kein Gott zurück.

Ausgewählte Werke

Zahlreiche Gedichte, Dramen, Erzählungen und Briefe sind in unterschiedlichen Sammlungen und Editionen erhältlich. Unter dem Pseudonym »Tian« erschienen *Gedichte und Phantasien* (1804) und *Poetische Fragmente* (1806), unter »Ion« erschien *Melete* (1806/1906).

Annette von Droste-Hülshoff (1797–1848)

Der eigene Wille

Annette von Droste-Hülshoff lebte in unruhigen Zeiten, die sie in Sorge versetzten: In der sogenannten Restaurationszeit zwischen 1815 und 1848 versuchte man in Deutschland, mit den als erschütternd wahrgenommenen Folgen der Französischen Revolution fertigzuwerden und die gesellschaftliche wie politische Ordnung der Zeit vor der Revolution wiederherzustellen – doch diesen restaurativen Kräften standen immer mehr Liberale und Revolutionäre gegenüber. Insbesondere ab der zweiten französischen Revolution 1830 gewannen die Vertreter des revolutionären Vormärz Auftrieb. Die Situation spitzte sich zu, bis es zur Märzrevolution 1848 kam. Annette von Droste-Hülshoff war gezwungen, all dem besorgt und untätig zuzusehen – als Frau war für sie nicht einmal an ein Eingreifen in das politische Tagesgeschehen zu denken. Aber ihre Position war klar: Als Vertreterin des alten, katholischen, westfälischen Landadels gehörte sie zu jenen, die für eine Restauration alter Ordnung standen. Die vernunftorientierte Aufklärung hatte ihrer Meinung nach zu einer Abkehr von der gottgewollten Ordnung und damit zur Französischen Revolution geführt – und die alte vorrevolutionäre, gottgewollte, natürliche Ordnung galt es wiederherzustellen. Doch die alte Ordnung war und blieb verloren, die Welt war aus den Fugen geraten.

Diese Sorge, mit der Droste-Hülshoff auf die Welt sah, zieht sich als grundsätzliche Verunsicherung durch ihr Werk: Sie misstraute dem Sichtbaren, der scheinbar rein rational wahrnehmbaren Realität, weswegen sie hinter dieser stets eine andere Wirklichkeit durchschimmern ließ. Nie stellte sie die Welt als harmonisch dar. Häufig drückt sich dies in einer Poetik des »Schauers« aus, die die Gültigkeit der Weltwahrnehmung des Lesers hinterfragt und eine göttliche Ordnung hinter der Realität aufscheinen lässt. Aber nicht nur dem zeitgeschichtlichen Geschehen stand Droste-Hülshoff besorgt gegenüber, auch in ihrer eigenen Biographie musste sie immer wieder die schmerzvolle Erfahrung machen, von anderen benutzt und Spielball fremder Machtspiele zu werden, dass also auch in ihrer unmittelbaren Umgebung soziale Unordnung herrschte. Am 10. oder

12. Januar 1797 wurde Anna Elisabeth (genannt Annette) Freiin von Droste-Hülshoff als zweite Tochter von Clemens August von Droste-Hülshoff und seiner Frau Therese, die aus dem Adelsgeschlecht Haxthausen stammte, auf dem Wasserschloss Hülshoff bei Münster geboren, allerdings mehrere Wochen zu früh. Sie war ein zartes Kind und gesundheitlich sehr anfällig, was sie zeitlebens begleiten und verunsichern sollte. Zudem war sie als Kind des westfälischen Landadels schon von Geburt an eingeengt von den familiären Verhältnissen und gesellschaftlichen Konventionen. Obgleich die Eltern ihr eine gute Ausbildung zukommen ließen und schon früh ihr musisches – Droste-Hülshoff hat später auch komponiert – wie literarisches Talent erkannten und förderten, so nahm man ihre schriftstellerischen Ambitionen doch nicht ernst. Sie waren ein für eine adelige Dame angemessenes Hobby, ein kleiner Zeitvertreib, nicht mehr. So sahen es auch ihre Onkel Werner und August von Haxthausen, die Droste-Hülshoff immer wieder auf ihrem Schloss Bökerhof besuchte. Die Brüder hatten Bökerhof zu einem Treffpunkt literarischer Größen gemacht und unterhielten Kontakt zu Wilhelm und Jakob Grimm, Clemens Brentano und Friedrich Schlegel. Das Talent der jungen Frau konnten oder wollten sie nicht anerkennen. Vielmehr war ihnen die intelligente, kritische und eigenwillige Droste-Hülshoff schon in jungen Jahren suspekt. Wilhelm Grimm, der sie beim Sammeln der berühmten *Kinder- und Hausmärchen* kennenlernte und anerkennen musste, dass sie es war, die in ihrer Umgebung am meisten über die volkstümlichen Geschichten wusste, schrieb am 28. Juli 1813 an seinen Bruder Jakob: »Es ist schade, dass sie etwas Vordringliches und Unangenehmes in ihrem Wesen hat, es war nicht gut, mit ihr fertig zu werden; sie ist mit 7 Monaten auf die Welt gekommen und hat so durchaus etwas Frühreifes bei vielen Anlagen. Sie wollte ständig brillieren.« Wäre die Dichterin ein junger Mann gewesen, hätte man ihr dergleichen wohl nicht vorgeworfen. Insbesondere von ihrem Onkel Werner von Haxthausen ernteten ihre frühen schriftstellerischen Versuche – das Trauerspiel *Berta oder Die Alpen*, die Verserzählung *Walter*, das Romanfragment *Ledwina* – lediglich Spott. Unterstützung fand sie jedoch durch den Juristen Anton Matthias Spickmann, der literarisch interessiert und versiert war, ihr Talent erkannte und sie auf das empfindsame Dichten etwa Friedrich Gottlieb Klopstocks aufmerksam machte. Einen stärkeren

Einfluss hatte er auf die junge Dichterin und ihr Schreiben allerdings nicht – überhaupt sollte diese zeitlebens ihren eigenen Willen behalten. Sie kämpfte für ihre kleinen Freiräume und wies Eingriffe anderer in ihr Werk so gut wie möglich zurück. Wenigstens hier, in ihrem Schreiben, wollte Annette von Droste-Hülshoff sich treu bleiben.

Der Bökerhof sollte nicht nur Ort des Spottes, sondern auch Ort der traumatischen Zäsur im Leben der jungen Frau werden: Zwischen der katholischen Adeligen und dem bürgerlichen, protestantischen Jurastudenten Heinrich Straube, der sich für Literatur interessierte und auch selbst schrieb, war um 1820 eine Liebesbeziehung entstanden, die jedoch einer Intrige der Familie, betrieben vor allem von ihrer Tante Anna von Haxthausen, zum Opfer fiel. Warum die eigene Familie nicht nur Droste-Hülshoffs Beziehung, sondern auch ihre weitere Biographie vorsätzlich zerstörte, ist unklar – es kann daran gelegen haben, dass die intellektuell profilierte, kritische und eigenwillige junge Frau wirklich so unbeliebt war, dass man ihr schaden wollte. Naheliegender ist, dass man einer standesmäßig und konfessionell nicht angemessenen Beziehung ein Ende bereiten wollte. Man setzte den attraktiven Jurastudenten August von Arnswaldt auf die junge Frau an: Er sollte um sie werben, was er auch mit einiger Hartnäckigkeit und nach allen Regeln der Kunst tat. Tatsächlich meinte Annette von Droste-Hülshoff für kurze Zeit, verliebt in ihn zu sein, gab ihm Zeichen der Zuneigung, doch auch wenn sie diese schon bald darauf von sich aus revidierte und ihre Liebe zu Straube beteuerte, war es zu spät: Arnswald reiste zu Straube, berichtete ihm vom treulosen Verhalten Annettes, gemeinsam verfassten sie einen Brief, in dem sie ihr beide die Freundschaft aufkündigten, ohne sie zuvor anzuhören. Damit war nicht nur diese aufrichtige Liebesbeziehung verloren, sondern auch Droste-Hülshoffs Ruf nachhaltig so beschädigt, dass es sehr schwer werden musste, einen Ehemann für sie zu finden – sie heiratete bis zu ihrem Tod nicht. August von Arnswald dagegen sollte Anna von Haxthausen heiraten, von deren Rolle in dieser Intrige die junge Droste-Hülshoff wohl noch nichts ahnte, als sie ihr im Dezember 1820 schrieb:

> Du willst wissen, wie mir ist, liebe Anna. Das kann ich Dir nicht sagen. Ich hoffe und wünsche Dir, dass Du es in Deinem Leben nicht verstehst – aber ich habe es verdient.

> [...] wenn der Skandal dazu kömmt und vielleicht gar meine Eltern erreicht, so fühle ich mich nicht sicher vor der Verzweiflung. [...] Ich möchte vielleicht noch einiges sagen können, aber ich glaube es kaum, denn ich muss viel gestehen, ich bin sehr gesunken, tiefer wie Du denkst, aber nicht aus Verhärtung. Dafür habe ich nun auch schon drei Monate und drüber gelitten, wie ich früher keine Idee davon hatte, und das wird auch wohl dauern, solange ich lebe. Darum sollt Ihr mich auch nicht schimpfen und quälen, sondern vor Euch sehn, dass Ihr nicht fallt. [...] Ich habe ihn [Straube] so lieb, dass ich keinen Namen dafür habe. Er steht mir so mild und traurig vor Augen, dass ich oft die ganze Nacht weine und ihm immer in Gedanken vielerlei erkläre, was ihm jetzt fürchterlich dunkel sein muss. Ach Gott, wenn ich ihm nur schreiben dürfte [...].

Erst nach und nach sollte sie verstehen, welche Rolle ihre Familie in dieser Sache gespielt hatte – über 18 Jahre mied sie den Bökerhof und die Verwandten von dort.

Sie zog sich in ihr Elternhaus zurück und unterwarf sich damit der Familie, die ihr kaum Freiraum ließ. Als unverheiratete Frau hatte sie sich um ihre Familienangehörigen zu kümmern, ihre Mutter zu begleiten, ihre Tanten und Onkel zu pflegen und sich aus der Öffentlichkeit nahezu vollständig zurückzuziehen. Nur selten verschafften ihr kleine Reisen nach Bonn, Köln und ins Paderborner Umland etwas Freiraum. Zudem schloss sie Freundschaft mit der reichen und künstlerisch interessierten Sibylle Mertens-Schaaffhausen und über diese mit Johanna und Adele Schopenhauer, die ihr geistige Anregung boten und denen sie sich etwas mehr öffnen konnte. 1826 zog sie nach dem Tod ihres Vaters mit ihrer Mutter ins Rüschhaus bei Münster. Immer wieder wurde die Dichterin krank, klagte über Atemnot, zudem litt sie an starken Kopf- und Augenschmerzen.

Aufgrund dieser Lebensverhältnisse kam Annette von Droste-Hülshoff in den 1820er Jahren kaum zum Schreiben, zumal niemand auf ihre Interessen Rücksicht nahm. 1819/20 hatte sie unter dem Titel *Geistliches Jahr* einen Zyklus religiöser Gedichte zu schreiben begonnen, den sie ihrer Stiefgroßmutter schenken wollte. Doch ein naivfrommer Ton – wie er zu derselben Zeit Luise Hensel in ihrem berühmten *Müde bin ich, geh' zur Ruh* gelungen war – war für Droste-Hülshoff unerreichbar. Die göttliche Ordnung war für sie zerbrochen, sie rang mit ihren Zweifeln. In ihrem Gedicht *Am Sonntag nach hl. drei Könige* heißt es:

Und muss ich schauen in des Schicksals Gange,
Wie oft ein gutes Herz in diesem Leben
Vergebens zu dir schreit aus seinem Drange,
Bis es verzweifelnd sich der Sünd' ergeben,
Dann scheint mir alle Liebe wie ein Spott,
Und keine Gnade fühl' ich, keinen Gott!
[...]
Wo find' ich dich in Hoffnung und in Lieben!
Denn jene ernste Macht, die ich erkoren,
Das ist der Schatten nur, der mir geblieben
Von deinem Bilde, da ich es verloren.
O Gott, du bist so mild und bist so licht!
Ich suche dich in Schmerzen, birg dich nicht!

Solche Gedichte eigneten sich nicht als Geschenk für die fromme Stiefgroßmutter. Droste-Hülshoff brach die Arbeit an dem Zyklus ab, den sie erst 1839 fertig stellen sollte. Zudem begann sie, das Versepos *Hospiz auf dem Großen St. Bernhard* zu schreiben, das sie erst 1838 fertig stellte.

1831 lernte sie Levin Schücking kennen. Seine Mutter, die Dichterin Katharina Busch, hatte Droste-Hülshoff gebeten, ihren Sohn zu unterstützen, was sie auch tat. Eine enge, von tiefen mütterlichen Gefühlen geprägte Bindung zwischen den beiden sollte aber erst 1838 entstehen und die große, nur wenige Jahre andauernde Schaffensphase der Dichterin begleiten. Weitere wichtige Freundschaften, die Droste-Hülshoff endlich Interesse, Anregung und Unterstützung entgegenbrachten, kamen in den 1830er Jahren hinzu, etwa der blinde Professor für Philosophie Christoph Bernhard Schlüter und dessen Mitarbeiter Wilhelm Junkmann sowie der Germanist Joseph von Laßberg, den ihre Schwester Jenny heiratete, und die literarisch interessierte und gut vernetzte Elise Rüdiger.

Bis 1838 schrieb Droste-Hülshoff keines der Werke, die sie berühmt machen sollten. Sie stellte die Verserzählung *Das Hospiz auf dem großen St. Bernhard* fertig sowie die Verserzählungen *Des Arztes Vermächtnis* und *Die Schlacht am Loener Bruch*. Die damals bereits unmodern gewordene Form des Versepos passte zur restaurativen Haltung der Dichterin: Sie schrieb eben nicht in der modernen Prosa, sondern wählte die alte, bewährte Form. Schlüter und Junkmann stellten diese Verserzählungen und ein paar Gedichte zusammen und bemühten sich um eine erste Veröffentlichung, die 1838 halbanonym unter dem Titel *Gedichte* und dem Namen »Annette Elisabeth v. D … H …« erfolgte. Die Veröffentlichung wurde ein Flop: Nur 74 Exemplare wurden verkauft, positive Besprechungen kamen allein aus dem Freundeskreis der Dichterin, und auch innerhalb dieses Kreises wurde Kritik laut. Besonders dürfte Droste-Hülshoff der erneute Spott aus der eigenen Familie getroffen haben, in der man »alles für reinen Plunder« hielt. Ihre Familie konnte nicht verstehen, »wie eine scheinbar vernünftige Person solches Zeug habe schreiben können. Nun tun alle die Mäuler auf und begreifen alle miteinander nicht, wie ich mich habe so blamieren können«, so schrieb sie am 29. Januar 1839 an ihre Schwester Jenny von Laßberg.

Kurz auf diesen Flop folgte aber der dichterische Durchbruch: Sie stellte den Gedichtzyklus *Das Geistliche Jahr* fertig, begann mit dem Schreiben zahlreicher, heute noch bekannter Balladen und vollendete 1840 ihr berühmtes Prosawerk, die Novelle *Die Judenbuche*. In dieser verbindet die Dichterin Kriminalgeschichte und Milieustudie und erzählt von den Folgen verlorener Ordnung und Menschlichkeit: Weil der Mensch sich von der Natur entfernt hat, sie sogar zerstört, zerstört er auch sich und seine Mitmenschen. Er errichtet eine Gesellschaft, die auf Gewalt, Ausgrenzung und Rache statt auf Humanität, Liebe und Solidarität setzt.

Nach Abschluss der Arbeit an der Novelle im Frühjahr 1841 reiste Droste-Hülshoff mit ihrer Schwester Jenny von Laßberg an den Bodensee, wo deren Mann die Meersburg erworben hatte. Das milde Klima – und vielleicht der Abstand zu ihrer Heimat – tat der angegriffenen Gesundheit der Dichterin gut. Zudem hatte sie Levin Schücking, der selbst auch Schriftsteller geworden war und Droste-Hülshoff in den letzten Jahren immer wieder beraten und unterstützt hatte, dem sie außerdem starke mütterliche Gefühle entgegenbrachte, eine Anstellung als Bibliothekar auf der Meersburg verschafft. So konnten die beiden jeden Tag an den Gedichten, die Droste-Hülshoff nun praktisch täglich schrieb, arbeiten. In den Jahren 1841/42 entstanden berühmte Gedichte wie die Ballade *Der Knabe im Moor* oder das Entfremdung von sich selbst thematisierende *Das Spiegelbild.* Beim Blick in den Spiegel ahnt das lyrische Ich seine unbewussten Wünsche und Triebe, und fragt sich, ob es diese andere Seite an sich selbst fürchten oder betrauern soll:

Das Spiegelbild

Schaust du mich an aus dem Kristall,
Mit deiner Augen Nebelball,
Kometen gleich die im Verbleichen;
Mit Zügen, worin wunderlich
Zwei Seelen wie Spione sich
Umschleichen, ja, dann flüstre ich:
Phantom, du bist nicht meinesgleichen!

Bist nur entschlüpft der Träume Hut,
Zu eisen mir das warme Blut,
Die dunkle Locke mir zu blassen;
Und dennoch, dämmerndes Gesicht,
Drin seltsam spielt ein Doppellicht,
Trätest du vor, ich weiß es nicht,
Würd' ich dich lieben oder hassen?

Zu deiner Stirne Herrscherthron,
Wo die Gedanken leisten Fron
Wie Knechte, würd' ich schüchtern blicken;
Doch von des Auges kaltem Glast,
Voll toten Lichts, gebrochen fast,
Gespenstig, würd', ein scheuer Gast,
Weit, weit ich meinen Schemel rücken.

Und was den Mund umspielt so lind,
So weich und hülflos wie ein Kind,
Das möcht' in treue Hut ich bergen;

Und wieder, wenn er höhnend spielt,
Wie von gespanntem Bogen zielt,
Wenn leis' es durch die Züge wühlt,
Dann möcht' ich fliehen wie vor Schergen.

Es ist gewiss, du bist nicht ich,
Ein fremdes Dasein, dem ich mich
Wie Moses nahe, unbeschuhet,
Voll Kräfte die mir nicht bewusst,
Voll fremden Leides, fremder Lust;
Gnade mir Gott, wenn in der Brust
Mir schlummernd deine Seele ruhet!

Und dennoch fühl' ich, wie verwandt,
Zu deinen Schauern mich gebannt,
Und Liebe muss der Furcht sich einen.
Ja, trätest aus Kristalles Rund,
Phantom, du lebend auf den Grund,
Nur leise zittern würd' ich, und
Mich dünkt – ich würde um dich weinen!

Aus diesem Text spricht vermutlich auch eine Dichterin, die ihr Leben lang Konventionen und Fremdbestimmung unterworfen und so zur Selbstverleugnung gezwungen war – und die nun, gerade in ihrer Lyrik, Raum fand, um sich mit sich selbst auseinanderzusetzen.

Im April 1842 endete die gemeinsame Arbeit mit Levin Schücking, dem durch seinen Freund, den Dichter Ferdinand Freiligrath, eine andere Anstellung beschafft worden war. Er hatte diese wohl auch deswegen angenommen, weil ihn Droste-Hülshoff mit der Arbeit an ihren Gedichten so in Beschlag genommen hatte, dass er wiederum kaum zum Schreiben gekommen war.

Im Mai wurde *Die Judenbuche* veröffentlicht, sie wurde ein Erfolg, und im Spätsommer verließ auch Droste-Hülshoff die Meersburg, um ins Rüschhaus bei Münster zurückzukehren. Doch nachdem sie am Bodensee so aufgeblüht war, fühlte sie sich nun noch einsamer und elender als zuvor. Sie schrieb wieder weniger und kehrte, wohl auch in der Hoffnung, an die schöne Zeit anknüpfen zu können, im Herbst 1843 nach Meersburg zurück. Dort kaufte sie sogar ein kleines

Häuschen und arbeitete an einer Sammlung mit Gedichten, die 1844 erschien und die sie zu der bedeutendsten Autorin ihrer Zeit machte. Zwischen dem Scheitern 1838 und dem Durchbruch als Schriftstellerin hatten nur ein paar Jahre gelegen. Noch am 24. Juli 1843 hatte sie an Elise Rüdiger geschrieben:

> So steht mein Entschluss fester als je, nie auf den Effekt zu arbeiten, keiner beliebten Manier, keinem anderen Führer als der ewig wahren Natur durch die Windungen des Menschenherzens zu folgen und unsre blasierte Zeit und ihre Zustände gänzlich mit dem Rücken anzusehn. Ich mag und will jetzt nicht berühmt werden, aber nach hundert Jahren möcht ich gelesen werden, und vielleicht gelingt's mir, da es im Grunde so leicht ist wie Kolumbus' Kunststück mit dem Ei, und nur das entschlossene Opfer der Gegenwart verlangt.

Dies war ihr gelungen – gerade wegen ihrer von der Familie zu Unrecht gescholtenen Eigenwilligkeit, die dazu führte, dass sie sich in ihrem Schreiben selbst treu geblieben war. Dennoch linderte der Erfolg nicht Droste-Hülshoffs Einsamkeit, die noch dadurch vergrößert wurde, dass sie und Levin Schücking sich nun auch noch auseinanderlebten. Im Herbst 1844 kehrte Droste-Hülshoff mit ihrer Mutter ins Rüschhaus zurück. Im Winter darauf starb ihre ehemalige Amme, die ihr wie eine enge Verwandte gewesen war. 1845 starb ein Onkel. Am 27. April 1845 schrieb sie an Johanna Hassenpflug: »Ich lebe jetzt einsamer als je.«

1846 kam es zum endgültigen Bruch mit Schücking: Dieser hatte sich den Liberalen, also den Gegnern des Adels und damit auch den Gegnern von Droste-Hülshoffs Position, angeschlossen. Als er in einem Roman den westfälischen Adel kritisierte und dabei wohl auch interne Informationen verwendete, die er von Droste-Hülshoff erhalten hatte, wandte sich diese, von ihrem adeligen Umfeld für diese Indiskretion verantwortlich gemacht, empört von ihm ab. Sie musste dies als Vertrauensbruch auffassen. Am 30. Januar machte die Dichterin in einem Brief an Elise Rüdiger deutlich, was sie von der politischen Haltung Schückings hielt: »Schückingen muss ich auch jetzt schreiben, ich bin ihm auf zwei Briefe Antwort schuldig. Der letzte hat mich auch nicht eben gefreut, so freundlich er war, fürs erste schickt er mir seine Gedichte, worin er als entschiedener Demagog auftritt. Völkerfreiheit! Preßfreiheit! Alle die bis zum Ekel gehörten Themas der neueren Schreier.« Schücking seinerseits sollte sich später, noch nach dem Tod von Droste-Hülshoff, um deren Werk und dessen Veröffentlichung bemühen – wovon er aber durchaus auch selbst profitierte.

Im Frühjahr desselben Jahres, also 1846, verschlechterte sich der Gesundheitszustand der Dichterin stark: Sie litt an Erstickungs- und Fieberanfällen, an Augen- und Kopfschmerzen. Immer noch krank, machte sie sich im Herbst auf den Weg nach Meersburg, also in ihre Wahlheimat. Tatsächlich besserte sich ihr Zustand, sie blieb aber schwer krank, an eine Rückreise nach Westfalen war nicht mehr zu denken. Die Unruhen der Märzrevolution 1848 erschütterten auch Meersburg. Ihre Schwester notierte in ihr Tagebuch, Droste-Hülshoff habe große Angst.

Nur zwei Monate später, am 24. Mai 1848, starb die Dichterin an einem Herzschlag. Noch nach ihrem Tod sollte sie zum Gegenstand von Machtkämpfen anderer werden: Ihre Kanonisierung verdanken wir insbesondere dem Kulturkampf zwischen einerseits der national-liberalen preußisch-protestantischen Partei, der auch Schücking nahestand und die Droste-Hülshoff als deutsche, westfälische Dichterin sehen wollte. Andererseits erhob aber die katholische Gegenseite, zu der ihre Familie gehörte, Ansprüche auf sie als katholische Dichterin. Beide Seiten gaben Werkausgaben heraus und versuchten, Annette von Droste-Hülshoff zum Aushängeschild der eigenen Weltsicht zu machen. Immerhin schrieben sie damit die Dichterin als eine der ganz wenigen schreibenden Frauen des 19. Jahrhunderts in den Kanon ein. Und die Dichterin? Die hatte sich schon 1844 mit einem Gedicht verabschiedet:

Lebt wohl

Lebt wohl, es kann nicht anders sein!
Spannt flatternd eure Segel aus,
Lasst mich in meinem Schloss allein,
Im öden geisterhaften Haus.

Lebt wohl und nehmt mein Herz mit euch
Und meinen letzten Sonnenstrahl,
Er scheide, scheide nur sogleich,
Denn scheiden muss er doch einmal.

Lasst mich an meines Sees Bord,
Mich schaukelnd mit der Wellen Strich,
Allein mit meinem Zauberwort
Dem Alpengeist und meinem Ich.

Verlassen, aber einsam nicht,
Erschüttert, aber nicht zerdrückt,
Solange noch das heil'ge Licht
Auf mich mit Liebesaugen blickt.

Solange mir der frische Wald
Aus jedem Blatt Gesänge rauscht,
Aus jeder Klippe, jedem Spalt
Befreundet mir der Elfe lauscht.

Solange noch der Arm sich frei
Und waltend mir zum Äther streckt,
Und jedes wilden Geiers Schrei
In mir die wilde Muse weckt.

Ausgewählte Werke

Lyrik: zahlreiche Gedichte in unterschiedlichen Ausgaben; **Prosa:** *Die Judenbuche* (1842).

Louise Aston (1814–1871)

Das Leben für die Revolution

Louise Aston war das völlige Gegenteil von Annette von Droste-Hülshoff, stand sie doch auf der Seite, die Droste-Hülshoff als gefährlich ansah, auf der des Vormärz, der Revolution. Vermutlich war sie sogar das Gegenteil fast aller Frauen ihrer Zeit: Sie zeigte sich rauchend und in Männerkleidung auf den Straßen Berlins, kämpfte für die Emanzipation der Frau und freie Liebe, kritisierte Religion und Kirche, wurde von der Polizei beobachtet und von der Presse zum Skandal stilisiert. Selbst den bürgerlichen Vertreterinnen der frühen Frauenrechtsbewegung war sie zu radikal, zu auffällig, zu »exzentrisch«. Und all das war sie – absichtlich und voller Stolz. Sie lebte entsprechend des von ihr 1846 in der Gedichtsammlung *Wilde Rosen* veröffentlichten Gedichtes *Lebensmotto*, in dessen erster Strophe es heißt:

Fromme Seelen, fromme Herzen,
Himmelssehnend, lebenssatt;
Euch ist rings ein Tal der Schmerzen,
Eine finst're Schädelstatt!
Mag in schreckenden Gesichten
Bang vor *mir* das Schicksal steh'n;
Nie soll mich der Schmerz vernichten,
Nie zerknirscht und reuig seh'n!

Freiem Leben, freiem Lieben,
Bin ich immer treu geblieben!

Was für ein Leben führte eine Frau mit diesem »Lebensmotto« im 19. Jahrhundert? Ein bewegtes, so viel ist klar.

Ihre Ideale – ihre nahezu religiöse Ehrfurcht vor dem Innersten des Menschen, vor seinen Werten und vor der Liebe, über die keine äußere Autorität bestimmen dürfte – könnten auf ihr Elternhaus zurückzuführen sein: Am 26. November 1814 wurde sie als Louise Hoche, jüngste Tochter des evangelischen Pfarrers Dr. Johann Gottfried Hoche und seiner Frau Louise Charlotte Hoche, in Gröningen bei Halberstadt geboren. Durch ihre Eltern sowie einen Privatlehrer erhielt sie eine gute Ausbildung. Zudem hatte sie Zugang zur Bibliothek ihres Vaters, der selbst seine rebellischen Momente gehabt hatte (sein Buch *Geschichte des päpstlichen Jubeljahres* war von der katholischen Kirche indiziert worden) und ebenfalls als Schriftsteller tätig war. Auch ihre Schwester Eulalia sollte später Schriftstellerin werden. Offensichtlich wurden in dieser Familie Mädchen zu eigenem Denken und zum Interesse an Literatur ermutigt – Eulalia Merx blieb allerdings im Gegensatz zu ihrer Schwester tief religiös und hielt sich von der Rebellion fern. Trotzdem hielten die gegensätzlichen Schwestern immer Kontakt.

Zudem kann es sein, wenn man ihrem autobiographischen Roman *Aus dem Leben einer Frau* von 1847 Glauben schenken darf, dass Louise Hoche in ihrem Elternhaus die Möglichkeit einer auf Liebe basierenden Ehe kennengelernt hat: Dann dürfte die Mutter gegen den Willen der Eltern den finanziell wie gesellschaftlich deutlich weniger gut gestellten Johann Hoche aus Liebe geheiratet haben – allerdings zu dem Preis, dass ihr Ehemann zeitlebens darunter litt, seiner Frau nicht den von ihr gewohnten Lebensstandard ermöglichen zu können. Dem Roman zufolge wollten die Eltern ihre Tocher vor diesem Fehler bewahren: Da ihrer Meinung nach Liebe allein für ein glückliches Leben nicht ausreichte, wurde sie reich verheiratet. Am 4. Mai 1835 heiratete Louise Hoche gegen ihren Willen den 24 Jahre älteren, wohlhabenden Dampfmaschinenfabrikanten Samuel Aston, der aus England stammte und sich 1823 in Magdeburg niedergelassen hatte. Die Ehe war unglücklich, Louise hatte das Gefühl, wie ein Gegenstand verkauft worden zu sein. Wie groß die Ablehnung gegenüber ihrem Ehemann gewesen sein muss, macht die Beschreibung von Herrn Oburn deutlich, dem Ehemann in *Aus dem Leben einer Frau*, die auch ein gutes Beispiel für Louise Astons unterhaltsamen und bisweilen plakativen Schreibstil ist:

> Gravitätisch überschritt Herr Oburn die Schwelle, und überschaute das Volk mit triumphierendem Blick. Seine Persönlichkeit gab der Menge zu mancherlei Bemerkungen Veranlassung, in denen der idyllische Witz der Landleute sich mit vielem Behagen erging. Herr Oburn war ein Mann

von 50 Jahren, klein und fett, mit einem würdevollen Hängebauch, einem vollen, aufgedunsenen, dunkelroten Gesicht, mit einer unförmlichen, großen Nase, neben der sich eine zweite kleinere, wie eine Tochterloge, etabliert hatte. Beide waren mit den Farben von Burgunder und Rum malerisch schattiert. Die Stirne, gewiß von der Natur dazu bestimmt, in diesem Gesicht die beste Partie zu sein, war durch veilchenblaue Adern, die dick hervorquollen und sich kreuzten, wie Heereszüge auf strategischen Karten, unangenehm entstellt. Um den gemeinen breiten Mund zog sich ein Lächeln grober Sinnlichkeit, das an ein tierisches Grinsen erinnerte. Um das Gesicht würdig einzurahmen, fiel spärliches rotes Haar, genial vernachlässigt, von dem ziemlich kahlen Scheitel auf die Schläfe herab. Dies Meisterwerk der Natur war durch eine modisch-elegante Kleidung verhüllt. Der schwarze, feine Anzug, die Weste und Krawatte von weißem Atlas, suchten nach Kräften mit dem Gesichtsteint zu harmonieren, dem das feste Zuschnüren der Halsbinde zu der traurigen Ähnlichkeit mit einem gekochten Krebse verhalf. Das ganze Bild erinnerte an den Mann im feurigen Ofen, obgleich jeder Anstrich alttestamentlicher Salbung fehlte.

Dass Astons Werke unterhaltsam und pointiert eher im Stil der Trivialliteratur gehalten sind, ist dabei kein Unvermögen oder Versehen der Autorin, sondern ein antiästhetisches, politisches Programm, wie das Vorwort des genannten Romans deutlich macht:

Das Leben ist fragmentarisch; die Kunst soll ein Ganzes schaffen!

Diese Blätter gehören in Dichtung und Wahrheit dem Leben an, und machen nicht Anspruch auf künstlerischen Wert! Darum sind sie fragmentarisch, wie diese ganze moderne Welt, aus deren gärenden Elementen sie hervorgegangen, ein Beitrag zur Charakteristik *unseres* Lebens! Wer den reichen Zauber der Gestaltung besitzt, und die Idee zu bannen versteht in ewige Formen: der wird nach Maß und Regeln der Schönheit, auch dies zersplitterte, moderne Leben zu einem harmonischen Kunstwerk zusammenfassen, ihm dauernde Bedeutung geben und sich selbst mit ihm unsterblich machen! Wir andern aber können nur einzelne Blätter, vielleicht Früchte von den Lebensbäumen dieser Zeit pflücken! Wir schreiben flüchtige Zeilen; aber wir schreiben sie mit unserem Herzblut!

Aston sah sich in der modernen Welt nicht mehr dazu in der Lage, ihr zerrissenes Leben harmonisch darzustellen. So schrieb sie und so lebte sie. Immer wieder sind politische Reden oder Pamphlete in die Romanhandlung versteckt eingebunden – Aston wollte nicht nur Kunst, sondern immer auch Politik gestalten.

1838 wurde die unglückliche Ehe der Astons geschieden – die im selben Jahr geborene Tochter Jenny Louise blieb bei der Mutter, wurde jedoch schwer krank. Wohl am Krankenbett der Tochter kam es zu einer Annäherung der Eheleute. 1841 starb Jenny Louise, und im selben Jahr brachte Aston erneut ein Mädchen zur Welt, wieder mit dem Namen Jenny Louise. Louise und Samuel Aston heirateten erneut, doch auch dieser zweite Versuch scheiterte. Die Schuld daran sprach der 1844 die Scheidung vollziehende Richter aber offensichtlich Samuel Aston zu, denn Louise Aston durfte erneut die Tochter behalten und bekam eine geringe Unterhaltszahlung zugesagt.

Zunächst lebte Louise Aston bei ihrer Schwester in Züllichau, bald aber ging sie dorthin, wo sie unbedingt leben und kämpfen wollte: nach Berlin, dem Ort geistigen und revolutionären Lebens der Zeit. Dort suchte sie ab 1845 Kontakt zu Schriftstellern und Intellektuellen und lernte so Rudolf Gottschall kennen, der sie in den Künstler- und Akademikerkreis im Rütli einzuführen versuchte. Zu dieser reinen Männergesellschaft fand Aston aber keinen Zugang, man lehnte sie als Frau ab. Sie schloss sich den »Freien« an, die sich in der Hippelschen Weinstube trafen. In diesem linken Kreis, zu dem etwa auch der anarchistische Philosoph Max Stirner gehörte, schimpfte man auf Autoritäten, beschäftigte sich mit dem frühen Sozialismus und diskutierte ganz nach dem Motto: »Was wollen denn nun die Freien? Die Antwort ist einfach. Sie wollen frei sein, frei von allem Glauben, aller Überlieferung und Autorität, weil diese unmenschlich sind.« In diesem Kreis war es durchaus üblich, die Frauen mit Männernamen anzureden – Louise war hier Louis. Sie trug in der Öffentlichkeit

Männerkleidung, führte in Kneipen politische Diskussionen und rauchte auf offener Straße. All das taten Frauen in dieser Zeit nicht, es gehörte sich nicht.

Auch wenn Aston keinen Zugang zu Gottschalls Kreis fand, blieb der Kontakt erhalten und sie wurde seine Geliebte. Er widmete ihr den Gedichtband *Madonna und Magdalena. Zwei Liebesdithyramben*, der sich für freie Liebe aussprach. Damit stieß er auf Empörung. Noch größer war diese allerdings, als Aston 1846 ihren Gedichtband *Wilde Rosen* veröffentlichte, in dem sie dasselbe forderte. Nun stand sie in der Öffentlichkeit, und ihr Ruf war ruiniert: Zeitungen berichteten Klatsch und Tratsch über dieses »polternde Mannsweib«, als das die Öffentlichkeit sie sehen wollte – ihr nahestehende Personen betonten eher ihre Charakterstärke –, Anonyme schrieben Beschwerdebriefe an die Polizei, man sagte ihr zahlreiche Liebschaften, Erregung öffentlichen Ärgernisses und eine Gefährdung von Sitte und Ordnung nach. In einem der anonymen Beschwerdebriefe vom Dezember 1845 heißt es:

> Eine gewisse Asten oder Aston (der Name ist nicht recht deutlich ausgesprochen worden [...]), zieht durch ihre Verführungskünste, und durch entsetzliche Ausschweifungen, Männer jedes Standes und Alters nach sich; nicht genug, dass Männer, ihr Einkommen, und Vermögen dieser Buhlerin opfern müssen, so hat dies Weib im Verein mit vielen Männern, *Dichter[n], Künstler[n], Offiziere[n], Juden* etc. ein Komplott gegen den Staat, den König und [die] Religion gebildet. [...] Kann denn dies Weib nicht aus Berlin verwiesen werden, da sie gerade die Seele dieser Verschwörung ist?

Aston wurde polizeilich beobachtet, schließlich sogar verhört. In diesem Verhör betonte sie, dass sie nach Berlin gekommen sei und dort bleiben wolle, um am geistigen Austausch teilzunehmen. Sie gab sogar an, in Männerkleidern die Universität besuchen zu wollen. All dies dürfte zu ihrer Verteidigung wenig beigetragen haben, im Gegenteil: Im März 1846 wurde sie aufgefordert, Berlin zu verlassen. Was sie nicht wusste: Ihr Vernehmungsprotokoll wurde auch dem Vormundschaftsgericht zugesendet, um zu überprüfen, ob Jenny

Louise wirklich bei einer Mutter mit einem solchen Lebenswandel verbleiben dürfe.

Vorerst verließ Aston mit ihrer Tochter Berlin und zog nach Köpenick, wo sie bis 1848 wohnte. Sie besuchte Hamburg und wohl nahezu täglich Berlin, da man sich für kurze Aufenthalte in der Stadt nicht anmelden musste. Karl August Varnhagen von Ense, der Ehemann der schon verstorbenen Rahel Varnhagen, war empört über Astons Ausweisung aus Berlin, er notierte am 21. Oktober 1846 in sein Tagebuch: »Allerlei Nachrichten über Louise Aston, die vom Minister Bodelschwingh so dumm als brutal ausgewiesene Dichterin und Freidenkerin, – sie ist nach Köpenick verbannt, aber täglich hier in Berlin.« Und einfach so wollte die kämpferische Louise Aston ihre Ausweisung nicht auf sich beruhen lassen: Sie machte mit ihrer 1846 erschienenen Verteidigungsschrift *Meine Emancipation, Verweisung und Rechtfertigung* die gegen sie erhobenen Vorwürfe, das Verfahren und ihre Sichtweise öffentlich und übte scharfe Kritik an der polizeilichen Willkür. Es ist nicht zuletzt auch ein Manifest für die Gleichberechtigung der Frau und die freie Wahl des Partners aus Liebe. Es heißt darin etwa:

> Ich glaube allerdings nicht an die Notwendigkeit und Heiligkeit der Ehe, weil ich weiß, dass ihr Glück meistens ein erlogenes und erheucheltes ist; dass sie in ihrem Schoße alle Verwerflichkeit und Entartung verbirgt. Ich kann ein Institut nicht billigen, das mit der Anmaßung auftritt, das freie Recht der Persönlichkeit zu *heiligen*, ihm eine unendliche Weihe zu erteilen, während nirgends grade das Recht *mehr* mit Füßen getreten und im Innersten verletzt wird; – ein Institut das mit der höchsten Sittlichkeit prahlt, während es jeder Unsittlichkeit Tor und Tür öffnet; das einen *Seelenbund* sanktionieren will, während es meistens nur den *Seelenhandel* sanktioniert. Ich verwerfe die *Ehe*, weil sie zum Eigentume macht, was nimmer *Eigentum* sein kann: *die freie Persönlichkeit*; weil sie ein *Recht* gibt auf *Liebe*, auf die es kein Recht geben kann; bei der jedes *Recht* zum brutalen Unrecht wird.
>
> In den *Instituten* liegt die Unsittlichkeit, nicht in den Menschen; in den Menschen nur insofern, als ihnen Einsicht und Kraft fehlt, um bessere Verhältnisse zu schaffen. Doch in

unsrem Jahrhundert liegt diese Sehnsucht, dieser hoffnungsreiche Drang und Trieb nach freieren Gestaltungen, welche endlich das rein Menschliche zu seinem Rechte kommen lassen. *George Sand* tritt uns als die Prophetin dieser freien schönen Zukunft entgegen, indem sie die Zerrissenheit und Nichtigkeit der jetzigen Verhältnisse mit unendlicher Wahrheit schildert. [...]

Bildung erst gibt dem Leben und der Liebe die höhere Weihe und die innere Freiheit, ohne welche jede äußere Freiheit zur Chimäre wird. Nicht die Bildung des Konfirmanden-Unterrichts, nicht die Bildung der Pensions-Institute; nein, das höhere Leben des Gedankens, wozu die Frau von der Natur ebenso befähigt und berechtigt ist, als der Mann.

Diese Schrift gehört zu den frühen Schriften der Frauenrechtsbewegung und vertritt unter diesen einen ähnlichen Standpunkt wie *Das Weib im Conflict mit den sozialen Verhältnissen* der Schriftstellerin Mathilde Franziska Anneke, zu der Aston in Kontakt stand. Aber auch wenn der Text insbesondere in Berlin wahrgenommen und kritisch diskutiert wurde, änderte er an ihrer Ausweisung nichts.

1846 strebte Samuel Aston dann tatsächlich einen Prozess um das Sorgerecht für Jenny Louise an und erbat Hilfe bei der Polizei, um seine Tochter abzuholen. Er befürchtete, dass seine geschiedene Frau Widerstand leisten würde, was diese wohl auch tat. 1847 kam es erneut zum Prozess, doch 1848 verstarb Samuel Aston an der Cholera. Wer sich weiterhin um die Tochter kümmerte, ist unklar, der Mutter war sie wohl aber entzogen worden. Was Louise Aston in dieser Zeit genau tat, ist ebenfalls nicht bekannt. Was wir wissen: 1847 erschien der als autobiographisch bezeichnete und oben zitierte Roman *Aus dem Leben einer Frau*, 1848 dann der Roman *Lydia*. Doch welche Rolle Aston während der Märzaufstände 1848 in Berlin gespielt hat, ist unklar. In ihrem 1849 erschienenen Roman *Revolution und Contrerevolution* werden die Barrikadenkämpfe aber so genau und treffend beschrieben, dass man davon ausgehen kann, dass sie an diesen teilgenommen hat.

Anschließend schloss sie sich – wie andere des »Freien«-Kreises – der Berliner Freischar für den Schleswig-Holsteiner Befreiungskampf als Krankenpflegerin an und arbeitete dann im Freikorps des

Freiherrn von der Tann. Auch über ihre Pflege der verwundeten Soldaten wurde wieder allerlei Klatsch verbreitet, obwohl sich Aston aufopferungsvoll um die Verwundeten kümmerte und selbst von einem Streifschuss an der Hand verletzt wurde. In seinem 1848 erschienenen *Tagebuch eines Freiwilligen d. v. der Tannschen Corps* schrieb Gustav Ludolf Martens über Aston:

> Auf dem Hofe unter den Verwundeten mit wallenden Locken hierhin und dorthin geschäftig, zwischen den malerischen Gruppen der Unsrigen einhergehend, die Verwundeten verbindend und ihnen Erquickungen reichend, sah ich Lady Aston. Das purpurrote Kleid, der blaue Überwurf von der Sonne grell beschienen, erhöhte zwischen den größtenteils dunklen Kostümen die poetische Erscheinung eines Weibes, das als hilfreicher Engel den zahlreichen Verwundeten erschienen war. Mit den Ansichten der Lady über Emanzipation des Weibes [...] konnte ich mich nicht einverstanden erklären, ebenso wenig mit ihren Ansichten von Atheismus. Das Corps schwärmte für sie und mit Recht; es gehört für eine Dame ein großer Entschluss dazu, sich freiwillig den Gefahren eines Krieges auszusetzen [...]; für ihre Person hat sich Lady Aston das Recht erworben, sich eine emanzipierte Frau nennen zu können.

Im Mai wurde der Freikorp des Freiherrn von der Tann aufgelöst, auch weil man von den zahlreichen Anarchisten und Kommunisten der Berliner »Freien« in ihm wusste, die man loswerden wollte. Ende Juni war Louise Aston wieder in Berlin – und wieder verbreitete die Presse allerlei Klatsch und Tratsch über sie. Doch Aston stürzte sich ins politische Leben, verfolgte die Debatten in der preußischen Nationalversammlung von der Tribüne hinter der äußersten Linken aus und diskutierte mit Politikern und Künstlern. Ab Ende des Jahres 1848 gab sie die Zeitschrift *Der Freischärler. Für Kunst und sociales Leben* heraus, die literarische und politische Texte sowie Kritiken enthielt, in denen sich Aston scharf mit den demokratischen Frauenklubs und der Frauenbewegung auseinandersetzte. Mit der siebten Ausgabe wurde die Zeitschrift eingestellt. Im Dezember 1848 wurde sie erneut aus Berlin ausgewiesen.

Sie reiste nun zwischen Leipzig, Breslau, München und Zürich umher, doch in keiner dieser Städte wurde sie geduldet. Erst in Bremen konnte sie einige Zeit bleiben. 1850 erschien ihre letzte Veröffentlichung, der Gedichtband *Freischärler – Reminiscenzen*, der geprägt ist von einer resignierten Grundstimmung: Die Revolution ist gescheitert, die Reaktion hat gewonnen. In diesem Band findet sich auch das *Lied einer schlesischen Weberin*, ein Gedicht, das deutlich macht, dass Aston nicht nur die Not der Frauen, sondern auch die der Arbeiter vor Augen hatte. Beide Probleme spielten schon in *Aus dem Leben einer Frau* eine Rolle, vermutlich hatte die Dichterin die Situation der Arbeiterschaft in den Fabriken ihres ehemaligen Mannes selbst gesehen. Ihre Bemühungen galten also nicht nur der Freiheit der Frau – sie wollte Freiheit für alle Unterdrückten erstreiten.

Am 25. November 1850 heiratete Aston den Bremer Arzt Daniel Eduard Meier, den sie aus ihrer Zeit beim Freikorp kannte. In ihm hatte sie nun wohl den sie gleichberechtigt behandelnden Partner gefunden, was auch daran deutlich wird, dass er sich Meier-Aston, sie sich Aston-Meier nannte, was zu dieser Zeit ungewöhnlich war. Er teilte die politischen Überzeugungen seiner Frau und verlor wegen der Ehe mit ihr seine Anstellung als Arzt am neuen Bremer Krankenhaus. Schon vor der Hochzeit hatte der Bremer Senat ihn gewarnt, er würde nicht befördert werden, wenn er Aston heiratete. Er heiratete sie trotzdem – seither wurde seine Entlassung betrieben und schließlich, sobald man einen Anlass gefunden hatte, durchgesetzt. Richtigerweise vermutete er, dass er eigentlich wegen seiner Frau entlassen worden war, und richtete sich, wie diese einige Jahre zuvor, mit der Verteidigungsschrift *Meine Entlassung und Rechtfertigung* an die Öffentlichkeit.

Ab 1855 waren Meier und Aston ständig unterwegs. Er nahm eine Anstellung in einem russischen Militärlazarett auf der Krim an, dann im Lazarett bei Charkow, anschließend lebten sie in Sankt Georgen, in Kronstadt, in Bad Borseck, Wien, Klagenfurt, Bischofslack, Bad Liebenzell im Schwarzwald und in Wangen im Allgäu. Louise Astons Gesundheit war angeschlagen, das viele Reisen und Umziehen hatte ihr zugesetzt. Am 21. Dezember 1871 starb sie, vermutlich an einem alten Lungenleiden, das sich zuletzt sehr verschlechtert hatte. Auf einer Kupfertafel an ihrem Grabstein sind zwei wilde Rosen eingraviert, unter ihrem Namen und ihren Lebensdaten steht: »Nach Kampf

Frieden«. Ihr großes Vorbild war die französische Schriftstellerin George Sand gewesen – und als deutsche George Sand ist sie in die deutschsprachige Literaturgeschichte eingegangen.

Ausgewählte Werke

Lyrik: *Wilde Rosen* (1846), *Freischärler – Reminiscenzen* (1850); **Verteidigungsschrift:** *Meine Emancipation. Verweisung und Rechtfertigung* (1846); **Prosa:** *Aus dem Leben einer Frau* (1847), *Lydia* (1848) und *Revolution und Contrerevolution* (1849).

Marie von Ebner-Eschenbach (1830–1916)

Die Liebe zu den Menschen

Mit Louise Aston verband Marie von Ebner-Eschenbach, die sonst scheinbar so wenig mit der Rebellin gemein hatte, die Wertschätzung der französischen Autorin George Sand. Ihrer Erzählung *Das Gemeindekind* setzte Ebner-Eschenbach das Zitat »Tout est l'historie« von Sand vorweg: »Alles ist Geschichte«. Und alles war dieser Dichterin Geschichte, eine Geschichte, die sie erzählen musste. Schreiben war ihr eine innere Notwendigkeit von klein auf, doch auch für sie – mit ihrem im Vergleich zu allen bisher vorgestellten Autorinnen unfassbar umfangreichen Werk – war dies keine Selbstverständlichkeit, selbst wenn sich die vorherrschenden Strukturen, die das Schreiben für Frauen erschwerten, langsam zu verändern begannen.

Am 13. September 1830 auf Schloss Zdislawitz im heutigen Tschechien als Marie Freiin Dubsky, Tochter des Barons Franz Dubsky von Třebomyslic und dessen Frau Marie Freiin von Vockel geboren, verlor sie schon wenige Tage nach der Geburt ihre Mutter. Fortan kümmerte sich ihre Großmutter um sie und ihre ältere Schwester. Zudem hatte sie liebevolle Stiefmütter – ihr Vater heiratete 1832 Eugénie von Bartenstein, die jedoch schon 1837 starb, 1841 kam mit Gräfin Xaverine Kolowrat-Krakowsky eine Freundin der Kunst ins Haus, die Marie Dubskys künstlerische Interessen anregte und förderte.

Als erste Sprache lernte Marie Dubsky wohl Tschechisch von den Bediensteten, daneben sprach sie schon früh Französisch und Deutsch. Davon abgesehen erhielt sie eine für Mädchen übliche Ausbildung, deren Qualität mit den jeweiligen Gouvernanten und Erzieherinnen schwankte. Hatte Marie Dubsky sich zunächst mit dem Lesenlernen schwergetan – Forschritte machte sie erst nach einem Wutausbruch des liebevollen, aber strengen Vaters, der einen Zettelkasten über ihr ausleerte –, so entdeckte sie bald die Literatur und das Theater für sich. Sie schrieb erste kleine Theaterstücke, von denen sie manche mit Freunden umsetzte, und begann, kleine Gedichte zu verfassen und in Heften mit sich herumzutragen, was ihre Schwester nicht nachvollziehen konnte. Auch ihre Großmutter konnte ihren deutlichen Wunsch, Dichterin zu werden, nicht verstehen und be-

zeichnete ihn als sündhaft und unrecht. Mit elf Jahren bekam Marie Dubsky von ihrer Stiefmutter Dubsky-Kolowrat die gesammelten Werke von Friedrich Schiller, was sie in ihrem autobiographischen Buch *Meine Kinderjahre* als »das für mich vielleicht denkwürdigste Ereignis meiner Kinderjahre« bezeichnete. Zudem ging die Familie häufig ins Wiener Burgtheater. Doch Marie Dubsky bemerkte schon früh, wie schlecht sie im Vergleich zu Jungen ausgebildet worden war. Als sie mit 14 Jahren nach dem Tod ihrer Großmutter deren Bibliothek vermacht bekam, las sie eine Biographie Gotthold Ephraim Lessings und notierte dazu in *Meine Kinderjahre*: »Meine hohe Meinung von meiner Begabung, meinem Lerneifer, meinem Wissensdrang erfuhr eine jämmerliche Einschränkung durch den Vergleich zwischen mir und dem Kinde Gotthold Ephraim. […] Weil er ein Bub war, durfte er das, er musste sogar Griechisch lernen und Latein. […] Wofür würde ich angesehen werden, wenn ich anfangen wollte, Griechisch und Latein zu lernen? Ganz einfach für verrückt. Ich war ja nur ein Mädchen.«

Sie begann Shakespeare, Racine, Corneille, Goethe und Kleist zu lesen und setzte sich das bescheidene Ziel, das deutsche Theater zu reformieren. Laut ihren Kindheitserinnerungen sah sie sich in ihrem jugendlichen Schaffensdrang gar als »angehende[n] Shakespeare des 19. Jahrhunderts« – worüber selbst sie später den Kopf schütteln sollte. Dennoch: Sie hatte Träume, für die sie sich einsetzte, obwohl diese einem Mädchen in ihrer Zeit eigentlich nicht zustanden. Vielleicht konnte sie sich diese Träume und den Mut, sie zu verfolgen, auch deswegen bewahren, weil sie in gewissem Umfang durch die Familie gefördert wurde: Ihre Stiefmutter Dubsky-Kolowrat sandte 1847 erste literarische Versuche Marie Dubskys an den damals bereits berühmten Dichter Franz Grillparzer, der in ihnen Talent erkannte, auch wenn es ihnen noch an Ordnung und Reife fehle. Grillparzer blieb zeitlebens ein wichtiger Kontakt und Ratgeber der Dichterin, ebenso wie die damals berühmte Schriftstellerin Betty Paoli, die Marie Dubsky im selben Jahr kontaktierte. Paoli bemerkte ebenfalls ihr Talent und ermunterte sie zu weiterer Übung. Und auch ihr Cousin Moriz von Ebner-Eschenbach erkannte schon früh ihr schriftstellerisches Talent und war ihrem Bildungsinteresse gegenüber aufgeschlossen – 1848 sollte sie ihn heiraten und so Marie von Ebner-Eschenbach werden. Sie hatte also das Glück eines Ehemanns und einer Familie, die ihren dichterischen Neigungen gegenüber in gewissem Maße aufgeschlossen waren, und lebte in einer anregungsreichen, sie fördernden Umgebung ohne finanzielle Not – was auch ihr Leben lang so bleiben sollte. Insofern hatte sie es leichter als andere Dichterinnen ihrer Zeit.

Aber auch Marie von Ebner-Eschenbachs Weg sollte steinig werden, ehe sie »Deutschlands größte Dichterin« werden würde, um mit den Worten des Literatur-Nobelpreisträgers, Zeitgenossen, Förderers und Freundes Paul Heyse zu sprechen. Und das eben auch deswegen, weil die Familie Schriftstellerei zwar als Hobby einer Adeligen duldete, jedoch nicht als deren Beruf.

Ihre erste Veröffentlichung, die nicht recht in ihr Werk zu passen scheint und die sie später bereuen sollte, erschien 1858 anonym: In *Aus Franzensbad* schildert die Autorin anhand von Reise- und Kulturbriefen nach dem Vorbild von George Sand satirisch einen Kuraufenthalt. Obwohl sie hier noch nicht, wie in ihren späteren Werken, für einen menschlichen Umgang miteinander eintritt, ist doch schon ein Grundzug zu beobachten, der sich durch ihre weiteren Veröffentlichungen ziehen wird: die adelige Kritik am Adel. Das war alles andere als gewöhnlich.

Marie von Ebner-Eschenbach versuchte sich dann, ganz ihren Jugendträumen entsprechend, zunächst als Dramatikerin und auf einem Gebiet, das zu dieser Zeit noch als männlich galt: der historischen Tragödie. Ihr Drama *Maria Stuart in Schottland* schickte sie 1860 unter dem Pseudonym »M. v. Eschenbach« an mehrere Theaterdirektoren. Von dem damals bekannten Direktor des Karlsruher Hoftheaters Eduard Devrient, zu dem sie von nun an Kontakt halten sollte, wurde es angenommen, auf die Bühne gebracht und sogar für den Schillerpreis vorgeschlagen, den es aber nicht bekam. Und sie hatte nach wie vor guten Grund, unter männlichem Pseudonym zu veröffentlichen, wie sie am 14. Dezember 1861 an Devrient schrieb, als sie ihm ihre Identität offenbarte: »Man mag sagen was man will, das große Publikum tritt den Frauenleistungen auf künstlerischem Gebiete, (dem der Schauspielkunst ausgenommen) recht befangen entgegen.« Zudem schrieb sie aus Rücksicht auf ihre Familie anonym, die eben nun, wo Marie von Ebner-Eschenbach ernsthaft schrieb und veröffentlichte und nicht ihre ganze Zeit und Kraft in den Dienst der Familie stellte, doch Probleme damit hatte, »einen – blue stocking in der

Familie zu haben«, wie Ebner-Eschenbach am 9. Januar 1862 an Eduard Devrient schrieb. Sie mag gemäßigter gewesen sein als Louise Aston – in ihrem adeligen Umfeld war das aber schon rebellisch genug. »Ich bin die unfreiste Person, die es auf der ganzen Welt gibt; über jeden Tag meines Lebens ist schon verfügt, meine schriftstellerischen Beschäftigungen, u. alles was mit ihnen in Beziehung steht, sind denen, die ich liebe, denen ich angehöre, doch eigentlich ein Dorn im Auge. Die ›Dichterei‹ wird mir nur unter der Bedingung verziehen, dass keine meiner angeborenen Pflichten im geringsten dadurch beeinträchtigt werde.«

So schrieb sie am 3. Juni 1877 an Hieronymus Lorm. Als kinderlose Frau wurde sie – genauso wie Annette von Droste-Hülshoff – von der Familie zu allerlei Pflegediensten verpflichtet. Und auch mit ihrem Mann, der ihrem Schreiben eigentlich aufgeschlossen gegenüberstand, kam es zunehmend zum Konflikt: Zwar lobten Franz Grillparzer, Ferdinand von Saar und einige berühmte Theaterdirektoren ihre Werke, doch die Dichterin verfasste nur noch wenige, mäßig erfolgreiche historische Tragödien und wandte sich dann der Komödie und kleineren dramatischen Formen zu, die sie unter ihrem eigenen Namen veröffentlichte. Allerdings war ihr Name auch der ihres Mannes, und selbst wenn diese Stücke häufiger gespielt wurden und Anklang beim Publikum fanden, so fanden sie doch immer wieder wenig Anklang bei den Kritikern, was den Gatten störte. Am 16. November 1867 notiert sie nach einem Verriss ihres Stückes *Das Geständnis* in ihr Tagebuch:

»Moriz nimmt die Sache doch mir ein wenig übel. Noch eine solche Kritik u. ich werde für die Bühne überhaupt nicht mehr schreiben dürfen. ›Du trägst meinen Namen, ich will ihn nicht in solcher Weise verunglimpft sehen.‹ Er hat das Recht so zu sprechen, ich sehe es ein.«

Besonders heftig reagierte die Kritik auf ihr Lustspiel *Das Waldfräulein* von 1867, auch deswegen, weil es als unerhört angesehen wurde, wie hier eine Adelige scharfe und humorvolle Sozialkritik am Adel übte.

Ebner-Eschenbach schrieb vorerst nur noch zwei Lustspiele – erst ab 1881 sollte sie dann wieder für das Theater schreiben –, bevor sie zur Prosa wechselte, in der sie wirklich erfolgreich werden sollte: 1873 erschienen *Männertreue* und *Die Untröstlichen*. Das erstgenannte Drama stellte sie auf einer Reise in die Schweiz mit ihrer Freundin Ida von

Fleischl-Marxow fertig, die ihr bis zum Tod eine enge Freundin und ihre engste Ratgeberin blieb. Sie las und kommentierte jede Zeile, die Ebner-Eschenbach schrieb. Auf der Rückreise aus der Schweiz besuchten sie die Meersburg, auf der Annette von Droste-Hülshoff in ihren letzten Lebensjahren einige glückliche Monate verbracht hatte.

Ebner-Eschenbach stand in einer Tradition schreibender Frauen, und sie wusste darum. Selten, nur in einigen ihrer berühmten *Aphorismen* von 1880, äußerte sie sich deutlich zur Frauenfrage: »Als eine Frau lesen lernte, trat die Frauenfrage in die Welt.« Aber sie tat auf ihre stille Art viel für die Gleichberechtigung der Frau, bildete Netzwerke mit anderen Dichterinnen, förderte diese finanziell und wusste, dass schreibende Frauen in anderen Ländern wie Frankreich und England mehr Unterstützung und Achtung genossen. Am 20. Dezember 1879 schrieb sie an Emmerich du Mont:

> Wie aber, wenn die Frau in erster Reihe ein menschliches und erst in zweiter ein weibliches Wesen wäre? wenn sie ebensoviel individuelles Leben besäße wie der Mann, und der Ergänzung durch ihn nicht mehr bedürfte, als er durch sie und wenn es doch möglich wäre, dass ein wirkliches, ein großes und der Expansion fähiges Talent auch in einer deutschen Frau zur Erscheinung käme? Nehmen wir das einmal an und sehen wir zu, was daraus erfolgt. Talent ist nur ein anderes Wort für Kraft. Eine Kraft aber muss sich äußern und diese fragt nicht danach, ob ihm willig oder widerwillig Gehorsam geleistet wird. Von der Frau, die ein Talent besitzt und es ausüben soll, fordert man ganz einfach, dass sie sich einem Naturgesetz entziehe. Man hört nicht auf, ihr vorzuwerfen, dass sie sich an der Natur versündigt, wenn sie ihrer Natur folgt.

Ebner-Eschenbach folgte ihrer Natur und half anderen, es ihr gleichzutun. Zum Glück, denn mit ihren Prosawerken gelangen ihr große Erfolge, und es waren insbesondere ihre Erzählungen, Novellen und Romane, die die Autorin und Literaturwissenschaftlerin Ruth Klüger 2016, einhundert Jahre nach dem Tod Ebner-Eschenbachs, sagen ließen, sie sei eine Anwältin der Unterdrückten gewesen.

War ihre erste Prosaveröffentlichung, *Die Prinzessin von Banalien* von 1872, noch ein Märchen, in dem abermals Kritik am unnatürlichen Leben des Adels geübt wurde, so schrieb Ebner-Eschenbach in der Folgezeit zahlreiche Erzählungen und Novellen, die die Probleme des armen und reichen Adels ebenso thematisierten wie die Not der armen und wohlhabenderen Landbevölkerung. Insgesamt ließ sie aber mehr Figuren aus unteren Schichten auftreten, die sie mit großer Sympathie und einem genauen Blick für deren Sorgen zeichnete. Dabei übte sie durchaus scharfe soziale Kritik, stellte die Realität aber – ganz der Epoche des Realismus, der sie angehörte, entsprechend – immer harmonisiert und verklärt dar: Eine Besserung der Situation ist durch harte Arbeit, Disziplin und Zufälle meist möglich – dieses Fehlen von politischen Schlussfolgerungen, dieses Harmonisieren der Realität, das sich aber ebenso bei Charles Dickens findet, sollte ihr die Nachwelt stets vorwerfen.

Und doch war es Marie von Ebner-Eschenbach, die der sozialen Not eine Stimme, den Unterdrückten ihre Menschlichkeit gab, indem sie deutlich das ungerechte, unverantwortliche Verhalten adeliger Machthaber kritisierte. So etwa in der Erzählung *Božena* von 1876, in der eine Magd als moralisches Vorbild für Adel und Bürgertum im Zentrum des Geschehens steht, oder in *Lotti, die Uhrmacherin* von 1879, wo die bürgerliche Handwerkskunst dem adeligen Dichtertum überlegen ist. Und damit nicht genug: In *Krambambuli* von 1883 erzählt sie von menschlicher Härte gegen Mitmenschen und Tiere, in *Er lässt die Hand küssen* von 1885 geht es um eine Adelige, die aus falsch verstandenen moralischen Prinzipien ihre Untergebenen zu Grunde richtet, und in *Der Vorzugsschüler* von 1898 kann ein Schüler der Dominanz und dem Ehrgeiz des Vaters nicht standhalten und begeht Selbstmord. Aber auch mit ihren Erzählungen *Der Erstgeborene* von 1901, *Die Totenwacht* von 1892 und *Unsühnbar* von 1890 griff sie ein Thema auf, das sich eigentlich nicht für eine Adelige schickte: Alle drei Werke erzählen in unterschiedlichen sozialen Kontexten von den Folgen einer Vergewaltigung für die Frauen – einmal im Aufeinandertreffen von Dorfbevölkerung und Adel, einmal unter Bauern und einmal im Adel.

Besonders großen Erfolg hatte ihre längere Erzählung *Das Gemeindekind* von 1887, die auch als sozialer Roman gelesen werden kann. Die Erzählung wurde als »Meisterwerk« gefeiert. Hier erzählt Ebner-Eschenbach von Pavel und Milada, die nur noch einander haben, nachdem der gewalttätige Vater, der die Familie zuvor geschlagen und mit seinem Alkoholismus tyrannisiert hatte, wegen Mordes zum Tod durch den Strang und die Mutter wegen Mittäterschaft zu einer mehrjährigen Gefängnisstrafe verurteilt worden sind. Die Dorfgemeinschaft des Ortes, in dem die Kinder leben, steht nun vor der Frage, wie die beiden versorgt werden sollen:

> An den Vorstand der Gemeinde Soleschau trat nun die Frage heran: Was geschieht mit den Kindern der Verurteilten? Verwandte, die verpflichtet werden könnten, für sie zu sorgen, haben sie nicht, und aus Liebhaberei wird sich niemand dazu verstehen.
>
> In seiner Ratlosigkeit verfügte sich der Bürgermeister mit Pavel und Milada nach dem Schlosse und ließ die Gutsfrau bitten, ihm eine Audienz zu gewähren.
>
> Sobald die alte Dame erfuhr, um was es sich handelte, kam sie in den Hof geeilt, so rasch ihre Beine, von denen eines merklich kürzer als das andere war, es ihr erlaubten. Das scharf geschnittene Gesicht vorgestreckt, die Brille auf der Adlernase, die Ellbogen weit zurückgeschoben, humpelte sie auf die Gruppe zu, die ihrer am Tore wartete. Der Bürgermeister, ein stattlicher Mann in den besten Jahren, zog den Hut und machte einen umfänglichen Kratzfuß.
>
> »Was will Er?« sprach die Schlossfrau, indem sie ihn mit trüben Augen anblinzelte. »Ich weiß, was Er will; aber da wird nichts daraus! Um die Kinder der Strolche, die einen braven Pfarrer erschlagen haben, kümm'r ich mich nicht ... Da ist ja der Bub. Wie er ausschaut! Ich kenn ihn: er hat mir Kirschen gestohlen. Hat Er nicht?« wandte sie sich an Pavel, der braunrot wurde und vor Unbehagen zu schielen begann.
>
> »Warum antwortet Er nicht? Warum nimmt Er die Mütze nicht ab?«
>
> »Weil er keine hat«, entschuldigte der Bürgermeister.
>
> »So? Was sitzt ihm denn da auf dem Kopf?«
>
> »Struppiges Haar, freiherrliche Gnaden.«
>
> Ein helles Lachen erscholl, verstummte aber sofort, als die Greisin den dürren Zeigefinger drohend gegen diejenige erhob, die es ausgestoßen hatte.

»Und da ist das Mädel. Komm her.«

Milada näherte sich vertrauensvoll, und der Blick, den die Gutsfrau auf dem freundlichen Gesicht des Kindes ruhen ließ, verlor immer mehr von seiner Strenge. Er glitt über die kleine Gestalt und über die Lumpen, von denen sie umhangen war, und heftete sich auf die schlanken Füßchen, die der Staub grau gefärbt hatte.

Einer der plötzlichen Stimmungswechsel, denen die alte Dame unterworfen war, trat ein.

»Allenfalls das Mädel«, begann sie von neuem, »will ich der Gemeinde abnehmen. Obwohl ich wirklich nicht weiß, wie ich dazu komme, etwas zu tun für die Gemeinde. Aber das weiß ich, das Kind geht zugrunde bei euch, und wie kommt das Kind dazu, bei euch zugrunde zu gehen?«

Der Bürgermeister wollte sich eine bescheidene Erwiderung erlauben.

»Red Er lieber nicht«, fiel die Gutsfrau ihm ins Wort, »ich weiß alles. Die Kinder, für welche die Gemeinde das Schulgeld bezahlen soll, können mit zwölf Jahren das A vom Z nicht unterscheiden.« –

Sie schüttelte unwillig den Kopf, sah wieder auf Miladas Füße nieder und setzte hinzu: »Und die Kinder, für welche die Gemeinde das Schuhwerk zu bestreiten hat, laufen alle barfuß. Ich kenn euch«, wies sie die abermalige Einsprache zurück, die der Bürgermeister erheben wollte, »ich hab es lang aufgegeben, an euren Einrichtungen etwas ändern zu wollen. Nehmt den Buben nur mit und sorgt für ihn nach eurer Weise; der verdient's wohl, ein Gemeindekind zu sein. Das Mädel kann gleich dableiben.«

Der Bürgermeister gehorchte ihrem entlassenden Wink, hocherfreut, die Hälfte der neuen, seinem Dorfe zugefallenen Last losgeworden zu sein. Pavel folgte ihm bis ans Ende des Hofes. Dort blieb er stehen und sah sich nach der Schwester um. Es war schon eine Dienerin herbeigeeilt, welcher die gnädige Frau Anordnungen in Bezug auf Milada erteilte.

»Baden«, hieß es, »die Lumpen verbrennen, Kleider aussuchen aus dem Vorrat für Weihnachten.«

Bekommt sie auch etwas zu essen? fuhr es Pavel durch den Sinn. Sie ist gewiss hungrig. Seitdem er dachte, war es seine wichtigste Obliegenheit gewesen, das Kind vor Hunger zu schützen. Kleider haben ist schon gut, baden auch nicht übel, besonders in großer Gesellschaft in der Pferdeschwemme. – Wie oft hatte Pavel die Kleine hingetragen und sie im Wasser plätschern lassen mit Händen und Füßen! – Aber die Hauptsache bleibt doch – nicht hungern.

»Sag, dass du hungrig bist!« rief der Junge seiner Schwester ermahnend zu.

»Jetzt ist der Kerl noch da! Wirst dich trollen?« hallte das Echo, das seine Worte weckten, vom Schlosse herüber.

Der Bürgermeister, der schon um die Ecke des Gartenzauns biegen wollte, kehrte um, fasste Pavel am Kragen und zog ihn mit sich fort.

Pavel wird im Gegensatz zu seiner Schwester von niemandem freiwillig aufgenommen und muss beim Gemeindehirten unterkommen, der mit seiner Frau zu den »verrufensten des Ortes« zählt. Da man glaubt, das Kind von Verbrechern könne ohnehin selbst nur ein Verbrecher werden, gibt man Pavel keine Chance. *Das Gemeindekind* erzählt von der Not zweier Kinder, die voneinander getrennt werden und doch ein gemeinsames Schicksal tragen: Die Schande und das schlimme Schicksal der Eltern werden ihnen angelastet. Es erzählt von der schier unmöglichen Selbstüberwindung, die Kindern abverlangt wird, wenn sie um eine Zukunft kämpfen wollen, die ihnen keiner zutraut.

Marie von Ebner-Eschenbach veröffentlichte bemerkenswert viele Novellen, Romane und Erzählungen, auch wenn sie ab 1881 unter großen Gesichts- und Augenschmerzen litt und 1889 die Diagnose Basedowsche Krankheit erhielt. Ihre Prosawerke hatten Erfolg, und auch männliche Kollegen wie Ferdinand von Saar, Levin Schücking und Paul Heyse lobten euphorisch ihre Erzählkunst. Julius Rodenberg, Herausgeber der *Deutschen Rundschau*, lobte zahlreiche ihrer Werke überschwänglich und veröffentlichte sie. Sein Vertrauen in ihr Talent war so groß, dass er ihr eine Veröffentlichung schon zusagte, auch wenn nur erste Skizzen zu einem Werk existierten.

Natürlich kannte Marie von Ebner-Eschenbach auch einige der

großen Schriftsteller ihrer Zeit, zum Beispiel Friedrich Hebbel, der über sie in sein Tagebuch notierte, dass sie »interessante Dinge erzähle«, aber »leider« Schriftstellerin sei. Und sie knüpfte gezielt Netzwerke mit anderen Schriftstellerinnen. Neben der schon genannten Betty Paoli pflegte sie etwa Kontakt zu Louise von François, Josephine von Knorr, Hermine Villinger, Flora Galliny, Isolde Kurz, Lou Andreas-Salomé, Ricarda Huch und Theo Schücking, der Tochter von Levin Schücking.

In den 1890ern begann dann die Zeit der Verluste: 1894 starb Betty Paoli, mit der Ida von Fleischl-Marxow und Ebner-Eschenbach sich mindestens einmal in der Woche zu Tee und Tarockspiel getroffen hatten. 1898 starb Moriz von Ebner-Eschenbach – ein schwerer Schlag für die Dichterin, die diesen Verlust auf einer Romreise mit Fleischl-Marxow zu verarbeiten suchte. Die Reise beeindruckte sie, die Österreich in ihrem Leben kaum verlassen hatte. In ihr Tagebuch notierte sie: »Für mich war Rom kein Ausgangspunkt, sondern ein Ziel. […] Über jeder neuen Offenbarung des Gewaltigen und des Schönen, die ich empfing, schwebte der Gedanke an das nahe Scheiden, und nie und niemals verließ mich die Überzeugung: Früchte werden diese goldenen Tage mir nicht tragen. Ich habe nicht mehr die Zeit und die Kraft, zu verwerten, was ich hier erwarb.«

Ein Jahr später starb dann auch Ida von Fleischl-Marxow. Ebner-Eschenbach hatte damit die Menschen verloren, die ihr am nächsten gestanden hatten – und obwohl sie zunächst glaubte, ohne Fleischl-Marxow nicht schreiben zu können, war das Schreiben für sie das beste Mittel, diese Verluste zu verarbeiten. Sie verfasste unter anderem noch mehrere Erzählungen und den Künstlerroman *Agave*.

1900, im Jahr ihres 70. Geburtstags, wurden der Dichterin Anerkennungen zuteil, die deutlich machen, wie sehr sich die Zeiten für Schriftstellerinnen zu ändern begannen: Nicht nur fand ein offizieller Teil ihrer Geburtstagsfeier im Wiener Burgtheater statt, das zu ihren Ehren mehrere ihrer Einakter auf die Bühne brachte, sie erhielt auch Glückwünsche von adeligen, akademischen und künstlerischen Würdenträgern aus aller Welt – unter anderem von Gerhart Hauptmann und Arthur Schnitzler. Zudem ließen Freunde eine silberne Medaille für sie prägen, die ihr mit einem Gedicht von Paul Heyse überreicht wurde, das sie, wie oben schon erwähnt, als »Deutschlands größte Dichterin« feierte. Vor allem aber wurde ihr von der

Universität Wien das Ehrendoktorat verliehen – als erster Frau überhaupt. Erst seit 1897 konnten sich auch Frauen an der philosophischen Fakultät der Universität Wien als Studierende einschreiben. Eine solche akademische Anerkennung hatte es bislang für Schriftstellerinnen nicht gegeben, war die gelehrte Frau doch seit jeher ein Schreckgespenst gewesen und blieb es immer noch. In der Begründung für diese Ehrung heißt es: »Marie v. Ebner-Eschenbach, die unvergleichliche Erzählerin, die größte Schriftstellerin in deutscher Sprache, die erste unter den lebenden Schriftstellern Österreichs, die kluge Beobachterin und ebenso weise als milde Beurteilerin des Lebens.« Und die Geehrte? Die schrieb verständlicherweise am 14. September 1900 an Paul Heyse: »der ›Doktor‹ macht mir doch kurios viel Freude«. Hatte sie nicht noch als Jugendliche die Mängel ihrer weiblichen Ausbildung im Vergleich mit der Lessings bemerkt? Und jetzt war sie Doktorin!

Darüber hinaus richteten 500 Freunde einen »Marie von Ebner-Eschenbach Fonds« ein. Die Dichterin legte fest, dass dessen Zinsen jährlich für literarische Leistungen über die Schillerstiftung vergeben werden sollten – mit dem Preis der Schillerstiftung wurden Schriftstellerinnen ausgezeichnet, unter anderem 1901 Isolde Kurz, 1902 Emilie Mataja, 1905 Helene Böhlau, 1906 Marie Eugenie delle Grazie und 1907 Ricarda Huch. Doch ihr wurden noch weitere Ehrungen und Auszeichnungen zuteil, und 1910 erhielt sie anlässlich ihres 80. Geburtstags den Elisabeth-Orden Erster Klasse. Wer hätte noch ein paar Jahrzehnte zuvor angenommen, dass dergleichen einmal für eine schreibende Frau möglich sein könnte?

All diesen Ehrungen und Freuden zum Trotz waren diese letzten Jahre auch von Verlust geprägt: Ferdinand von Saar, Paul Heyse und Julius Rodenberg starben, und den Beginn des Ersten Weltkrieges 1914 beobachtete sie mit großer Sorge. Am 5. Juni 1915 notierte sie in ihr Tagebuch: »Aus unserem Traume vom Fortschritt der Zivilisation sind wir nun erwacht.«

Im Herbst 1915 spürte sie dann ihre Kräfte schwinden, Marie von Ebner-Eschenbach hatte das Gefühl, ganz plötzlich zu altern. Am 12. März 1916 starb sie im Alter von 85 Jahren in Wien, sie wurde in der Familiengruft in Zdislawitz, dem Ort ihrer Geburt, neben ihrem Mann Moriz beigesetzt. In ihrer Erzählung *Das Gemeindekind* sagt der Lehrer Haberecht einmal: »Oh, die Menschen, die Menschen!

Man muss sie lieben – und will ja –, aber manchmal graut einem; es graut einem sogar sehr oft.« Auch vor den Menschen, von denen Ebner-Eschenbach erzählt, kann einem oft grauen – und doch hat sie voll Liebe von ihnen erzählt: scharfsichtig, aber nie hartherzig.

Ausgewählte Werke

Dramen: *Maria Stuart in Schottland* (1860), *Marie Roland* (1867), *Das Waldfräulein* (1872), *Doktor Ritter* (1872), *Männertreue* (1874); **Prosa:** *Erzählungen* (1875), *Božena. Die Geschichte einer Magd* (1876), *Neue Erzählungen* (1881), *Dorf- und Schloßgeschichten* (1883), *Neue Dorf- und Schloßgeschichten* (1886), *Das Gemeindekind* (1887), *Unsühnbar* (1890), *Parabeln, Märchen und Gedichte* (1892), *Das Schädliche. Die Totenwacht* (1894), *Rittmeister Brand. Bertram Vogelweid* (1896), *Aus Spätherbsttagen* (1901), *Agave* (1903); **(Auto)Biographisches:** *Erinnerungsblätter an Luise von François* (1894), *Meine Kinderjahre. Biografische Skizze* (1906), *Meine Erinnerungen an Grillparzer* (1916); *Aphorismen* (1880).

Helene Böhlau (al Raschid Bey) (1856–1940)

Die Frau als ganzer Mensch

Wie weit ist man zu gehen bereit für ein erfülltes Leben? Für die große Liebe? Helene Böhlau ging weit: Über Grenzen hinweg, die ihr gesetzt wurden – auch über ihre eigenen. Sie ging sogar bis nach Konstantinopel und zurück.

Helene Böhlau wurde in eine für eine zukünftige Dichterin anregende Umgebung geboren: Am 22. November 1856 kam sie in Weimar als Tochter des Verlegers und Buchdruckereibesitzers Hermann Böhlau, der auch Gründungsmitglied der Goethe-Gesellschaft war, und seiner Frau Therese Böhlau zur Welt. Sie erhielt zusammen mit anderen Mädchen Privatunterricht, mit denen sie aber nicht gut zurechtkam. Sie wurde zur Außenseiterin, wie sie in ihrer späteren autobiographischen Erzählung *Wie die Enkelin der Ratsmädel zum Blaustrumpf wurde* berichtet. Außerdem war sie naturverbunden und eigensinnig, gleichzeitig empfindlich, kränklich und introvertiert. Ihre Eltern machten sich Sorgen um ihre schulischen Leistungen, denn wie sie selbst in der eben genannten Erzählung schrieb: »[I]ch war so faul, so wundervoll faul!« Die Eltern wussten lange nicht, welches Übel sie wählen sollten: Sollten sie die Tochter zum Schulbesuch zwingen, auch auf die Gefahr hin, dass ihre ohnehin schwache Gesundheit darunter leiden könnte, oder sollten sie auf ihre Gesundheit Rücksicht nehmen, auf die Gefahr hin, dass sie weiterhin schlecht lernte?

Schon als Jugendliche begann Böhlau zu schreiben, was ihren Eltern aber nicht gerade die Sorgen nahm: Insbesondere ihr Vater, der Verleger, war dagegen. 1878 schrieb er ihr, dass »das Glück des weiblichen Lebens nicht in Phantasiegebilden und in der einseitigen belletristischen Beschäftigung« liege, »sondern dass beide nur dem Schmuck von treuer Pflichterfüllung und liebender, tatkräftiger Hingabe an das Wohl der Nächst- und Nahestehenden erfüllten Lebens dienen«. Auch hier, im bürgerlichen, kunstinteressierten Umfeld, durften Frauen also nur so lange künstlerischen Hobbys nachgehen, wie sie nicht ihre Pflichterfüllung für die Familie behinderten – als Beruf oder ernsthaften inneren Drang erkannte man das Kunstschaffen von Frauen nicht an.

Zudem war Helene Böhlau zur Sorge ihrer Eltern immer noch nicht verheiratet, obwohl sie schon Anfang 20 war. Aber die Dichterin ließ sich nicht beirren: Ein paar Jahre später erschienen ihre ersten Veröffentlichungen in renommierten Literaturzeitschriften wie *Die Deutsche Rundschau* oder *Westermanns Illustrierte Deutsche Monatshefte*, 1882 veröffentlichte sie eine Sammlung von Novellen unter dem schlichten Titel *Novellen*, die sie ihrem Vater widmete, der ihr Glück als Frau nicht im Schreiben hatte sehen wollen.

Mit dem Erfolg gab die Familie den Widerstand gegen Böhlaus Schreiben auf – und trotzdem sollte es zum Bruch kommen, aber aus einem anderen Grund. Zum Zeitpunkt ihrer ersten Veröffentlichungen, spätestens ab 1882, bahnte sich eine tiefe Beziehung zu Friedrich Arnd an, einem verheirateten Mann. Ob Böhlau ihn auf einer Reise oder aber in Weimar, wo auch Arnd lebte, kennengelernt hatte, ist nicht ganz klar. Vermutlich hatte aber schon ab 1873 eine enge Freundschaft zwischen der jungen Dichterin und dem 17 Jahre älteren Architekten, Privatgelehrten und Schriftsteller bestanden. Arnd war ein vom Buddhismus stark geprägter Philosoph, der eine äußerst einnehmende Wirkung auf seine Umwelt gehabt haben muss – so eben auch auf die junge Helene Böhlau, die ihm als ihrem »Meister« ergeben folgte. Und Arnd förderte sie in ihrem Schreiben, ihre ersten Erzählungen waren mit seiner Unterstützung entstanden. Er nahm sie als Künstlerin ernst und förderte sie, was auch zu dieser Zeit noch keine Selbstverständlichkeit war. In seinen Memoiren *Aus einem phantastischen Leben* erinnerte sich der Schriftsteller Richard Voß später an einen Aufenthalt in Weimar bei der Familie Böhlau, bei dem er auch die junge Dichterin kennengelernt hatte:

> Helene Böhlau […] war in jedem Nerv Kraft, Wille und unerschütterlicher Glaube an sich selbst. Ihr Elternhaus schien ihrem in alle Weiten hinausstrebenden Geist zu eng […]. Damals hörte ich zum ersten Male von einem gewissen Herrn Arndt sprechen. Aber wie sprach Helene Böhlau von diesem mir völlig Unbekannten: mit einer Begeisterung, die Ekstase war, einer Entzückung, die einer Verzückung glich. Dieser Herr Arndt musste nach ihren Worten ein gottbegnadeter Genius sein.

Ein Genius, vielleicht, doch vor allem leider längst verheiratet mit Therese Arnd, mit der er vier Kinder hatte. Nach dem Umzug der Arnds nach Berlin lebten die drei zunächst in einer Art Dreiecks-Beziehung, bei der sie aber die Scheidung der Arnds anstrebten – dies planten und betrieben sie zunächst im Geheimen. Therese Arnd war einverstanden mit einer Scheidung, trieb diese sogar aktiv voran und setzte Helene Böhlau unter Druck, da sie wohl vermutete, dass diese Geld in eine Ehe mitbringen würde, das dann auch ihr und ihren Kindern nutzen würde – die finanzielle Situation der Familie Arnd war notorisch angespannt. Zudem war Friedrich Arnd oft krank, weswegen es seine Frau vermutlich als Erleichterung empfunden hätte, wenn eine andere ihren Gatten gepflegt hätte – sie hatte schließlich noch vier Kinder zu versorgen. Um eine Scheidung zu erwirken, musste man aber einen triftigen Grund nachweisen. So überlegten die drei beispielsweise, dass Friedrich Arnd eine Prostituierte ins Haus holen könnte, um dies dann als Scheidungsgrund vorweisen zu können. Der Plan wurde jedoch verworfen. Böhlau reiste nach Weimar zu den Eltern, um deren Einwilligung in die Beziehung und eine finanzielle Ausstattung, die auch die Unterstützung von Therese Arnd und den Kindern gewährleistete, zu erwirken – doch ihre Eltern waren entsetzt. Böhlau wurde enterbt, die Eltern forderten eine Trennung von Friedrich Arnd und bemühten sich auch über Therese Arnd, eine solche zu erwirken. Am 3. Juli 1885 schrieb Helenes Vater an Therese Arnd: »Gestern nach erfolgter Rückkehr hat mir meine Frau die entsetzliche Nachricht mitgeteilt, welche das Glück und den Frieden unseres Hauses bedroht. Ich bin bis aufs Tiefste erschüttert. An Ihnen ist es, die Katastrophe zu verhindern, indem Sie den einzigen Weg, der zum Frieden führt, den der Ehre und Pflicht betreten.«

Helene Böhlau saß nun zwischen den Stühlen: Alle Seiten übten Druck auf sie aus, zudem war sie finanziell nun auf sich allein gestellt. Als der Vater auch noch mit einer Klage drohte und deutlich wurde, dass eine Scheidung juristisch nicht umsetzbar sein würde, schien die Situation hoffnungslos – und dann wurde Friedrich Arnd auch noch sehr krank. Er machte sich 1886 auf den Weg nach Konstantinopel, also ins heutige Istanbul. Einen Tag später verschwand auch Böhlau plötzlich, und alles, was bislang geheim gehalten worden war, wurde öffentlich: Ab Dresden begleitete sie ihren Geliebten, ohne der Fami-

lie vorher Bescheid gegeben zu haben. Der Skandal war perfekt, der Ruf der beiden ruiniert.

Der Aufenthalt in der Türkei und die Kultur des Landes beeindruckten und prägten Böhlau, obwohl sie nicht nur aus kulturellem Interesse gekommen war: In Konstantinopel konvertierte Arnd zum Islam, um sich nach islamischem Recht von seiner Frau durch einfache Verstoßung trennen zu können. Er nannte sich nun Omar al Raschid Bey und heiratete im Dezember Böhlau, die fortan ihrem Namen manchmal in Klammern »al Raschid Bey« beifügte, aber weiterhin unter ihrem Mädchennamen veröffentlichte. Der Bruch mit der Familie war damit vollständig: Der Vater verstieß seine Tochter und verbot ihr das Haus. Als Arnd und Böhlau ein Jahr später nach Deutschland zurückkehrten und sich in München niederließen, war ihnen ihr Ruf bereits vorausgeeilt. Die beiden kümmerten sich jedoch wenig darum – genauso wenig wie um Therese Arnd. Diese hatte zuerst noch gehofft, dass Böhlaus Vater sie finanziell entschädigen würde, sollte sie in die Scheidung einwilligen. Als dies aber ausblieb, focht sie ein paar Jahre später, um 1900, die Scheidung an und löste damit einen Prozess aus, der sich fast über ein Jahrzehnt hinziehen und den sie schließlich verlieren sollte. Doch das Verhältnis Helenes zu ihrer Familie besserte sich etwas: Vermutlich angesichts seines nahenden Todes milderte der Vater seine Haltung und gab Böhlau genug Geld, um sich in München ein Haus zu kaufen. Dennoch dürfte sie zeitlebens unter Geldsorgen gelitten haben.

Die al Raschid Beys hatten auch in München um ihren Ruf zu kämpfen. Allerdings schien sie das wenig zu stören, weil sie einander gleichberechtigt liebten – und das war mehr, als viele Frauen zu dieser Zeit von einer Ehe erhoffen konnten. Das sonst für ihre Zeitgenossinnen so übliche Schicksal hatte Helene Böhlau um jeden Preis vermeiden wollen. Sie wollte stattdessen: alles. Das ganze Leben. Eine Arbeit, die sie erfüllte und in der sie etwas erschaffen konnte, also das Schreiben. Und die große, wahre Liebe. Sie wollte nicht zu den Frauen gehören, die als Ehefrau und Mutter nichts von der Welt wussten, keine Spuren hinterließen, dem Mann untergeordnet waren. Sie wollte arbeiten und von ihrem Mann gleichberechtigt geliebt werden – wie die Frauenfiguren, die im Zentrum ihrer wichtigsten und zugleich umstrittensten Romane um 1900 stehen.

Doch bevor es zu diesen Romanen kam, veröffentlichte sie einige andere: *Reinen Herzens schuldig* und *Herzenswahn* von 1888 sowie die *Rathsmädelgeschichten* aus demselben Jahr, die sie berühmt machten und die sich so gut verkauften, dass Böhlau zeitlebens immer wieder neue Geschichten dieser Art schreiben und veröffentlichen sollte. Die *Rathsmädelgeschichten* handeln von zwei Schwestern, die im Weimar der Goethezeit allerlei Abenteuer erleben, Streiche spielen und die Schule schwänzen – also eine Art *Hanni & Nanni*, nur ohne Internat und zu einer anderen Zeit. Solche Erzählungen und Romane, die eher der Unterhaltungsliteratur zuzuordnen sind und das Frauenbild der Zeit bestätigten, schrieb Böhlau vorwiegend und ihr Leben lang, vermutlich einfach deswegen, weil sie sich verkauften. Ihr Mann arbeitete zwar auch als Schreiner und verkaufte sogar ein paar Möbel, doch seine meiste Zeit und Kraft steckte er in sein großes philosophisches Lebenswerk, das erst nach seinem Tod veröffentlicht werden durfte. Böhlau ordnete sich diesem Werk unter, sie betrachtete es auch als ihr Lebenswerk, ihm das seine zu ermöglichen. Unterordnung gab es also selbst hier, obwohl sie freiwillig gewählt war.

Helene Böhlau schrieb jedoch nicht nur solche Bücher – sie verfasste auch einige von der literarischen Strömung des Naturalismus beeinflusste, von Kritikern als »Tendenzromane« gescholtene Bücher, die radikal für weibliche Selbstbestimmung, die Gleichberechtigung der Frau und ein anderes Frauenbild eintraten – und die sie zu einer der bedeutendsten Schriftstellerinnen dieser Zeit machten: *Der Rangierbahnhof* (1896), *Das Recht der Mutter* (1896), *Halbtier!* (1899). Dabei war Böhlau ihrer Darstellung nach eher zufällig zu ihrem kritischen Standpunkt gekommen: In einem Kunstmagazin wurde ein Gemälde, das ein Mädchen zwischen symbolischen Darstellungen der Weisheit zeigte, so missinterpretiert, dass es dem Kritiker zufolge das Weib abfällig als Blaustrumpf zwischen Küche und Wissenschaft darstellte. Die Verbindung von Weisheit und Weiblichkeit schien dem Kritiker gar nicht erst in den Sinn gekommen zu sein. Ob es wirklich nur diese Kunstkritik oder nicht vielleicht zumindest unterschwellig auch ihre privaten Umstände waren, die sie zu einer Einsicht in die Lage der Frau brachten, muss dahingestellt bleiben: 1895 hatte sie ihren Sohn Omar geboren, 1897 hatte die Familie Böhlau eine Zeit in Südtirol gelebt, zusammen mit der schönen und intelligenten 19-jährigen Paula Winkler, die Omar al Raschid Bey als Jüngerin anhing und ihm bei Abschriften seines Buches und seiner Arbeit eine unverzichtbare Hilfe geworden war. Kurz: Böhlau war nun in der Situation, in der noch Jahre zuvor Therese Arnd gewesen war – sie hatte eine jüngere Konkurrentin. Als Böhlau mit ihrem Sohn 1898 nach München zurückgekehrt war, war ihr Mann Paula Winkler nach Zürich gefolgt, und erst ein Freund hatte ihn zu einer Trennung von der jungen Frau und zu einer Rückkehr zu seiner Familie bewegen können. Trotz allem hat Böhlau selbst ihre Ehe nie anders denn als ideal und erfüllend beschrieben. Wie sie diese Situation verarbeitet haben mag, muss offenbleiben.

Was auch immer der Auslöser für ihre Erkenntnis der miserablen Lage der Frau gewesen war: Die Folge davon waren mehrere Romane, die die Missachtung der Frau in der Gesellschaft thematisierten. Diese Missachtung zeigte sich darin, dass man der Frau gleichwertiges Menschsein, Bewusstsein, kreative Schaffenskraft und Intellekt absprach, sie bei Fehltritten wie etwa vorehelichem Geschlechtsverkehr schärfer bestrafte als den Mann, ein unrealistisches Idealbild von ihr entwarf und sie gleichzeitig wie ein Nutztier behandelte.

Gegen all dies wandte sie sich beispielsweise mit ihrem heftige Kontroversen auslösenden Roman *Halbtier!* von 1899, der das literarische Ereignis des Jahres wurde. Der Roman ist deutlich beeinflusst von der literarischen Strömung des Naturalismus, der es um eine besonders genaue Darstellung von Gesellschaft und Natur ging – auch Hässliches sollte Eingang in die Kunst finden, die Realität sollte ungeschönt wiedergegeben werden. Entsprechend zeichnet sich der Roman nicht nur durch die harte Wiedergabe des Umgangs mit Frauen, sondern auch durch eine Verwendung von Dialekt und Soziolekt aus. Die Figur der Engländerin Mrs. Wendland spricht mit einem grammatikalisch fehlerhaften Satzbau, andere Figuren sprechen Bayerisch. Auch das macht den Roman heute eigentümlich zu lesen – dennoch lohnt sich die Lektüre. Im Zentrum steht Isolde, die wie ihre Schwester Marie Tochter des Schriftstellers und Politikers Dr. Frey ist. Isolde ist künstlerisch begabt, empfindsam und sehr intelligent, sie verliebt sich in Bilder des Künstlers Henry Mengersen, der in ihr, wie in allen Frauen, aber nur ein halbes Tier, in keinem Fall einen ihm ebenbürtigen Menschen sieht. Dasselbe Verhältnis zu Frauen hat Dr. Frey, der zu Hause seine Frau drangsaliert und erniedrigt, die selbstbewusste und kultivierte Mrs. Wendland aber zuvorkommend behandelt und verehrt. All dies wird etwa in dem folgenden Auszug, in dem Dr. Frey mit seinen Töchtern, Mrs. Wendland und anderen das Atelier von Henry Mengersen besucht, deutlich:

Mengersen ging in den Nebenraum, in das Bildhaueratelier, und bat seine Gäste, einen Augenblick auf ihn zu warten.

In dies zweite Atelier ließ er ungern jemanden eintreten.

Es währte nicht lange, da kam er mit einer kleinen Marmortafel wieder und stellte diese auf eine Staffelei, rückte sie behutsam, blickte prüfend zur Lichtkrone und trat dann zurück.

Ein Relief. Mrs. Wendlands Kopf, leicht gelblich getönt, ein Sphynxkopf.

»Also ein Raubtier«, sagte Mrs. Wendland eigentümlich lächelnd.

Sie hatte recht, ein Raubtierkopf, so schön er war. Die Augen hatten etwas Packendes, Zugreifendes. Um den Mund lag ein rätselhafter, urweltlicher Zug: »Das Tier.«

Hier war es geprägt, das Halbtier Weib.

»O, Henry Mengersen«, sagte Mrs. Wendland ruhig, »weil ich bin ganz offen, offen, wie Sie sonst niemanden kennen, weil ich nichts verstecke, nichts Böses und nichts Gutes, machen Sie ein Rätseltier aus mich. – Sonderbar!«

Da lächelte Henry Mengersen überlegen wie ein Richter, vor dem sich einer soeben selbst überführt hat.

»O, ich verstehe«, sagte Mrs. Wendland gleichgültig, »so meine ich nicht. Meine Offenheit ist nicht die Offenheit von ein Tier. Sie irren. Halten Sie mich für naiv? Dann verzeihen Sie, ich muss lachen. Sie verstehen doch, was ein Kunstwerk ist? Raubtiere sind wir alle. Aber Sie meinen damit nicht das: Ich weiß, ich bin Herrn Mengersen ein Dorn, trotzdem er sehr liebenswürdig zu mir ist, weil ich ein wirklicher Mensch bin, lebe wie er lebt und bin so klug wie er ist. Wenn sich Herr Mengersen auch als Raubtier ausmeißelt, bin ich zufrieden.

Ich bestelle mir noch ein Raubtier, es müssen zwei sein.

Und Henry Mengersen ist kein schlechtes Raubtier.«

»Eine sehr selbstbewusste Dame, die gute Mrs. Wendland!«

Der moderne Schriftsteller wendete sich flüsternd an Doktor Frey.

Sie gingen miteinander im weiten Atelierraum auf und nieder.

Doktor Frey führte seine zusammengelegten Fingerspitzen zum Munde, machte eine Geste der Verzückung.

»Götterweib!« kam es inbrünstig, unhörbar von seinen Lippen.

»Nee!« dieser Meinung war der moderne Schriftsteller nicht, Hühner und Weiber nur ganz frisch. »Hautgoût! Brr! Künstliches Hautgoût, Fin de siècle – Hautgoût als Parfum für die weibliche Jugend – famos! Schreibe selbst solches Zeug. Verdammt raffiniert so was! Geist beim Weib höchst verdächtig! Hat die gute Dame Kinder gehabt? Geist beim Weib einfach pathologisch. Übermensch, was ist denn dir in die Krone gefahren? Warst doch sonst nicht so? Die Millionen etwa? Nee – nee – da lass ich mir nix vormachen.«

[...]

Mrs. Wendland und Doktor Frey standen am geöffneten Fenster. Der temperamentvolle Prophet und möglicherweise baldige Reichstagsabgeordnete und so weiter, sprach auf die schöne Frau mächtig ein.

Mrs. Wendland schaute gelassen auf ihn hin. Sie trug, wie stets, wenn sie ihr weißes Hauskleid abgelegt hatte, eine schwarze Toilette und machte einen äußerst vornehmen, in sich zusammengefassten Eindruck.

Das Porträt, das ihr guter Freund, ohne ihr Wissen, von ihr vollendet hatte, mochte sie seltsam berührt und verletzt haben.

Sie hatte sich ihm offen gegeben. Sie hatte ihm den Genuss geboten, das Weib auf seiner höchsten Stufe, wie sie meinte, das hochentwickelte Weib, ganz kennen zu lernen.

Sie war rückhaltlos zu ihm gewesen, vollkommen wahr, im Vertrauen, wie es ein großer freier Mensch zum andern hat – und er hatte das Tier in ihr erkannt – nur das Tier – das brutale Tier.

Sie hatte im Verkehr mit ihm über das »Tier« Mengersen hinweggesehn und hatte in ihm den Gott gehätschelt, angebetet und geliebt.

Mit ihrer heitern Weisheit und Welterfahrung hatte sie ihm etwas schenken wollen – und er? –

»Man ist einsam, ungeheuer einsam!« sagte sie wehmütig.

Doktor Frey wusste nicht, auf was sich dieser Ausspruch beziehen mochte, und blickte etwas verblüfft auf sie.

»Bitte, fahren Sie fort«, sagte Mrs. Wendland leicht lächelnd. Der berühmte Schriftsteller mochte ihr irgendetwas vorgetragen haben, was sie überhört hatte.

Herr Goldschmitt, der moderne Schriftsteller, machte sich an das schöne blonde Mädchen, an Isoldens Schwester heran und unterhielt sich mit ihr einigermaßen von oben herab; aber durchaus angenehm berührt. Jung, rosig, blond, sanft und diese weiche, hilflose Stimme – köstlich!

Er fühlte sich wie eingelullt von ihrer ausgeprägten, gesunden, molligen Weiblichkeit.

Sie hatte aber trotzdem etwas Träumerisches, Verschlossenes, Kühles.

›Etwas hartmäulig noch‹, dachte der Schriftsteller in seiner Pferdesprache, die er mit Vorliebe bei Beurteilung von Frauen anzuwenden liebte.

Übrigens wusste er weder von Frauen, noch von Pferden etwas Nennenswertes.

Isolde soll im Weiteren noch schmerzhaften Einblick in die Erniedrigung von Frauen durch Männer erhalten – nicht nur merkt sie im Laufe dieses Besuchs, wie anders ihr Vater mit Mrs. Wendland als mit ihrer Mutter umgeht, sie wird auch noch mehrfach selbst von Mengersen hintergangen und bekommt mit dem Verhalten ihres Bruders seiner Geliebten gegenüber ein besonders abschreckendes Beispiel vor Augen geführt. Doch sie erhebt sich über dieses weibliche Schicksal: Sie wird Künstlerin und arbeitet hart. Sie entschließt sich dazu, das Bild von der Frau zu verändern – an einer Stelle ruft sie aus: »Nichts Größeres auf Erden als Weib sein!«

Wird ihr Vater, Dr. Frey, von seinen Freunden in Anlehnung an Nietzsche als »Übermensch« bezeichnet, als ein Mensch, der über die normalen Menschen hinausgewachsen ist, so wendet Böhlau in ihrem Roman dieses Konzept Nietzsches nun auf eine Frau an: Isolde wird zum Übermenschen. In ihren anderen Romanen dieser Zeit wandte Böhlau in ähnlicher Weise Ideen des – Frauen durchaus verachtenden – Philosophen Arthur Schopenhauer auf Frauen an. Sie versuchte also, ein anderes Frauenbild zu entwerfen: ein aktives, schöpferisches.

Allerdings war Böhlau keine Frauenrechtlerin, denn auch die Frauenrechtsbewegung kritisierte sie in ihrem Roman, weswegen sie wiederum von deren Vertreterinnen angegangen wurde. Denn das von ihr entworfene Idealbild der Frau ist sehr diskutabel: Die Idee, dass die Frau ihre Bestimmung darin findet, sich für andere zu opfern, war auch in ihrem eigenen Leben leitend, ordnete sie sich und ihr Schaffen doch dem ihres Mannes unter. Die Zuschreibung, Frauenrechtlerin zu sein, wies Böhlau 1913 dann auch in einem kurzen Beitrag in *Geistiges und künstlerisches München in Selbstbiographien* zurück:

> Man nannte mich nach letzterem Roman [*Halbtier!*] Frauenrechtlerin, hatte mich aber gründlich missverstanden. Der Roman war der Ausdruck des Erstaunens, des Erschrecktseins. Ich hatte mit einem tiefen, bestürzten Blicke gesehen, dass die Frau, die geistig leben und arbeiten will, ganz ohne Traditionen ist, missachtet und belächelt. – Ich hatte mir das nicht so vorgestellt. Ich erkannte, dass den Frauen keine geistige Vergangenheit zugehört, dass sie so wenig Spuren auf Erden hinterlassen hatten, wie die Wellen und die Tiere. [...] Heute würde ich dieser Erkenntnis, dass die Frau am geistigen Eigentum der Menschheit nicht mitgeschaffen hat, diesen leidenschaftlichen Ausdruck, den ich damals fand, nicht mehr geben. Tiefere Einsicht hat mich gelehrt, dass stille Taten der Seele, von denen die Welt nichts weiß, lebendiger und größer sein können als alles Wissen dieser Welt.

Hintergrund dieser veränderten Sichtweise war eine vom Buddhismus geprägte Weltsicht, wie sie auch ihr Mann leidenschaftlich vertrat.

Doch wie auch immer man Böhlaus Frauenbild bewerten möchte: Sie hatte mit ihrem Schreiben wichtige Zeitkritik geübt und eine Debatte befeuert, die dazu beitrug, Frauen als an Bewusstsein und Geist dem Mann gleichgestellt zu betrachten. Und dabei hatte sie ästhetisch eigenwillige und eigenständige Romane verfasst. Sie war das, was sie dem Denken vieler gemäß nicht sein sollte: eine Intellektuelle, eine Künstlerin.

Halbtier! war der letzte von Helene Böhlaus scharf gesellschaftskritischen, engagierten Romanen – in den folgenden Veröffentlichungen wurde ihr Ton milder. 1905 erhielt ihr Schaffen den Preis der Schillerstiftung. Zudem schrieb sie weiterhin unterhaltsame Ratsmädelgeschichten und altweimarische Geschichten. Die al Raschid Beys führten in München ein offenes, gastfreundliches Haus, in dem die Verehrer der Philosophie Omar al Raschid Beys ein und aus gingen. 1911 starben dann nicht nur Omar al Raschid Bey, sondern auch dessen geschiedene Frau sowie Helene Böhlaus Mutter. Wie vom verstorbenen Gatten gewünscht, veröffentlichte Böhlau dessen Lebenswerk *Das hohe Ziel der Erkenntnis, Aranada-Upanishad* und hielt regelmäßig Abendveranstaltungen ab, bei denen sie mit Anhängern ihres Mannes aus dessen Werk las.

Helene Böhlau war nun mehr denn je auf sich gestellt, mehrfach zog sie um: Nach Ingolstadt, dann wieder nach München, nach Widdersberg und schließlich nach Augsburg. Sie schrieb viel und sah gewiss mit Sorge, wie ihr Sohn als Kriegsfreiwilliger in den Ersten Weltkrieg aufbrach. Ihren Büchern verlieh sie nun zeittypische nationalistische Töne, allerdings sollte sie sich im Gegensatz zu ihrem Sohn, der sich in Hermann Ottokar Böhlau umbenannte, nicht dem nationalsozialistischen Gedankengut, insbesondere dessen Rassenlehre anschließen: Sie widerrief ihre Unterschrift unter dem Friedensappell der Internationalen Frauenliga, die sie während des Ersten Weltkrieges geleistet hatte, nicht, als ihr eine NS-nahe Zeitschrift dies nahelegte. Auch ging sie anscheinend nicht dagegen vor, dass ihr verstorbener Mann wohl irrtümlicherweise für jüdisch gehalten wurde, obwohl dies für sie und ihren Sohn Schwierigkeiten hätte bedeuten können – ihr Sohn hingegen bemühte sich, die »Rassereinheit« der Familie nachzuweisen. Vieles muss hier aber in Ermangelung von Quellen im Dunkeln bleiben: In den letzten Jahrzehnten ihres Lebens nahm ihre Bekanntheit ebenso stetig ab wie die Verkaufszahlen ihrer Bücher – am Ende ihres Lebens war sie bereits fast vergessen. Zudem führte sie nun ein sehr zurückgezogenes Leben. Sie war – mit Gabriele Reuter – einst eine der wichtigsten vom Naturalismus beeinflussten Dichterinnen gewesen. Am 26. März 1940, noch während des Zweiten Weltkrieges, starb Helene Böhlau. Ob sie in Augsburg oder in Widdersberg starb, weiß man nicht, ihr Grab jedenfalls befindet sich auf dem Friedhof in Widdersberg. In einem wenige Jahre zuvor begonnenen biographischen Rückblick anlässlich ihres 80. Geburtstages schrieb sie: »So sammle ich voll Dank für schöne Zeiten u lebendigste Arbeit meine lieben Lebensbücher in einen Schrein. Wenn die Menschen sie ganz vergessen haben wird irgendeine gute Hand sie als Erbe noch freundlich in Obacht nehmen und etwas behüten.« Gerade ihre naturalistischen Romane laden dazu ein.

Ausgewählte Werke

Prosa: *Novellen* (1882), *Der schöne Valentin. Die alten Leutchen. Zwei Novellen* (1886), *Reines Herzens schuldig* (1888), *Herzenswahn* (1888), *Rathsmädelgeschichten* (1888), *In frischem Wasser* (1891), *Der Rangierbahnhof* (1896), *Das Recht der Mutter* (1896), *Altweimarische Liebes- und Ehegeschichten* (1897), *Ratsmädel- und Altweimarische Geschichten* (1897), *Im alten Rödchen bei Weimar. Das ehrbußliche Weibchen. Zwei Novellen* (1897), *Schlimme Flitterwochen* (1898), *Glory, Glory Hallelujah* (1898), *Das Brüller Lager* (1898), *Halbtier!* (1899), *Sommerbuch. Altweimarische Geschichten* (1903), *Die Kristallkugel. Eine Altweimarische Geschichte* (1903), *Sommerseele. Muttersehnsucht. Zwei Novellen* (1904), *Die Ratsmädchen laufen einem Herzog in die Arme* (1905), *Das Haus zur Flamm* (1907), *Isebies. Die Geschichte eines Lebens* (1911), *Gudrun* (1913), *Der gewürzige Hund* (1916), *Ein dummer Streich* (1919), *Im Garten der Frau Maria Strom* (1922), *Die leichtsinnige Eheliebste. Ein Liebeswirrwarr* (1925), *Die kleine Goethemutter* (1928), *Kristine* (1929), *Eine zärtliche Seele* (1930), *Föhn* (1931), *Die drei Herrinnen* (1937), *Goldvogel. Erzählungen* (1939), *Jugend zu Goethes Zeit* (1939); **Drama:** *Philister über dir!* (1900).

Lou Andreas-Salomé (1861–1937)

Der Blick in die Psyche des Menschen

Es gibt ja diesen etwas abgegriffenen Kalenderspruch: »Alle sagten: Das geht nicht. Dann kam einer, der wusste das nicht und hat's gemacht.« Doch wenn dieser Spruch auf irgendein Leben zutrifft, dann definitiv auf das von Lou Andreas-Salomé.

Geboren wurde Louise von Salomé, die auch Ljola genannt wurde, am 12. Februar 1861 in St. Petersburg in eine Familie, die vor allem aus Männern bestand: Während ihr Vater Gustav von Salomé, ein General deutscher Abstammung im Dienst des Zaren, sich freute, dass seine drei Söhne nun eine kleine Schwester bekommen hatten, wäre der Mutter Louise von Salomé ein weiterer Junge lieber gewesen. Obwohl sie ihre Brüder sehr liebte, hatte sie zur Familie, insbesondere aber zur strengen, distanzierten Mutter, kein enges Verhältnis. Sie fühlte sich einsam und zog sich in eine Phantasiewelt zurück: Ihr Ansprechpartner war der liebe Gott, den sie aber weniger anbetete, sondern dem sie vielmehr allerlei Geschichten erzählte, sowohl von realen als auch ausgedachten Erlebnissen; beides floss meist sogar ineinander – Realität und Phantasie ließen sich für das junge Mädchen ohnehin nicht voneinander trennen.

Doch dann zerbrach ihr Glaube an Gott: Als die Familie den Winter in der Stadt verbrachte, erzählte ihr ein Knecht, dass im Garten des Landhauses der Eltern ein merkwürdiges Paar aufgetaucht sei, das man besser nicht ins Haus lasse. Eine Woche später fuhr er fort, dass das Paar immer dünner und heruntergekommener geworden sei, bis er schließlich nur noch ihre Mantelknöpfe im Eis gefunden habe. Das Mädchen begriff nicht, dass es sich um Schneemänner gehandelt hatte, niemand klärte sie darüber auf – und sie war entsetzt, dass der liebe Gott es zulassen konnte, dass etwas einfach so verschwindet. Louise von Salomé erkannte für sich, dass es keinen Gott geben könnte, dass die ganze Welt auf sich gestellt und niemand darüber sei. Damit verlor sie ihren engsten und vertrautesten Gesprächspartner – und sie verlor ihn für ihr ganzes Leben. Das war eine Katastrophe für sie, wie sie später in ihrem ab 1931 verfassten *Lebensrückblick* angab, die jedoch zu einer wichtigen Erkenntnis führte: Es ist

»das Positivste, davon mein Leben weiß: eine damals dunkel erwachende, nie mehr ablassende durchschlagende Grundempfindung unermeßlicher Schicksalsgenossenschaft mit allem, was ist«. Der Verlust Gottes sollte von der Schriftstellerin noch später in mehreren Werken thematisiert werden.

Trotz dieser existentiellen Erschütterung ihres Weltbildes lebte Louise von Salomé ihr Leben lang aus einem bemerkenswerten Sicherheitsgefühl heraus, das sie beinahe schlafwandlerisch immer wieder Grenzen und Konventionen überschreiten ließ, ohne über die Konsequenzen ihres Handelns nachzudenken. So schrieb sie in ihrem *Lebensrückblick*: »Es mag mir geschehen, was will – ich verliere nie die Gewissheit, dass hinter mir Arme geöffnet sind, um mich aufzunehmen.« Freilich verletzte sie mit dieser Haltung immer wieder ihr nahestehende Menschen, da sie leider auch hier wenig darüber nachdachte, was ihr Verhalten für andere bedeuten konnte.

Zunächst wurde die zuvor oft rebellische Salomé jedoch braver: Sie hatte nun Mitleid mit ihrer Familie, die fromm protestantisch war und nicht ahnte, dass es keinen Gott gab. Obwohl die Familie in Russland lebte, wurde Deutsch und Französisch gesprochen, so dass Salomé am Gymnasium Probleme mit der russischen Sprache bekam. Ihr Vater nahm sie von der Schule, denn er war überzeugt, dass sie intelligent genug war, um sich selbst weiterzubilden. Freilich war in dieser Zeit eine Schulbildung für Frauen gar nicht unbedingt nötig. Damit wurde Salomé wie fast alle der bislang vorgestellten Dichterinnen Autodidaktin.

Eine Rebellin blieb sie freilich trotz allem, und diese Seite schlug bald schon wieder durch: Im Konfirmationsunterricht widersprach sie dem evangelisch-reformierten Pfarrer Hermann Dalton, dem ihre ganze Familie eng verbunden war, als er behauptete, Gott sei allgegenwärtig. In der Hölle aber, so wandte Salomé ein, könne Gott doch wohl nicht sein. Sie beschloss, sich nicht konfirmieren zu lassen, doch um den kranken Vater, der auf sein Lebensende zuging, nicht in Aufregung zu versetzen, sprach sie mit Dalton ab, den Konfirmationsunterricht um ein Jahr zu verlängern.

Zu dieser Zeit hörte sie von dem freien protestantischen Prediger Hendrik Gillot, der in St. Petersburg als theologischer Gegenspieler Daltons galt. Sie besuchte einen seiner Gottesdienste und war hingerissen, jedoch mehr von ihm als Menschen als von seiner Predigt. Sie schrieb dem 25 Jahre älteren Gillot und bat darum, ihn besuchen zu dürfen – was sie dann auch tat. Fortan unterrichtete er sie, zunächst ohne, später und nach einiger Aufregung mit dem Wissen der Familie. Er las mit ihr Kant, Leibniz, Fichte, Schopenhauer und Spinoza, und vor allem Spinoza mit seinem Pantheismus, also der Vorstellung, dass Gott mit allen Dingen der Welt identisch sei, beeinflusste ihr Denken stark. Sie bewunderte Gillot, der für sie an die Stelle des verlorenen Gottes getreten war. In ihrem *Lebensrückblick* nennt sie ihn den »Revenant des lieben Gottes«, sein »Duplikat« und seinen »Doppelgänger«. Gillot freilich empfand etwas anderes für die schöne und intelligente junge Frau, der er den Namen »Lou« gab, da er »Ljola« nicht aussprechen konnte: Er, der verheiratete Vater zweier Kinder, traf hinter Lou von Salomés Rücken Vorbereitungen, um sich scheiden zu lassen, und sagte ihr schließlich, dass er sie heiraten wollte. Der von ihr als Gott Verehrte hatte also sehr menschliche Wünsche, und so verlor sie Gott zum zweiten Mal: »Mit einem Schlage fiel das von mir Angebetete mir aus dem Herz und Sinnen ins Fremde«, so in ihrem *Lebensrückblick*. Gillot sollte freilich noch lange Zeit für sie prägend und eine maßgebliche Autorität sein – aber da sie wusste, dass sie sich nun von ihm trennen musste, beschloss sie, ins Ausland zu gehen, um zu studieren. Sie wollte Schriftstellerin werden, und auch wenn ihre Mutter von alle dem nicht begeistert war, stimmte sie schließlich zu.

Zu dieser Zeit war ein deutschsprachiges Studium für Frauen ohne Einschränkungen nur in der Schweiz möglich, und so reiste Salomé mit ihrer Mutter nach Zürich. Hier studierten viele Russen, die dort die Umgestaltung der russischen Gesellschaft vorbereiteten, doch mit ihnen trat Salomé – an politischen Dingen nur in Maßen interessiert, auch wenn sie ein Bild der Sozialistin Vera Sassulitsch in ihrer Schreibtischschublade aufbewahrte – kaum in Kontakt. Stattdessen studierte sie Philosophie, Theologie und Kunstgeschichte und schrieb erste Gedichte. Bald jedoch erkrankte sie an Lungenbluten, und da sie sich von einem südlichen Klima Linderung erhoffte, brach sie im Januar 1882 in Begleitung der Mutter nach Rom auf.

Hier traf sie auf Malwida von Meysenbug, selbst Schriftstellerin, bekannt mit Richard und Cosima Wagner sowie Friedrich Nietzsche und engagiert für die Frauenemanzipation. Lou von Salomé, die keine Freundin der Frauenrechtsbewegung war, sich aber – aus dem ihr eigenen Sicherheitsgefühl heraus und da sie Männer immer als Brüder wahrzunehmen schien – ganz selbstverständlich als den Männern gleichwertig benahm, löste im Meysenbugschen Salon durch ihre Art des Denkens und Diskutierens Bewunderung und Verwirrung aus. Sie lernte dort den Philosophen Paul Rée kennen, mit dem sie bald heimlich nächtliche Spaziergänge durch Rom unternahm und angeregte Diskussionen führte. Rée verliebte sich in die junge Frau und hielt um ihre Hand an. Salomé war erbost und lehnte ab – sie wollte mit Paul Rée zusammenleben, aber als Freund, als Bruder. Er stellte seine Gefühle und Bedürfnisse zurück und wurde ihr zum Bruder. Auf einen Traum von Lou hin planten sie, zusammen in eine Wohnung zu ziehen: Mit getrennten Schlafzimmern, aber einem gemeinsamen Arbeitszimmer, so dass sie immer zusammen denken und leben konnten. Paul Rée willigte ein und schlug vor, in dieses Vorhaben auch seinen Freund Friedrich Nietzsche einzubeziehen. Bald darauf reiste Nietzsche nach Rom, und die drei, die sich als »Dreieinigkeit« bezeichnen sollten, trafen erstmals im Petersdom aufeinander. Salomés Mutter war selbstverständlich entsetzt von der Idee, dass ihre Tochter unverheiratet mit irgendwelchen Männern in einer Wohnung leben wollte. In ihrer Hilflosigkeit wandte sie sich an Gillot, der seine ehemalige Schülerin zur Vernunft bringen sollte. Das versuchte er auch – doch Salomés Antwortbrief vom 26. Mai 1882 zeigt ihre kühne, selbstbewusste Intelligenz, mit der sie so leicht über Schranken hinwegging, als bemerkte sie sie nicht:

> Ihren Brief habe ich gewiss schon 5 Mal gelesen, aber kapiert hab ich ihn immer noch nicht. Was, in Dreiteufelsnamen, hab ich denn verkehrt gemacht? Ich dachte ja, Sie würden gerade jetzt des Lobes voll über mich sein. Weil ich doch nun gerade dabei bin zu beweisen, wie gut ich seinerzeit meine Lektion bei Ihnen gelernt habe. Erstens indem ich doch ganz und gar nicht einer bloßen Phantasie nachhänge, sondern sie verwirklichen werde, und zweitens, indem es durch Menschen geschehen soll, die wie direkt von Ihnen ausgesucht erscheinen, nämlich vor lauter Geist und Verstandesschärfe schon fast platzen. Aber nun behaupten Sie statt dessen, die ganze Idee sei so phantastisch wie nur jemals eine früher, und werde nur noch ärger dadurch,

dass sie wahrhaftig auch noch in Leben umgesetzt werden solle, und um so viel ältere und überlegene Männer wie Rée, Nietzsche und andere, könnte ich nicht richtig beurteilen. Darin täuschen Sie sich nun aber. Das Wesentliche (und das Wesentliche ist *menschlich* für mich nur Rée) weiß man entweder sofort oder gar nicht. [...] Auch Malwida ist gegen unsern Plan, und dies tut mir ja leid, denn ich habe sie riesig lieb. Aber mir ist doch schon seit längerm klar, dass wir im Grunde stets Verschiedenes meinen, selbst wo wir übereinstimmen. Sie pflegt sich so auszudrücken, dies oder jenes dürfen »wir« nicht tun, oder müssen »wir« leisten, – und dabei hab ich doch keine Ahnung, wer dieses »wir« eigentlich wohl ist, irgendeine ideale oder philosophische Partei wahrscheinlich, – aber ich selber weiß doch nur was von »ich«. Ich kann weder Vorbildern nachleben, noch werde ich jemals ein Vorbild darstellen können für wen es auch sei, hingegen mein eignes Leben nach mir selber bilden, das werde ich ganz gewiss, mag es nun damit gehn wie es mag. Damit habe ich ja kein Prinzip zu vertreten, sondern etwas viel Wundervolleres, – etwas, das in Einem selber steckt und ganz heiß vor lauter Leben ist und jauchzt und heraus will. [...] Wir wollen doch sehn, ob nicht die allermeisten sogenannten »unübersteiglichen Schranken«, die die Welt zieht, sich als harmlose Kreidestriche herausstellen!

Auch Friedrich Nietzsche war beeindruckt von Salomé – und hielt ausgerechnet über Paul Rée um ihre Hand an. Ohne Umschweife lehnte sie auch diesen Antrag ab. Es folgte ein halbes Jahr inniger Freundschaft: Lou von Salomé verbrachte eine Zeit mit Paul Rée bei dessen Mutter in Stibbe, dann war sie mit Nietzsche und dessen Schwester zusammen in Tautenburg. Dort verbrachten Nietzsche und Salomé, um deren Hand er ein zweites Mal vergebens angehalten hatte, viel Zeit miteinander und waren sich im Geiste sehr nah. Die Dichterin schenkte ihrem Freund ein Gedicht, das ihm so gut gefiel, dass er es vertonte und dabei auf ein früheres Stück von sich, den *Hymnus an die Freundschaft,* zurückgriff:

Lebensgebet

Gewiss, so liebt ein Freund den Freund,
Wie ich Dich liebe, Rätselleben –
Ob ich in Dir gejauchzt, geweint,
Ob du mir Glück, ob Schmerz gegeben.

Ich *liebe* dich samt deinem Harme;
Und wenn du mich vernichten musst,
Entreiße ich mich Deinem Arme
Wie Freund sich reißt von Freundesbrust.

Mit ganzer Kraft umfass ich Dich!
Lass deine Flammen mich entzünden,
Lass noch in Glut des Kampfes mich
Dein Rätsel tiefer nur ergründen.

Jahrtausende zu sein! zu denken!
Schließ mich in beide Arme ein:
Hast Du kein Glück mehr mir zu schenken –
Wohlan – noch hast Du Deine Pein.

Nietzsches Schwester Elisabeth, die eifersüchtig über ihren kränklichen Bruder wachte, erkannte bald in Salomé eine Konkurrentin und Feindin. Sie begann, Misstrauen und Hass bei Nietzsche gegen die Freundin zu säen, und leider ließ dieser sich beeinflussen: Er brach mit Rée und Salomé, den beiden Menschen, denen er sich im Geiste so nah gefühlt hatte. 1883 bis 1885 schrieb er *Also sprach Zarathustra* in dem Wissen, dass er dazu erst durch den Austausch mit Salomé befähigt worden war. Dennoch sollte es zu keiner Begegnung mehr kommen. Elisabeth Nietzsche verfolgte Salomé zeitlebens mit Verleumdungen und Intrigen, bis hin zu der im Nationalsozialismus lebensgefährlichen Behauptung, sie sei Jüdin. Lou von Salomé ging auf keinen dieser Angriffe ein, sie ging einfach darüber hinweg.

In den ersten Jahren nach dem Bruch mit Nietzsche war ihr das aber vor allem deswegen möglich, weil Paul Rée ihr Briefe mit Angriffen der Nietzsches einfach vorenthielt.

Sie und Rée hatten nun ihre Idee eines Zusammenlebens wie Geschwister in Berlin realisiert, und Rée passte auf Salomé auch insofern auf, als er die gemeinsamen Freunde mit Bedacht wählte: Er umgab sie beide nur mit Menschen, die ihre Beziehung nicht missverstehen würden, um ihrer beider Ruf zu erhalten. Bald gingen Philosophen, Historiker und Naturwissenschaftler ein und aus, und während Salomé bewundert und als »Exzellenz« angesprochen wurde, musste sich der immer zurücksteckende Rée die Bezeichnung »Ehrendame« gefallen lassen. Das Zusammenleben der beiden endete unglücklich, als sie 1886 den Heiratsantrag des Orientalisten Friedrich Carl Andreas annahm – unter den Bedingungen, ihre intensive Freundschaft zu Rée fortsetzen zu dürfen und Sexualität aus der Ehe auszuschließen. Vereinigung suchte sie im Geiste, nicht im Körperlichen, und als ihr Mann sich ihr später einmal mit erotischer Absicht zu nähern versuchte, versuchte sie ihn zu erwürgen.

Sie zwang Gillot gegen seinen Willen, die Trauung durchzuführen, und wurde so Lou Andreas-Salomé. Für Rée, der seine Bedürfnisse immer hinter die ihren zurückgestellt hatte, war diese Ehe zu viel: Er stahl sich davon und hinterließ ihr die Nachricht: »barmherzig sein, nicht suchen.« Nach dieser Trennung schlug Rées Liebe in Hass um, und die beiden sollten sich nie wiedersehen. 1901 stürzte er bei einer Wanderung ab, ob es ein Unfall oder Selbstmord war, ist unklar.

In den drei Jahren des glücklichen Berliner Zusammenlebens mit Rée war die erste Veröffentlichung der Schriftstellerin entstanden, das 1885 unter dem Pseudonym »Henri Lou« veröffentlichte *Im Kampf um Gott*. Das männliche Pseudonym – »Henri« angelehnt an Gillot – nutzte sie, um den Namen ihrer Familie nicht in ihre Publikationstätigkeit hineinzuziehen. Tatsächlich war es aber ihre Familie gewesen, die sie zum ernsthaften Schreiben und Veröffentlichen erst gebracht hatte: Diese hatte gefordert, dass die Tochter endlich nach St. Petersburg zurückkomme, doch eine Tätigkeit als Schriftstellerin rechtfertigte ihren Wohnort in Mitteleuropa. Lou Andreas-Salomés erste Veröffentlichung wurde zum Erfolg, die Kritik reagierte positiv. Von nun an sollte sie eine bemerkenswerte Breite an Publikationen hervorbringen – darunter nicht nur mehrere Romane und Sachbücher, sondern auch Artikel und Essays, Rezensionen und Kritiken in allen Typen deutschsprachiger Zeitschriften. Dabei verwertete sie strategisch Texte und Textteile mehrfach. Sie wurde damit nicht nur finanziell unabhängig von ihrer Familie, sie verdiente eine Zeit lang sogar mehr als ihr Mann.

Aufwind erfuhr Andreas-Salomés Publikationstätigkeit auch dadurch, dass sie sich nach ihrer Hochzeit nicht mehr wie zuvor vor allem unter Wissenschaftlern, sondern nun auch unter Künstlerinnen und Künstlern bewegte. Sie verkehrte beispielsweise im »Friedrichshagener Kreis«, eine vorwiegend vom Naturalismus beeinflusste Gruppe, zu der Gerhart Hauptmann, Knut Hamsun, Else Lasker-Schüler, Frank Wedekind und kurz August Strindberg gehörten. Und schließlich wurde sie mit ihrem Buch über Nietzsche, *Friedrich Nietzsche in seinen Werken*, das sie 1894 veröffentlichte und mit dem sie auch ihre Freundschaft zu ihm belegte, zur ersten und durchaus wirkmächtigen Nietzsche-Interpretin. Die von ihr vorgeschlagene Dreigliederung seiner Werke sollte in der Nietzsche-Forschung noch lange beibehalten werden. Doch das Buch war nicht nur ein großer Erfolg, es brachte ihr auch genug Ansehen, um künftig zu allen Künstler- und Intellektuellenkreisen Europas Zugang zu bekommen. Sie lebte eine Zeit lang in Paris und Wien, schrieb weitere Erzählungen und lernte Marie von Ebner-Eschenbach kennen, die sie darum bewunderte, eine erfolgreiche Schriftstellerin zu sein. Dabei war sie das ja längst selbst. Wenn sie nun in eine Stadt reiste, überlegte sie vorher, welche Personen sie dort kennenlernen wollte. Die Malerin Lou Albert-Lasard notierte leicht schnippisch: »Wenn sie dann in die Großstadt kam, hatte sie oft deren mehrere bereits an die Bahn bestellt, um sie abzuholen. Vom Moment ihrer Ankunft an waren unsere Tage ausgefüllt mit ihren Programmen. Des Morgens eine spiritistische Sitzung, nachmittags Historiker oder Astronomie, abends schließlich Psychoanalytiker, Schriftsteller oder Ärzte.«

1896 veröffentlichte Andreas-Salomé die Erzählung *Aus fremder Seele*, in der sie erneut das Thema des Glaubensverlustes literarisch bearbeitete. Sie erzählt von den verheerenden Folgen des Antisemitismus ihrer Zeit, die sich bis über Generationen hinweg erstrecken. Im Zentrum der Handlung steht Kurt, der nach dem Tod seiner Mutter im Kleinkindalter von einem Pfarrer adoptiert und aufgezogen wird. Die Mutter des Pfarrers war Jüdin gewesen, der Vater war Antisemit, das gemeinsame Kind hat gutmachen sollen, dass die Mutter Jüdin war – und dies spielt in den Konflikt zwischen Kurt und dem von ihm geliebten Adoptivvater hinein, der entsteht, als Kurt von der weit entfernten Schule, auf die er geschickt worden war, nach Hause kommt:

> Der Pastor war inzwischen durch den Garten gegangen, aus dem man direkt in seine Arbeitsstube gelangen konnte. Eine breite Glastür verlieh ihr viel Licht und den vollen Blick ins Grüne. An den Wänden standen Bücherregale, und den Boden deckte ein dunkler einfarbiger Teppich. Über dem Schreibtisch, der an einem Seitenfenster, nach dem Hof zu, stand, hing ein in Öl gemaltes Porträt der Mutter des Pastors, – einer schönen Jüdin mit tiefen schwermütigen Augen. Darunter eine Radierung von Klinger in einfachem Rähmchen: die tote Mutter mit dem Kinde, das mit erstaunten Blicken von der Leiche in die Ferne schaut.
>
> Kurt lehnte an der Glastür, er öffnete sie dem Pastor und rief in froher Ungeduld: »Wie lange dauert doch solche Taufe! Und dass du heute überhaupt noch jemand anders gehörst, als mir allein!«
>
> »Mein herrlicher Junge!« sagte der Pastor und fasste ihn an beiden Schultern, »ich hab' dich ja noch gar nicht ordentlich wiedergesehen. Wie groß und stramm bist du geworden. O so frisch und stramm!«
>
> »Und du so jung und hübsch, Vater!«
>
> »Du Schlingel! Du Taugenichts!«
>
> Und während er Kurt mit freudigen Augen betrachtete, fügte er hinzu: »Es ist sonderbar! Uns alten Leuten wird alles Vergangenheit. Ich habe dich das ganze Jahr als kleinen Buben um mich gesehen. Als ganz kleinen Buben – so wie du warst, als ich dich noch zu Bett brachte.«
>
> »Ja«, meinte Kurt, »das war die schönste Zeit. Warum hast du mich auch fortgelassen?«
>
> »Weil die Gelegenheit günstig war, dich unter neue Menschen und Eindrücke zu bringen. Weil du selbständig werden, nicht an meinem Rock hängen bleiben solltest – am Rock des Alten. Alt und jung, – das stimmt nicht.«
>
> »O Vater, zwischen uns hat alt und jung immer gestimmt! Ich hätte sehr gut bei dir zu Ende lernen können, – ich hatte ja auch Lehrer und Kameraden in der Stadt. Aber du warst

doch die Hauptsache. Und da draußen, – ja, da hab ich manchmal Angst bekommen, dass die lange Entfernung von dir dich mir noch ganz fortnimmt.«

»Dummer Bub! Wie sollte das wohl möglich sein?« versetzte der Pastor, der an den Schreibtisch getreten war und in zwei bereitstehende Gläser Wein eingoss.

Kurt nahm sein Glas, stieß mit dem Pastor an und leerte es auf einen Zug. Einen Augenblick schwieg er. Dann stellte er das Glas fast heftig nieder und sagte: »Wie? Nun zum Beispiel so, wie du es selbst vorhin erwähntest: dass du mich in der Erinnerung stets als den kleinen Jungen siehst, während ich doch längst groß bin und mich ganz fern von dir weiter entwickelt habe. Wäre das neben dir, unter deinen Augen geschehn, so wär es für mich ganz anders.«

»Du bist noch immer derselbe Brausekopf!« bemerkte der Pastor lächelnd, aber sein Gesicht war aufmerksam geworden, »also was wäre anders, mein heftiger, ungeduldiger Junge?«

Kurt antwortete nicht. Er war an die Glastür getreten und blickte hinaus. Nach einer Pause sagte er: »Ich möchte dich etwas fragen, Vater: warum hast du mich grade dort – grade in diesem Jahr und im Auslande konfirmieren lassen?«

Der Pastor, der in seinem Lehnstuhl vor dem Schreibtisch saß, wandte sich nach ihm um.

»Jetzt versteh ich dich, – ich fange an zu verstehn«, antwortete er ruhig, »– du fürchtest, dass wir in unsern Ansichten auseinandergegangen sind, und du glaubst, das wäre nicht geschehen ohne deine Abwesenheit.«

»Vielleicht wär es geschehen – aber jedenfalls wäre immer alles zwischen uns zur Sprache gekommen! Während so – ich habe draußen mit andern, mit Fremden geredet, ich habe gelesen, gehört, nachgedacht. Ich bin über vielerlei in Zweifel geraten, Vater, wovon ich weiß, wie fest du daran glaubst.«

Kurt trat zu ihm hin und fügte traurig hinzu: »Siehst du, so ist es nun: ich wollte es dir verschweigen, – und nun ist es in der ersten Viertelstunde heraus.«

Die Erzählung stellt die Frage, welche Ideale im Leben tragen, was Wahrheit und was Lüge ist – und wie man weiterleben kann, wenn man seine Ideale verloren hat.

1897, im Jahr nach der Veröffentlichung, reiste Andreas-Salomé nach München und lernte dort den jüngeren Rainer Maria Rilke kennen, der um sie warb. Und tatsächlich verliebte sich diesmal auch Andreas-Salomé – sie wurden ein Paar, geistig und körperlich. Sie zogen in die Nähe von München, nach Wolfratshausen, und verheimlichten ihre Beziehung so gut, dass nicht einmal Friedrich Carl Andreas etwas bemerkte, als er seine Frau besuchte.

Andreas-Salomé und Rilke reisten mehrfach nach Russland, trafen Leo Tolstoj, schrieben, lebten, liebten – und trennten sich 1901 auf Wunsch von Andreas-Salomé. Dieses Mal gab es aber ein Wiedersehen: Im Jahr 1905 trafen sie aufeinander, und es entstand eine Freundschaft, die beide ihr Leben lang begleiten und stützen sollte.

Nach Rilke führte sie weiterhin Beziehungen mit anderen Männern – und auch ihr Mann war nicht treu: 1904 brachte die Haushälterin Marie Stephan eine gemeinsame Tochter zur Welt. Inzwischen hatte das ungewöhnliche Ehepaar seinen Wohnsitz nach Göttingen verlagert, da Friedrich Carl Andreas an der dortigen Universität Professor geworden war. Aber Andreas-Salomé war ohnehin wenig zu Hause und viel auf Reisen. Nun schloss sie auch Freundschaft mit Frauen, so mit der Schriftstellerin Frieda von Bülow und mit der Frauenrechtlerin Ellen Key. Obwohl Andreas-Salomé aufgrund ihres Essays *Der Mensch als Weib* von 1899 – also in zeitlicher Nähe zu Helene Böhlaus *Halbtier!* – von der Schriftstellerin Hedwig Dohm als »Antifeministin« bezeichnet worden war, hatte sie doch immer wieder Kontakt zu Vertreterinnen der Frauenrechtsbewegung.

Ihre Beziehung mit dem Freudianer, Nervenarzt und 15 Jahre jüngeren Poul Bjerre brachte Lou Andreas-Salomé schließlich in Kontakt mit der neu entstehenden Psychoanalyse und mit Sigmund Freud. Sie arbeitete sich ein halbes Jahr lang in die Disziplin ein, bevor sie nach Wien fuhr, um Freud und dessen Vorlesungen zu besuchen. Sie nahm an den Mittwochssitzungen der Gruppe um Freud und am Samstagskolleg teil – ihr Leben erhielt eine deutliche Wendung: Mit aller Kraft und Zeit setzte sie sich nun mit der Psychoanalyse auseinander. Freud selbst bemerkte einmal bezüglich ihrer Begeisterung für die neue wissenschaftliche Disziplin: »Ich glaube, Sie betrachten die

Analyse als eine Art von Weihnachtsbescherung.« Besonders fasziniert war sie vom Phänomen des Narzissmus, und bis heute werden ihre Ideen dazu wahrgenommen. Ab 1916 war sie in Göttingen als Analytikerin tätig und empfing eigene Patienten, 1925 wurde sie als offizielles Mitglied der Psychoanalytischen Vereinigung anerkannt. In diesen Kreisen war sie eine der wenigen Frauen – und sie war nun eine Ärztin und Wissenschaftlerin geworden. Das hielt sie jedoch nicht davon ab, weiterhin zu publizieren, wobei die Psychoanalyse nun auch ihr Schreiben bestimmte.

Trotz all der Arbeit war Lou Andreas-Salomé aber in Geldnot. Freud bemühte sich, ihr wohlhabende Patienten zu schicken, gelegentlich unterstützte er sie sogar selbst mit Geld. Verschärft wurde ihre Lage noch dadurch, dass sie ihre Familie, die in Russland ihrerseits unter den politischen Veränderungen und der daraus entstandenen Not litt, zu unterstützen versuchte.

Hatte sie schon wichtige Werke über Strindberg und Nietzsche veröffentlicht, so erschien 1926 nach Rilkes Tod ihr Buch *Rainer Maria Rilke (Buch des Gedenkens)* und 1931 anlässlich Freuds 75. Geburtstag *Mein Dank an Freud*. Hier war es eine Frau, die über Männer schrieb und ihr Leben und Werk deutete – bemerkenswert in einer Zeit, in der Männer nach wie vor deutlich über Frauen standen.

Nach Hitlers Machtübernahme wurde die Situation für Andreas-Salomé noch schwieriger: Die Psychoanalyse galt nun als jüdische Wissenschaft, zudem war sie herz- und zuckerkrank und musste sich mehrfach länger im Krankenhaus behandeln lassen. Ihr Mann Friedrich Carl Andreas besuchte sie dort täglich, obwohl er selbst alt und krank war – er starb bereits 1930 an Krebs. In Ernst Pfeiffer gewann sie noch einmal einen neuen Freund, mit dem sie sich austauschen konnte. Ihm vermachte sie ihren Nachlass, schwerkrank wie sie war – auch sie erkrankte an Krebs. Lou Andreas-Salomé, eine Frau, die gelebt hatte, als gäbe es für Frauen keine Schranken, starb am 5. Februar 1937 in ihrem Haus in Göttingen im Schlaf. Sie hatte ihr Leben selbst bestimmen wollen – und genau das hatte sie getan. In ihrem *Lebensrückblick* heißt es: »Die Welt, sie wird dich schlecht begaben, glaube mir's! Sofern du willst ein Leben haben: raube dir's!«

Ausgewählte Werke

Essays und Biographisches: *Henrik Ibsens Frauengestalten* (1892), *Friedrich Nietzsche in seinen Werken* (1894), *Die Erotik* (1910), *Rainer Maria Rilke (Buch des Gedenkens)* (1928), *Mein Dank an Freud* (1931), *Lebensrückblick. Grundriß einer Lebenserinnerung* (1951, herausgegeben von E. Pfeiffer); **Prosa:** *Im Kampf um Gott* (1885), *Ruth* (1895), *Aus fremder Seele. Eine Spätherbstgeschichte* (1896), *Fenitschka. Eine Ausschweifung* (1898), *Menschenkinder. Novellensammlung* (1898), *Ma. Ein Porträt* (1901), *Das Haus. Eine Familiengeschichte vom Ende des vorigen Jahrhunderts* (1919), *Die Stunde ohne Gott und andere Kindergeschichten* (1922), *Der Teufel und seine Großmutter* (1922), *Ródinka. Eine russische Erinnerung* (1923).

Ricarda Huch (1864–1947)

Das Herz eines Löwen

Zuversicht

O Jugend meiner Sinne,
O Jugend meiner Jahre!
Mir glückt, was ich beginne;
Mich freut, was ich gewahre!

Ich will in meine Hände
Des Schicksals Führung nehmen;
Ich denke nicht ans Ende,
Kein Fürchten soll mich lähmen.

Und naht der Tod am Schlusse,
Will ich ihn selber werben
Und wie der Hauch im Kusse,
Im Schoß der Liebe sterben.

Als Ricarda Huch dieses Gedicht 1907 veröffentlichte, war sie 43 Jahre alt und stand in der Mitte ihres Lebens. »Kein Fürchten soll mich lähmen«, diese Haltung bestimmte ihr Denken und Handeln ihr Leben lang. Und dabei machte sie nie viel Lärm, viel Aufhebens um sich und ihr Tun. So berühmt sie war, so viele bekannte Personen sie auch kannte: Sie schloss sich keinem Kreis, keiner Schule an, mied die Öffentlichkeit. Ricarda Huch versuchte, vor allem sich selbst, dem eigenen Empfinden treu zu bleiben – in allen Höhen und Tiefen, bei allen richtigen wie später bereuten Lebensschritten.

Ihr offenes Denken verdankte sie vielleicht auch ihrem Elternhaus: Am 18. Juli 1864 als jüngste Tochter von Richard Huch und seiner Frau Emilie Huch in Braunschweig geboren, wuchs sie in einer zunächst noch vermögenden, weit gereisten Kaufmannsfamilie auf. Ihr Vater hatte gegen seinen Willen den Familienbetrieb übernehmen müssen, der mit Stoffen handelte und seinen Hauptsitz in Porto Alegre in Brasilien hatte. Erst zur Geburt von Ricarda war die Familie

nach Braunschweig gezogen, der Vater pendelte weiterhin zwischen Hamburg, Brasilien und Braunschweig.

Ricarda Huch erhielt eine bessere und vielfältigere Bildung, als es für Mädchen im Bürgertum dieser Zeit üblich war – dies sollte der Grundstein ihrer außergewöhnlichen Bildungskarriere werden. Und: Schon als Kind las die junge Dichterin so gern wie viel und schrieb kleine Theaterstücke und Gedichte.

Ihr Leben lang war Ricarda Huch eine so hochintelligente und intellektuell reife wie auch tief fühlende Frau mit einem starken Willen. Für die Familie brachte dies ein großes Problem mit sich, als sie sich in den Mann ihrer fünf Jahre älteren Schwester Lilly Huch verliebte. Die Dichterin hatte ihren 14 Jahre älteren Cousin Richard Huch schon ein paar Jahre gekannt, bevor sie sich 1883 mit 19 Jahren in ihn verliebte – da war er bereits promovierter Rechtsanwalt und Vater. Er erwiderte ihre Liebe, und sie liebten sich so leidenschaftlich, dass sie ihre Beziehung nicht lange verheimlichen konnten – sie wurde zum Thema von Klatsch und Tratsch in Braunschweig. Die ganze Familie litt darunter, insbesondere natürlich Lilly. Schließlich erfuhr Ricarda Huch von der Möglichkeit, als Frau in der Schweiz zu studieren. Sie wollte Dichterin werden, und es schien ihr richtig, Abstand zu Richard und der Familie zu gewinnen, insbesondere, da die Geburt von Lillys drittem Kind, Käthe Huch, sie sehr verletzt hatte. Die Familie willigte ein, war es doch für alle das Beste. Der Braunschweiger Klatsch sollte ihr dann hämisch nachreden, dass sie ja doch keiner hätte heiraten wollen. Der Verstoß gegen die gesellschaftliche Norm und die Untreue gegenüber Lilly wurde allein der Frau, Ricarda Huch, angelastet – Richard Huch blieb weitgehend unbehelligt.

Mit dem 1. Januar 1887 begann für Ricarda Huch ein neues Leben: An diesem Tag kam sie in Zürich an. Zuerst musste sie durch Privatunterricht ihr Abitur nachholen, was ihr mit Bestnoten gelang. Dann studierte sie Geschichte, Philologie und Philosophie. Sie studierte am selben Ort und zur selben Zeit wie Rosa Luxemburg, ohne dass sich die beiden kennenlernten – Luxemburg sollte später aber fast alle Bücher der Dichterin lesen. Und Ricarda Huch entwickelte in dieser Zeit Sympathien für den Sozialismus, die sie zeitlebens behielt, obwohl sie doch immer eher konservativ bleiben sollte. Über eine Vorlesung zum Thema Sozialismus schrieb sie später in ihren *Erinnerungen an das eigene Leben*: »[I]ch war für die Richtung eingenommen, die das Los der Arbeiter, der ärmsten und rechtlosen Klasse, verbessern wollte. Überhaupt hatte ich eine unwillkürliche Neigung zum Revolutionären.« Vor allem aber fand sie während ihres Studiums viele Freundinnen unter den anderen Studentinnen, die sie oft jahrelang, im Fall von Marie Baum sogar das ganze Leben, eng begleiten sollten.

Im Sommer 1891 schloss sie nicht nur mit dem Diplomexamen für das höhere Lehramt ab, sondern machte zugleich ihre mündliche Doktorprüfung: Frau Dr. Ricarda Huch war nun promovierte Historikerin, eine der ersten deutschsprachigen Frauen mit Doktortitel, ihre Dissertation hatte sie über *Die Neutralität der Eidgenossenschaft während des spanischen Erbfolgekrieges* geschrieben. Wie sehr hatten sich doch die Verhältnisse für Frauen geändert! Und wie vielen Frauen war dieser Weg verwehrt gewesen und blieb es noch! Aber Huch hatte es geschafft: Sie hatte einen Titel, sie konnte sich selbst ernähren und sie veröffentlichte 1891 ihren ersten Gedichtband unter dem schlichten Titel *Gedichte* und dem männlichen Pseudonym »Richard Hugo«. Schon in diesen Gedichten zeigt sich ihr eigenständiger Stil – sie schrieb weder naturalistisch noch symbolistisch wie andere zu dieser Zeit. Geprägt sind die Gedichte vielmehr von ihrem tiefen, leidenschaftlichen Empfinden, von ihrer Sehnsucht – nach wie vor hielten sie und Richard Huch Kontakt, nach wie vor liebten sie einander und sahen sich manchmal an den Wochenenden. Diese Liebe und diesen Schmerz verarbeitete Ricarda Huch in zahlreichen Gedichten und in ihrem ersten Roman *Erinnerungen von Ludolf Ursleu dem Jüngeren*, der 1893 erschien und ein großer Erfolg wurde. Mit diesem Roman wurde sie berühmt: Noch vor Thomas Manns *Buddenbrooks* wird hier der Niedergang einer hanseatischen Familie beschrieben. Freilich ein Milieu, das Huch aus eigenem Erleben kannte, und so goss dieser Roman auch Öl ins Feuer des Konfliktes mit der Verwandtschaft und des Klatsches in Braunschweig, meinten doch einige Familienmitglieder, sich im Roman wiederzuerkennen.

Vom Schreiben alleine konnte Ricarda Huch aber noch nicht leben: Sie arbeitete als Bibliothekarin und als Lehrerin, obwohl der eine Beruf sie langweilte, der andere ihr nicht lag. Im autobiographischen *Frühling in der Schweiz* von 1938 schrieb sie über ihre Arbeit als Lehrerin: »Ich liebte die Mädchen, aber es war mir lästig, dass ich ihnen etwas beibringen sollte. Ich hatte damals keine festen Überzeugungen, […] was ich an Weltanschauung hatte, war eine Richtung auf das Leben, ich könnte auch sagen auf das Schöne, das Große, das Echte. Ich wollte vor allen Dingen leben und erleben und darin schien mich die Schule zu hemmen.« Auch für Ricarda Huch war also die Liebe zum Leben und der Wunsch nach einem ganzen, erfüllten Leben zentraler, unbedingter Antrieb.

1896 folgte sie dem Angebot, an einem in Bremen von zwei Frauen neu gegründeten Lyzeum für erwachsene junge Frauen, die sich nach dem Ende der Schulbildung weiterbilden wollten, Vorträge zu halten. Insbesondere, dass sie dabei ihre Themen frei wählen konnte, gefiel ihr. In dieser Zeit begann sie, sich mit der Epoche der Romantik zu beschäftigen – einer Zeit, der sie sich innerlich verbunden fühlte. Diese Auseinandersetzung führte zu ihren später veröffentlichten umfangreichen Büchern über die Romantik. Dabei ging die Historikerin aber nicht wissenschaftlich-sachlich vor, sondern sie schilderte insbesondere die Biographien und Krisen der Dichterinnen und Dichter der Romantik mitempfindend. Sie eignete sich die Epoche an und ließ sie neu zu Literatur werden. Die Romantik mit ihren Motiven hat Huch stark geprägt; mit ihrem Schreiben brachte sie die Neuromantik als literarische Strömung mit hervor.

Nicht nur der Beginn der Auseinandersetzung mit der Romantik fiel in die Bremer Zeit, sondern auch der Bruch mit Richard Huch: 1897 zeigte sich dieser bereit, sich von seiner Frau Lilly zu trennen. Doch als alles schon geplant war, überlegte er es sich auf dem Weg nach Paris, wo das gemeinsame Leben beginnen sollte, anders: Ohne seine Kinder könne er nicht leben. Er stieß Ricarda Huch regelrecht von sich. »Ich war vernichtet. Diese Liebe war seit dreizehn Jahren der Kern meines Lebens gewesen, ich hatte an sie geglaubt […]. Ich hatte mein Gewissen einem Trugbild geopfert. Völlig gebrochen kam ich in Bremen an«, schrieb sie später in ihren *Erinnerungen an das eigene Leben.* Als Richard bald darauf wieder Kontakt zu ihr suchte, wies sie ihn endlich ab, auf seine Vorwürfe und die Selbstmorddrohungen, die er schon früher immer wieder geäußert hatte, ging sie nun nicht mehr ein. Seine Idealisierung hatte ein Ende.

Die Schriftstellerin verließ bald darauf Bremen, zog nach Zürich und besuchte Wien. Im Dezember 1887 schrieb sie an Marie Baum: »Ich hatte manchmal solche Todesangst vor dem ebenen, eintönigen, korrekten Leben in Bremen. Manchmal früher schien es mir wünschenswert, ein so gesichertes bürgerliches Dasein. Aber dann fühlte ich deutlich, dass ich es nicht aushalten könnte.« In Wien lernte sie nicht nur andere Künstlerinnen und Künstler kennen, sondern auch den jungen italienischen Zahnarzt Ermanno Ceconi. Sie verliebten sich, heirateten bald darauf am 9. Juli 1898 in Wien und zogen nach Triest. Ricarda Huch, die Künstlerin sein und kein Kind haben wollte, wurde schwanger – und auch, wenn sich die Beziehung zwischen Mutter und Kind in den kommenden Jahren schwierig gestalten sollte, liebte Huch ihre Tochter von Anfang an mit all der ihr eigenen emotionalen Kraft und Tiefe. Am 9. September 1899 wurde Marietta geboren. Huch schrieb in ihren *Erinnerungen*: »Vom ersten Augenblick an, wo man mir das kleine Wesen gab, liebte ich es leidenschaftlich. Ich liebte es nicht mit einer natürlichen vernünftigen Mutterliebe; es war eine Art Furor dabei, etwas vom Wahnsinn der Leidenschaft.«

1902 zog die kleine Familie nach München. Während Ceconi sich in den Künstlerkreisen der Schwabinger Bohème wohlfühlte, die Familie Thomas Manns zu Patienten seiner Zahnarztpraxis wurden, Franziska zu Reventlow, stets in Geldnot, die Rechnungen für seine Praxis schrieb, um so ihre Schulden für Behandlungskosten abzuarbeiten, behielt Ricarda Huch ein distanziertes Verhältnis zu diesen Kreisen. Insbesondere den Kult um Stefan George, den sie als »Georgitis« bezeichnete, fand sie eher belustigend. In ihrem Erinnerungstext *Schwabing* von 1937 schrieb sie:

> Erstens einmal waren wir zu sehr mit der Sorge um das tägliche Brot beladen, als dass wir uns tief in das, was uns schließlich doch wie Tand vorkam, hätten einlassen können. Ich fühlte mich durch die Last der Arbeit viel mehr mit dem arbeitenden Volke verbunden als mit Leuten, die darauf bedacht waren, dass ihre Krawatte den erforderlichen aristokratischen Sitz hatte, dass ihre Schrift sich durch gewisse Schnörkel von der anderer Leute unterschied, und dergleichen. Dem Sozialismus stand der Georgekreis ablehnend gegenüber, ich mit Sympathie [...].

In der Münchner Zeit veröffentlichte Ricarda Huch unter anderem den Roman *Vita somnium breve* (später *Michael Unger*), der abermals

Richard Huch ein poetisches Denkmal setzte und wieder ein Erfolg wurde. Dennoch: Der Roman war ein Vorzeichen darauf, dass die Geschichte mit Richard für sie noch nicht beendet war. Tatsächlich war die Ehe mit Ceconi nicht frei von Problemen, die sie nicht mehr ignorieren konnte, als Käthe Huch, die dritte Tochter von Lilly und Richard, nach München zu Besuch kam und sich in Ceconi verliebte. Er erwiderte diese Liebe und wollte die Trennung von seiner Frau. Ricarda Huch, in ihrem Stolz gekränkt, wollte nun ihrerseits nicht mehr mit Ceconi zusammenleben. Zudem lebte der Kontakt zu Richard Huch wieder auf: Lilly wollte ihn wegen eines deutlich jüngeren Mannes verlassen, er war nun frei. Tatsächlich sollte Lilly Huchs neue Beziehung nur von kurzer Dauer sein – sie ging nach Berlin, holte ihr Abitur nach, begann ein Studium und promovierte schließlich über Immanuel Kant. Ihr ehedem Geliebter heiratete ihre Tochter Käthe – so blieb alles in der Familie.

1905 trafen sich Ricarda und Richard Huch zum ersten Mal nach all den Jahren wieder – und sofort war sie so verliebt wie am ersten Tag. Am 16. Mai 1905 schrieb sie an Marie Baum: »Auf einmal bin ich wieder lebendig, wieder jung, es braust in meinem Körper, die Tränen fließen ständig aus meinen Augen, wie aufgetaute Ströme ist es.« Nun endlich sollte wahr werden, was beiden so lange nicht möglich gewesen war. 1906 wurden die Ceconis geschieden – wobei Ceconi prophezeite, sie würden einst wieder zueinanderfinden –, 1907 heirateten Richard und Ricarda Huch.

Doch beide waren zu sehr in ihrer früheren Idealisierung dieser Beziehung und des jeweils anderen gefangen, um zuzugeben, dass die jetzige Ehe durchaus keine Erfüllung war: Für ihn blieb Ricarda Huch zweite Wahl, er beklagte ihre fehlende Leidenschaft, beanspruchte all ihre Aufmerksamkeit für sich, nur um sich dann über zu viel Aufmerksamkeit zu beschweren, schrieb gehässige Kommentare über sie an ihre Freundinnen und duldete ihre Tochter Marietta nicht; sie versuchte all diesen Wünschen zu entsprechen, zog sogar in das verhasste Braunschweig zurück, obwohl die Braunschweiger diese Beziehung nicht akzeptierten und die Huchs so vom gesellschaftlichen Leben abgeschnitten wurden – auch Richards Kanzlei verlor nun Mandanten, die sich aufgrund dieser Ehe von ihm abwandten. Aber die Dichterin hing zu sehr an dieser so lang gewünschten Ehe, um sie aufgeben zu können. Sie versuchte sogar, seinen Wünschen zu entsprechen und ihre Liebe für ihr Kind zu verbergen, worunter die Beziehung zu ihrer Tochter freilich schwer litt. Marietta war nun lieber beim Vater, wie man sich denken kann.

Trotz all dieser Belastungen arbeitete Richarda Huch aber weiter. So schrieb sie beispielsweise in nur 14 Tagen die in Briefen verfasste Erzählung *Der letzte Sommer*, die von der Revolution in Russland 1905 handelt: Lju, ein Anarchist, will den Gouverneur Jegor Rasimkara durch ein Attentat töten und schleicht sich ausgerechnet als Personenschützer in sein Haus. Alle – vor allem die schon erwachsenen Kinder Jessika, Katja und Welja – sind von Lju sehr angetan. Besonders beeindruckend an dieser Erzählung ist nicht nur das multiperspektivische Erzählen, sondern auch die Darstellung der Figuren durch die unterschiedlichen Briefe:

Jessika an Tatjana
Kremskoje, 7. Mai.

Liebe Tante! Da es tiefstes Geheimnis ist und bleiben soll, dass Mama einen Sekretär für Papa angestellt hat, dessen eigentliche Bestimmung ist, Papa vor den Bomben zu schützen, die ihm angedroht sind, kann ich die Tatsache wohl als bekannt voraussetzen. Vielleicht ist es auch besser, wenn sie in den weitesten Kreisen verbreitet wird, dann fangen die Anarchisten gar nicht erst an zu werfen, wodurch unserm Schutzengel seine Arbeit erleichtert wird. Du siehst, dass ich ihm wohl will, und er verdient es schon deshalb, weil seine Anwesenheit so günstig auf Mamas Stimmung einwirkt. Am ersten Mittag fragte Mama ihn, was er geträumt habe; der erste Traum an einem neuen Aufenthalt sei bedeutungsvoll. Ich glaube, er hatte gar nichts geträumt, aber er erzählte, ohne sich zu besinnen, eine lange Geschichte, dass er sich im Innern eines herrlichen Palastes befunden habe und langsam von einem Raume zum andern gegangen sei, und beschrieb alle ganz ausführlich. Zuletzt sei er zu einem Gemach gekommen, in dem es ganz dunkel gewesen sei und auf dessen Schwelle ihn eine unerklärliche Bangigkeit befallen habe; er habe gezögert, weiterzugehen, dann sich zusammengenommen, dann wieder innegehalten und sei dann unter Herzklopfen aufgewacht. Mamas Augen wurden immer größer. »Wie gut«, sagte sie, »dass Sie nicht hereingegangen sind, es wäre gewiss etwas Schreckliches darin gewesen.« – »Vielleicht eine Badewanne«, sagte Welja ruhig. Wir mussten alle lachen, und da Katja erst anfing, als wir andern schon fertig waren, dauerte es sehr lange. Ich sagte: »Bitte, träumen Sie doch nächste Nacht weiter und nehmen Sie ein Bad, damit Mama beruhigt ist; denn Baden kann doch nur Gutes bedeuten.« Nein, sagte Mama, Wasser wäre zweideutig, nur Feuer wäre ein unbedingter Glückstraum, und sie hätte eben diese Nacht einen gehabt. [...] Diesen Traum bezog Mama auf Lju, dessen Ankunft für uns glücksbringend sei; Lju heißt unser Schutzengel. Daran anknüpfend erklärte er, woher der Volksglaube an die Bedeutung der Träume stamme [...]. Papa hörte auch sehr interessiert zu, obgleich er von Träumen und dergleichen eigentlich gar nichts versteht, und sagte zuletzt mit einem Seufzer: »Sie würden ausgezeichnet zum Sekretär meiner Frau passen!«

Nun will ich Dir noch etwas Niedliches erzählen, das heute Mittag passierte. Ich fragte Welja, ob er noch Pudding wolle, und er sagte nach seiner Gewohnheit: »Vater, wie du willst.« Lju sah ihn neugierig an, und da erklärte Mama, das wäre Weljas Lieblingsredensart, die er immer im Munde führte, um zu sagen, es ist mir gleichgültig; sie hoffe aber, setzte sie nachdrücklich hinzu, er unterdrückte nun einmal diese üble Angewohnheit, denn sie möge Profanationen des Heiligen durchaus nicht leiden. »Profanationen des Heiligen?« sagt Welja erstaunt. »Was meinst du damit?« »Aber Welja«, sagte Mama mit Entrüstung, »tu doch nicht, als ob du nicht wüsstest, dass die Worte in der Bibel stehen!« »Nein, wahrhaftig«, ruft Welja, »wenn ich eine Ahnung gehabt hätte, dass solche faule Redensarten in der Bibel stehen, hätte ich auch mal drin gelesen!« Der gute Junge, das ehrlichste Staunen strahlte aus seinen weitaufgerissenen Augen. Lju konnte gar nicht aufhören zu lachen, ich glaube, er ist entzückt von Welja.

Mit Papas Nerven geht es ganz gut, er hat Iwan einmal angegrollt, als er dachte, er wäre betrunken – er war es zufällig gerade nicht –, und einmal, weil ihm der Reis angebrannt vorkam, aber einen richtigen Krach hat er noch nicht gemacht, obgleich wir schon vier Tage draußen sind.

Geliebteste Tante, ich lege alle Tage Sträuße von Thymian, Lavendel und Rosmarin in unser Gastzimmer, nicht nur auf den Tisch, sondern auch in Schränke und Kommoden, damit es durch und durch einen hübschen Biedermeiergeruch bekommt. Belohne meine Aufmerksamkeit, indem Du kommst.

Deine Jessika

Jessika wird sich unglücklich in Lju verlieben – und im Ehepaar Rasimkara spiegeln sich harmonisiert die Züge von Richard und Ricarda Huch, deren Ehe 1910, als die Erzählung erscheint, freilich längst nicht mehr harmonisch war: In diesem Jahr kam es zur endgültigen Trennung, vermutlich wegen der ständigen Streitereien über Marietta. Die Trennung verlief unter einigem Hin und Her und vielen Schmerzen, 1911 waren sie geschieden. In ihrem autobiographischen Text *Die Ehe mit Richard* sollte sie später schreiben: »Das war das Ende meiner Liebe, deren Allgewalt mich von Schuld entlastete, zu der sie mich getrieben hatte. Wenn das mich entlasten konnte, was ich an Qualen gelitten habe: ich habe diese Liebe als Höllenfeuer gefühlt.« Ricarda Huch kehrte mit ihrer Tochter nach München zurück – diese war nun ihre einzige Bezugsperson und sollte bis an das Lebensende der Dichterin eng verbunden bleiben.

Ricarda Huch arbeitete weiterhin viel, Marie Baum nahm sie als geläutert wahr. Mit Sorge wurden sie Zeitgenossinnen des Ersten Weltkrieges. Noch einmal zog Huch mit der Tochter in die Schweiz, diesmal nach Bern, konnte dort aber nicht Fuß fassen und kehrte 1918 in das unruhige München zurück – und wie von Ceconi vorhergesagt, fanden die beiden wieder zueinander. Ohne erneut zu heiraten, lebten sie fortan zusammen, mal in München, mal in Italien.

1926 heiratete die Tochter den Juristen Franz Böhm und Huch wurde als erste Frau in die neugegründete Sektion Dichtkunst der Preußischen Akademie der Künste berufen – zwei Jahre nach ihrem 60. Geburtstag, zu dem Thomas Mann sie in seiner berühmten Gratulationsrede als »nicht nur die erste Frau Deutschlands«, sondern »wahrscheinlich die erste Europas« bezeichnet hatte. Huch hatte sich über diese Rede geärgert, weil Mann sie »die Huch« genannt hatte – auch sein Sohn Golo Mann fand, dass eine Nennung des vollständigen Namens besser gewesen wäre. Huch war auch bei Lob davon unabhängig, wie andere sie beurteilten – sie und ihr Stolz waren ihr eigener Maßstab.

Ende des Jahres 1927 starb Ceconi, und die Schriftstellerin zog zu ihrer Tochter Marietta nach Berlin, wo sie unter anderem Käthe Kollwitz kennenlernte. Weitere Umzüge sollten folgen – nach Heidelberg und Freiburg, später nach Jena –, doch zuvor trat Ricarda Huch aus der Preußischen Akademie der Künste aus: Als diese 1933 unter Hitler gleichgeschaltet werden sollte, verweigerte sie die Unterschrift unter ein von Gottfried Benn verfasstes Loyalitätszeugnis mit der schriftlichen Erklärung: »Was die jetzige Regierung als nationale Gesinnung vorschreibt, ist nicht mein Deutschtum. Die Zentralisierung, den Zwang, die brutalen Methoden, die Diffamierung Andersdenkender, das prahlerische Selbstlob halte ich für undeutsch und unheilvoll. Bei einer so sehr von der staatlich vorgeschriebenen Meinung abweichenden Auffassung halte ich es für unmöglich, in einer staatlichen Akademie zu bleiben.«

Insbesondere die antisemitischen Übergriffe gegen Alfred Döblin wies sie entschieden zurück. Damit war sie eine der wenigen deutschen Schriftstellerinnen und Schriftsteller, die nicht emigrierten und offen das Regime kritisierten. Eine mutige Entscheidung, die für sie hätte gefährlich werden können. Sie verließ Deutschland aber nicht und publizierte weiter, wenn auch deutlich weniger – es wurde auch immer schwieriger für sie, einen Verlag zu finden. Sie pflegte Kontakt zum Widerstand, beispielsweise zu Helmut Gollwitzer, der wie sie gläubiger Protestant war, und machte in privaten Gesprächen keinen Hehl aus ihrer kritischen Haltung dem Nationalsozialismus und insbesondere dem Antisemitismus gegenüber, was ihr nach Denunziation stundenlange Verhöre wegen »Vergehens gegen das Heimtückegesetz« einbrachte. Dennoch nahm sie 1944 anlässlich ihres 80. Geburtstags den mit 30 000 Reichsmark vom NS-Staat finanzierten Wilhelm-Raabe-Preis an. Vermutlich hätte sie den Preis auch schlecht ablehnen können – doch sie bereute es und empfand die Ehrung als »Katastrophe«. 1947 schrieb sie an Marie Baum: »Dass ich nicht die Geistesgegenwart hatte, die 30 000 M. die mir da geschenkt wurden, in einer passenden Form abzulehnen, ist vielleicht entschuldbar, aber ich empfinde es als einen Flecken auf der Ehre, den ich nicht auslöschen kann.«

Im selben Jahr veröffentlichte sie ihre Gedichtsammlung *Herbstfeuer* (1944), das ein Gedicht enthält, das mit der starken, eindringlichen Sprache ihrer Lyrik nicht die Liebe, sondern den Hass thematisiert – ein ungewöhnlicher Gegenstand für eine 80-Jährige vielleicht, nicht aber für Ricarda Huch mit ihrem Stolz, ihrer Würde, ihren festen Wertvorstellungen und ihrem tiefen Gefühl. Und vielleicht ist es ein Gedicht, das auch vor seinem historischen Hintergrund gelesen werden kann:

Mein Herz, mein Löwe, hält seine Beute fest,
Sein Geliebtes fest in den Fängen,
Aber Gehasstes gibt es auch,
Das er niemals entlässt
Bis zum letzten Hauch,
Was immer die Jahre verhängen.
Es gibt Namen, die beflecken
Die Lippen, die sie nennen,
Die Erde mag sie nicht decken,
Die Flamme mag sie nicht brennen.
Der Engel, gesandt, den Verbrecher
Mit der Gnade von Gott zu betauen,
Wendet sich ab voll Grauen
Und wird zum zischenden Rächer.
Und hätte Gott selbst so viel Huld,
Zu waschen die blutrote Schuld,
Bis der Schandfleck verblasste, –
Mein Herz wird hassen, was es hasste,
Mein Herz hält fest seine Beute,
Dass keiner dran künstle und deute,
Dass kein Lügner schminke das Böse,
Verfluchtes vom Fluche löse.

Nach dem Sieg der Alliierten setzte sich Huch klar für eine Haltung der Schuldeinsicht und Aufarbeitung der Geschichte ein: »Wir haben Menschen zur Regierung kommen lassen, denen wir misstrauen mussten. Wir sahen bald Gewalttaten geschehen, die uns Grauen einflößen mussten. […] Betrachten wir uns nicht als Opfer, sondern als solche, die mit der Hölle im Bunde waren und wunderbar gerettet sind. Diese Rettung mag uns hoffen lassen.«

So schrieb sie in ihrem Fragment gebliebenen, erst posthum veröffentlichten Werk *In einem Gedenkbuch zu sammeln … Bilder deutscher Widerstandskämpfer*, an dem sie in ihren letzten Lebensjahren arbeitete. Sie wollte den Widerstandskämpferinnen und -kämpfern ein literarisches Denkmal setzen – es sollte ihr nicht mehr gelingen. Anfang Oktober 1947 hielt sie noch einen Vortrag auf dem großen Ersten Deutschen Schriftstellerkongress in Berlin, verließ daraufhin die sowjetische Besatzungszone und ihren Wohnort Jena, um zu ihrer Tochter nach Frankfurt am Main zu ziehen. Doch die Reise war zu strapaziös für die Dichterin: Sie zog sich eine fiebrige Erkältung zu, die zur Lungenentzündung wurde. Am 17. November 1947 starb Ricarda Huch.

Sie hatte gelebt als eine selbstbestimmte Frau, die auch vor den eigenen Fehlern die Augen nicht verschloss. In einem Nachruf auf seine Freundin und Kollegin schrieb Alfred Döblin: »Man weiß, was für eine sichere, offene und aufrichtige Frau sie war […]. Mut war ihr selbstverständlich. Sie war, wie es sich für Naturen ihrer Art gehört, viel zu stolz, um nicht mutig zu sein.«

Ausgewählte Werke

Lyrik: *Gedichte* (1891, unter dem Pseudonym »Richard Hugo«), *Gedichte* (1894), *Neue Gedichte* (1908), *Herbstfeuer* (1944); **Prosa:** *Erinnerungen von Ludolf Ursleu dem Jüngeren* (1893), *Fra Celeste und andere Erzählungen* (1899), *Aus der Triumphgasse* (1902), *Vita somnium breve* (1903, später *Michael Unger*), *Die Geschichten von Garibaldi* (1906/07), *Der Hahn von Quakenbrück und andere Novellen* (1910), *Der letzte Sommer* (1910), *Der große Krieg in Deutschland* (1912–14), *Der Fall Deruga* (1917) und *Weiße Nächte* (1943); **Historische und biographische Studien:** *Blütezeit der Romantik* (1899), *Ausbreitung und Verfall der Romantik* (1902), *Gottfried Keller* (1904), *Das Risorgimento* (1908), *Wallenstein* (1915), *Michael Bakunin und die Anarchie* (1923), *Stein* (1925), *Im alten Reich. Lebensbilder deutscher Städte* (1927), *Deutsche Geschichte* (1934–49), *In einem Gedenkbuch zu sammeln … Bilder deutscher Widerstandskämpfer* (1947); **Autobiographisches:** *Frühling in der Schweiz* (1938); **Dramen:** *Der Bundesschwur* (1890, unter dem Pseudonym »Richard Hugo«), *Evoe* (1892), *Dornröschen* (1902).

Else Lasker-Schüler (1869–1945)

Prinz Jussuf von Theben

Viele der hier vorgestellten Autorinnen gaben eines oder mehrere ihrer Werke unter einem männlichen Pseudonym heraus – weil es sich für Frauen nicht schickte, Bücher zu veröffentlichen, häufig auch aus Rücksicht auf Angehörige. Else Lasker-Schüler nicht. Sie veröffentlichte unter ihrem Namen, erfand sich aber selbst neu in einer männlichen Figur: in Jussuf, Prinz von Theben. Er war nicht die einzige Figur, in die sich die Dichterin verwandelte, aber die wichtigste. Er war ihr Schutz, ihr Panzer, so beschreibt es die Literaturkritikerin Meike Feßmann heute. Auch andere Dichter dieser Zeit erfanden solche Figuren, beispielsweise Friedrich Nietzsche, Carl Einstein und Yvan Goll, aber für keinen von ihnen wurde die Figur so sehr zur zweiten, ja vielleicht sogar zur eigentlichen Identität wie Jussuf für Lasker-Schüler. Eben das brachte sie auf den Punkt, als sie 1920 in der expressionistischen Anthologie *Menschheitsdämmerung* über sich selbst schrieb: »Ich bin in Theben (Ägypten) geboren, wenn ich auch in Elberfeld zur Welt kam im Rheinland.«

Tatsächlich kam Jussuf, der Prinz von Theben, am 11. Februar 1869 als Elisabeth Schüler in Elberfeld zur Welt. Sie war das jüngste der insgesamt sechs Kinder von Aron Schüler, einem Privatbankier, und Jeanette Schüler. Das begabte Mädchen – schon mit vier Jahren konnte sie lesen und schreiben – erlebte in der assimilierten jüdischen Familie eine behütete, später stark idealisierte Kindheit; insbesondere die Mutter liebte sie sehr. Zudem erhielt sie eine gute Ausbildung: Als sie mit 11 Jahren aus gesundheitlichen Gründen von der Schule genommen werden musste, erhielt sie zu Hause Privatunterricht. Es wird aber auch vermutet, dass sie aufgrund von antisemitischen Angriffen von der Schule genommen wurde. Tatsächlich hat sie, wie alle zu dieser Zeit in Deutschland lebenden Jüdinnen und Juden, diese Form der Gewalt schon früh kennenlernen müssen – und wurde von ihr zeitlebens begleitet. Hinzukamen schon früh Verlusterfahrungen: Als Else Schüler 13 Jahre alt war, starb ihr Lieblingsbruder Paul, acht Jahre später starb die Mutter. Über deren Tod hat die Dichterin ihr Leben lang zahlreiche Gedichte geschrieben, so beispielsweise

Mutter, das 1902 in *Styx* erschien und in dem sie in Worte fasste, was es bedeutet, das Mutterland – nicht das Vaterland – zu verlieren:

Mutter

Ein weisser Stern singt ein Totenlied
  In der Julinacht,
Wie Sterbegeläut in der Julinacht.
Und auf dem Dach die Wolkenhand,
Die streifende, feuchte Schattenhand
Sucht nach meiner Mutter.
Ich fühle mein nacktes Leben,
Es stösst sich ab vom Mutterland,
So nackt war nie mein Leben,
So in die Zeit gegeben,
Als ob ich abgeblüht
Hinter des Tages Ende,
  Versunken
Zwischen weiten Nächten stände,
Von Einsamkeiten gefangen.
Ach Gott! Mein wildes Kindesweh!
... Meine Mutter ist heimgegangen.

Und noch mit rund 60 Jahren schrieb sie über den Verlust ihrer Mutter so voller Schmerz, als läge er nicht schon Jahrzehnte zurück. In ihrer Skizze *Das Meer*, die 1932 in der Sammlung *Konzert* veröffentlicht wurde, heißt es: »Wie meine Mutter starb, zerbrach der Mond.«

Wenige Jahre nach dem Tod der Mutter, 1894, heiratete Else Schüler den Arzt Dr. Berthold Lasker und zog nach Berlin. Hier lebte auch ihre Schwester Anna, verheiratet mit dem Opernsänger Franz Lindwurm-Lindner. Lasker-Schüler nahm Zeichenunterricht, mietete ein Atelier – später sollte sie zahlreiche ihrer Bücher selbst mit Illustrationen versehen und ihr Geld immer auch mit dem Zeichnen verdienen – und lernte die Berliner Künstlerszene kennen: Die neuromantische »Neue Gemeinschaft« um Heinrich und Julius Hart, die »Kommenden« um Rudolf Steiner und viele weitere, vor allem aber den Dichter Peter Hille, der sie ermutigte, Gedichte zu schreiben.

1899 veröffentlichte Else Lasker-Schüler nicht nur ihre ersten Gedichte, sondern brachte auch ihren Sohn Paul zur Welt. Um die Identität des Vaters machte sie ihr Leben lang ein Geheimnis. Ihr Mann kam nicht in Frage, denn längst lebten die beiden innerlich und äußerlich getrennt. Nur wenige Jahre später, 1903, wurde ihre Ehe geschieden und sie heiratete Georg Levin, dem sie aber den Namen Herwarth Walden gab, den er fortan führte. Lasker-Schüler gab also nicht nur sich selbst andere Namen und Identitäten, sie verlieh diese auch ihrem Umfeld – es gab für sie keine Trennung zwischen Realität und Phantasie, zwischen Leben und Kunst. Alles war eins. Sehr viel später, am 24. Januar 1941, sollte sie an ihren Freund Ernst Simon schreiben: »Schwärmerei ist eine blühende Kraft.« Aus dieser Kraft lebte sie, der Realität zum Trotz. Und dies war schon 1902, als ihr erster Gedichtband *Styx* erschien, der Fall. Das darin enthaltene Gedicht *Weltflucht* kann als Ausdruck der ureigensten Sehnsucht der Dichterin verstanden werden, der Welt zum Trotz bei sich zu bleiben, in der Unendlichkeit der eigenen Phantasie, der eigenen Kunst, des eigenen Fühlens:

Weltflucht

Ich will in das Grenzenlose
Zu mir zurück,
Schön blüht die Herbstzeitlose
Meiner Seele,
Vielleicht ists schon zu spät zurück.
O, ich sterbe unter euch!
Da ihr mich erstickt mit euch.
Fäden möchte ich um mich ziehn
Wirrwarr endend!
Beirrend,
Euch verwirrend,
Zu entfliehn
Meinwärts!

Mit Herwarth Walden, der 1904 den Verein für Kunst gründete, 1910 die Zeitschrift *Der Sturm* herausgab und 1912 eine gleichnamige Galerie eröffnete, stand Lasker-Schüler mitten in der Bewegung des Expressionismus. Sie wurde die expressionistische Dichterin schlechthin und war doch viel mehr: Ihr Werk stand immer für sich. Zu dieser Zeit bekam sie vom Schriftstellerfreund Peter Hille den Namen »Tino von Bagdad«. Sie wurde so zu »Prinzessin Tino« und erfand sich in dieser Figur neu: Sie zeichnete, schrieb zahlreiche Gedichte, veröffentlichte Gedichtbände, schrieb aber auch Prosa – eine Sammlung mit Prosastücken unter dem Titel *Die Nächte der Tino von Bagdad* erschien 1907 – und das Drama *Die Wupper* von 1909. Viel Zeit verbrachte die Dichterin im »Café des Westens«, in dem sie auch arbeitete wie zahlreiche andere bekannte Künstler ihrer Zeit, mit denen sie bekannt war, etwa Adolf Loos, Oskar Kokoschka, Stefan George, Alfred Döblin, Max Reinhardt, Arnold Schönberg, Emil Nolde. Aus dieser Zeit stammt das Gedicht *Ein alter Tibetteppich* (1910), das eindrucksvoll Zeugnis ablegt von ihrer Gefühlstiefe und ihrer Fähigkeit, diese in Worte zu fassen. Ihr Leben lang liebte Else Lasker-Schüler mit Heftigkeit, selbst dann, wenn sie nicht geliebt wurde:

Ein alter Tibetteppich

Deine Seele, die die meine liebet,
Ist verwirkt mit ihr im Teppichtibet.

Strahl in Strahl, verliebte Farben,
Sterne, die sich himmellang umwarben.

Unsere Füße ruhen auf der Kostbarkeit
Maschentausendabertausendweit.

Süßer Lamasohn auf Moschuspflanzenthron,
Wie lange küsst dein Mund den meinen wohl
Und Wang die Wange buntgeknüpfte Zeiten schon?

1910 geriet aber auch ihre Ehe mit Walden in die Krise, die zum einen im Jahr 1912 zur Scheidung führte – früher in diesem Jahr hatte Lasker-Schüler schon den Tod ihrer Schwester Anna verkraften müssen –, zum anderen aber ab 1911 eine Reihe von Briefen an ihren Mann hervorbrachte, die erst in der Zeitschrift *Der Sturm* und 1912 unter dem Titel *Mein Herz. Liebesroman mit Bildern und wirklich lebenden Menschen* veröffentlicht wurden. Ab der zweiten Auflage enthielt das Buch die Widmung: »Niemandem«. In diesem Buch, in dieser Zeit wurde aus der Prinzessin Tino der Prinz von Theben, Jussuf: Hatte sie sich am Anfang des Romans noch mit ihrem bürgerlichen Namen, gelegentlich »Tino« genannt, so war sie am Ende des Romans der Prinz von Theben. 1923 schrieb die immer in finanzieller Not lebende Dichterin in *Ich räume auf! Meine Anklageschrift gegen meine Verleger*: »In der Nacht meiner tiefsten Not erhob ich mich zum Prinzen von Theben.« Lasker-Schüler konnte, als die Realität um sie zusammenbrach, durch ihre Kunst und ihre Kunstfigur eine neue Realität erschaffen. Als Jussuf konnte sie stark sein, wie ein Prinz anderen gegenübertreten, kriegerisch sein, auf ihr Recht und ihren Stolz bestehen. Als Jussuf konnte sie das selbst dann, wenn sie es als Else Lasker-Schüler schon nicht mehr konnte. Hatten Rahel Varnhagen und Karoline von Günderrode nicht davon geträumt, wie ein Mann in die Schlacht ziehen zu dürfen? Else Lasker-Schüler tat dies mit ihrem Alter Ego. Als Prinz und Herrscher konnte sie über ihr Phantasiereich bestimmen. Auch weiterhin verlieh sie neue Namen und bürgerte liebgewonnene Menschen so in ihre Welt ein, etwa den jüngeren Gottfried Benn, den sie 1912 kennenlernte und »Giselheer der Barbar«, »gestreifter Tiger« und »Nibelunge« nannte, dem sie eine große Zahl Liebesgedichte widmete und mit dem sie eine tiefe emotionale Beziehung verband.

Freunde und Menschen, die sie liebte, hatte Lasker-Schüler immer. Genauso wie Probleme, vor allem finanzielle. Nach ihrer Scheidung von Walden hatte sie nie wieder eine eigene Wohnung, sie lebte in Hotels und Pensionen. Aber Freunde halfen auch bei Problemen: Karl Kraus rief 1913 in der *Fackel* zu Spenden für die Dichterin auf, Franz und Maria Marc organisierten eine Wohltätigkeitsauktion für sie. Dennoch war und blieb sie knapp bei Kasse, allem Erfolg als Dichterin zum Trotz.

1914 veröffentlichte sie das Buch zu ihrer neuen Identität: *Der*

Prinz von Theben. Ihr Freund Franz Marc malte drei Bilder dafür, denn wessen Kunst hätte besser zu der phantastischen Welt Jussufs gepasst als die von Franz Marc, der der Künstlergruppe »Der blaue Reiter« angehörte? Blaue Reiter passten gut nach Theben. Aber wer mit Else Lasker-Schüler, die in dieser Zeit große Sympathien für Raubkatzen, Tiger und Panther hegte, befreundet sein wollte, musste auch mit Reibungen rechnen. Sie konnte und wollte ihre Gefühle nicht mäßigen. Ein Beispiel dafür ist ein Brief, den die Dichterin um den 19. Januar 1913 nach einem Streit mit Gabriele Münter schrieb. Münter, Franz Marcs Frau Maria Franck und Lasker-Schüler hatten eine Ausstellung von Franz Marc besucht, wo es aufgrund einer Nichtigkeit, auf die die Dichterin heftig reagierte, zum Streit zwischen ihr und Gabriele Münter gekommen war. Der Prinz von Theben erklärte sein Verhalten so:

Liebe blaue Reiter,
[...] Von meiner Robinsonzeit liegt noch mancher Schuß in meinen Knochen und wenn ich eben nur ein Alltagsmensch wäre, so hätte ich nicht die Robinfahrt unternommen. Ein materiell empfindender Mensch allerdings hätte heute geschwiegen, auch noch habe ich dazu keine Pudelseele, zu der man Kusch sagt. Darum ist ja die Welt hier in Brüche und langweilige Nüchternheit zerfallen, weil eben jede Aufbäumung gegen Gemeinheit für unklug gehalten wird. Ich bin nicht klug und will es nicht sein, ich will mit meiner Seele nicht rechnen. [...] nun soll die Pestilenz über alle Seelen kommen nachdem ich eingesehn habe, dass meine besten Freunde mir misstrauen. Ich fand es so gemein, dass eine Frau in Gegenwart der Frau eines Malers, der seine Bilder ausstellt, in so geringschätziger Weise sprach – allerdings auch (das kam ehrenwörtlich in zweiter Linie) dass ich mich zum tausendsten male nicht beherrschen konnte. Ich wollte direkt keine Hilfe, aber ich war schmerzlich bewegt, dass Ihre Frau mich nicht verstand. Mein Unrecht bestand darin, dass ich nachher Ihre Frau nicht in Schutz nahm, was ich bereue denn ich bin ihr gut.

Mein letztes Wort. Ihr ehrlicher
Prinz von Theben

Der Freundschaft zwischen der Dichterin, Maria Franck und Franz Marc tat diese Geschichte aber keinen Abbruch. Doch der Erste Weltkrieg machte auch vor Theben nicht halt: Viele Freunde starben, Georg Trakl 1914, und vor allem auch Franz Marc 1916. Im 1919 erschienenen Briefroman *Malik* versuchte Lasker-Schüler diese Todesfälle schreibend zu verarbeiten, doch es würden nicht die letzten und auch nicht schwersten Verluste für die Dichterin sein: 1926 erkrankte ihr Sohn Paul an Tuberkulose. Ihre finanzielle Situation spitzte sich in neuer Weise drastisch zu, sie musste Ärzte und Kliniken bezahlen, musste arbeiten und konnte nicht in seiner Nähe sein. Zudem war ihr Verhältnis zu Paul schwierig: Er hielt sie wegen ihrer übergroßen Fürsorge und ihres Temperaments auf Abstand. Auf Briefe antwortete er nicht, und nur über Dritte erfuhr sie von seinem Zustand. Im Dezember 1927 starb er. Abgesehen von einem älteren Bruder hatte sie damit keine Angehörigen mehr. Sie war nun allein. Aber sie hatte Freunde – und sie war der Prinz von Theben.

Die Dichterin versuchte, den Verlust abermals durch Arbeit zu überwinden. Sie zeichnete, schrieb, hielt Vorträge und Lesungen. Als sie gebeten wurde, die eigene Biographie für das 1930 veröffentlichte Buch *Führende Frauen Europas* darzustellen, begann sie diese so:

> In Elberfeld an der Wupper geboren, in Gedanken im Himmel, betreue ich die Stadt Theben und bin ihr Prinz Jusuf. Ich bin weder siebzehn noch siebenzig Jahre, habe keine Uhr und keine Zeit. Meine Bücher laufen so herum und werden einmal im Meer ertrinken. Geld habe ich einmal sehr viel und einmal gar keines.
>
> Früher habe ichs manchmal nicht geglaubt, jetzt aber weiß ich es; ich bin die Else Lasker-Schüler – leider. Auf meinem Geburtsschein steht noch immer Goldelse; aber ich bin nicht zu versetzen. In all den Jahren, die ich lebte, ist mir eines ganz gewiß geworden: ich kann keinen Bohnenkaffee vertragen.

Das war Else Lasker-Schüler: Leben und Werk verschwammen ineinander. Sie blieb exzentrisch, selbst in der Berliner Bohème fiel sie auf. Eher zurückhaltende Zeitgenossen wie Franz Kafka oder Rainer Maria Rilke mieden sie – andere suchten gerade deswegen ihre Nähe, so beispielsweise die Schriftstellerin Vita Sackville-West, die am 29. Februar 1928 aus Berlin an ihre Freundin Virginia Woolf schrieb:

> Ich habe eine neue Freundin hier, die es schon wegen ihrer gänzlich phantastischen Nationalität und ihrem Temperament durchaus wert wäre, eine Bewohnerin von Virginias Welt zu sein. [...] Sehr groß und dunkel mit einer Masse von unordentlichen schwarzen Locken, und sie putzt sich anscheinend immer mit jedem einzelnen Stück ihrer Garderobe heraus; große geblümte Schals, Bänder, Spitzen, Schärpen, Schleifen, Stolen, Handschuhe; und darüber hinaus baumeln von ihrem Handgelenk Fächer und Schlüsselbunde. Sie kann nicht durch den Raum gehen, ohne zwei oder drei Dinge auf den Boden fallen zu lassen, worüber sie in seliger Ahnungslosigkeit verharrt. [...] Sie ist meine einzige Unterhaltung in dieser trübsinnigen Stadt [...].

1932 erhielt Else Lasker-Schüler für ihr »dichterisches Lebenswerk« den angesehenen und begehrten Kleistpreis. Sie musste sich ihn jedoch mit Richard Billinger teilen – einem unbedeutenden Dichter, der in der Zeit des Nationalsozialismus Karriere machen sollte. Zu Recht war Lasker-Schüler empört über diesen halben Preis. Zudem rückte sie durch diese Ehrung stärker ins öffentliche Interesse, was zu dieser Zeit für eine Jüdin gefährlich war. Die – auch tätlichen – antisemitischen Angriffe auf sie nahmen zu. 1933 floh sie in die Schweiz.

Dort spitzte sich ihre finanzielle Situation erneut zu: Lasker-Schüler erhielt nur befristete Aufenthaltsgenehmigungen und durfte nicht arbeiten. Ohne Arbeit drohte sie aber, ein Sozialfall zu werden. Doch Jussuf, der Prinz von Theben, ließ sich nicht unterkriegen: Ein Prinz bleibt auch im Exil ein Prinz. Es gelang ihr, sich einen lang gehegten Wunsch zu erfüllen: 1934 reiste sie für mehrere Monate nach Palästina, besuchte Jerusalem, Bethlehem, Haifa, Tel Aviv und andere Orte. Sie, die im Kopf schon immer auch im Orient gelebt hatte, war endlich auch real dort angekommen – und bitter enttäuscht. Alles war anders als von ihr erwartet. Zudem hatte sie geglaubt, dort als berühmte Dichterin mehr geehrt zu werden. Wie deplatziert sie hier war, bemerkten auch andere, so Gershom Scholem, der am 11. April 1934 an Walter Benjamin über ein Treffen mit ihr schrieb: »Zur Zeit befindet sich hier, soweit ich verstehe, hart an der Grenze des Irrsinns, Else Lasker-Schüler, die in jedes Land wohl besser passt, als in den wirklichen Orient.«

Lasker-Schüler kehrte zurück in die Schweiz und löste die reale Enttäuschung auf, indem sie sich in die Kunst zurückzog: Sie schrieb das ihre wirklichen Erfahrungen idealisierende Buch *Das Hebräerland*. Kurz nach dessen Erscheinen 1937 reiste sie erneut nach Palästina – um wieder enttäuscht zu werden. Noch einmal kehrte sie in die Schweiz zurück. Dort musste sie 1938 miterleben, wie ihr Werk verboten und ihr die deutsche Staatsbürgerschaft aberkannt wurde. Als sie im März 1939 ein drittes Mal nach Palästina reiste, es ein drittes Mal bereute und zurückwollte, verweigerte ihr die Schweizer Polizei die Wiedereinreise aus »armenpolizeilichen Gründen«. Nun musste sie in Jerusalem bleiben. Obwohl sie oft traurig und verzweifelt war, arbeitete sie weiter, und da ihre Arbeit, ihr Dichten eben auch ihr Leben war, konnte sie so weiterleben. Sie verfasste das Schauspiel *Ichundich*, gründete einen Vortragszirkel, an dem auch Martin Buber und Schalom Ben-Chorin teilnahmen, und veröffentlichte 1943 ihren letzten Gedichtband *Mein blaues Klavier*, woraus das folgende Gedicht stammt:

Ich liege wo am Wegrand

Ich liege wo am Wegrand übermattet.
Und über mir die finstere kalte Nacht.
Und zähl schon zu den Toten längst bestattet.

Wo soll ich auch noch hin, von Grauen überschattet,
Die ich vom Monde euch mit Liedern still bedacht
Und weite Himmel blauvertausendfacht.

Die heilige Liebe, die ihr blind zertratet,
Ist Gottes Ebenbild …!
Fahrlässig umgebracht.

Darum auch lebten du und ich in einem Schacht!
Und – doch im Paradiese trunken blumumblattet.

Mit einem anderen zusammen kann man selbst in einem Schacht wie im Paradies leben – der kalten Nacht zum Trotz. Noch einmal fand sie einen engen Freund, noch einmal verliebte sie sich, und zwar in den 30 Jahre jüngeren, verheirateten Ernst Simon. Er gab ihr Raum, war ihr Stütze und verstand sie. Sie machte sich aber keine falschen Hoffnungen: »Ich weiß ja, Sie lieben mich nicht. Es ist sicher gut so. [...] Aber ich wollte Ihnen doch von dem Abend erzählen – wie ich neben Ihnen saß. Plötzlich war ich wieder ungeboren. [...] Ich war so geborgen und fror nicht mehr.« Ihm hatte sie auch geschrieben: »Schwärmerei ist eine blühende Kraft.« Aus dieser Kraft hatte sie gelebt und als Prinz Jussuf über Theben geherrscht. Aus ihr hatte sie, wie Friedrich Dürrenmatt es ausdrückte, »die Dinge wie zum ersten Mal« gesehen, hatte sie Kunst radikal gelebt. Am 22. Januar 1945 starb der Prinz von Theben und mit ihm Else Lasker-Schüler in Jerusalem an einem Herzanfall und wurde auf dem Ölberg beigesetzt.

Ausgewählte Werke

Lyrik: *Styx* (1902), *Der Siebente Tag* (1905), *Meine Wunder* (1911), *Hebräische Balladen* (1913), *Die gesammelten Gedichte* (1917), *Gedichte* (1920), *Theben* (1923), *Mein blaues Klavier. Neue Gedichte* (1943); **Prosa, Essays, Autobiographisches:** *Das Peter Hille-Buch* (1906), *Die Nächte Tino von Bagdads* (1907), *Mein Herz. Ein Liebesroman mit Bildern und wirklich lebenden Menschen* (1912), *Essays* (1913), *Gesichte. Essays und andere Geschichten* (1913), *Der Prinz von Theben* (1914), *Der Malik. Eine Kaisergeschichte* (1919), *Der Wunderrabbiner von Barcelona* (1921), *Ich räume auf! Meine Anklageschrift gegen meinen Verleger* (1925), *Arthur Aronymus. Die Geschichte meines Vaters* (1932; wurde von ihr auch als Drama bearbeitet), *Konzert* (1932), *Das Hebräerland* (1937); **Dramen:** *Die Wupper* (1909) und *IchundIch. Eine theatralische Tragödie* (1941).

Franziska zu Reventlow (1871–1918)

Die Stärke der Lachenden

»Ich habe nie das Knie gebogen – den stolzen Nacken nie gebeugt.« Das schreibt die Heldin aus Franziska zu Reventlows stark autobiographischem Roman *Ellen Olestjerne* von 1903 innen in die Tür ihres Schrankes im Freiadeligen Magdalenenstift zu Altenburg. Es ist nicht irgendein Ort und nicht irgendein Schrank: Ellen, ein Mädchen voller Widerspruchsgeist aus adeliger Familie, wird in das Mädchenpensionat für Baronessen und Komtessen geschickt, weil ihre Familie und ihre Gouvernanten mit ihr überfordert sind. Schon als kleines Mädchen wünscht sich Ellen, ein Junge zu sein, denn ihre Brüder dürfen all das machen, was sie auch machen will: Abenteuer in der Natur erleben, dabei schmutzig werden, Streiche spielen. Aber was bei ihren Brüdern belohnt oder zumindest geduldet wird, wird bei ihr bestraft: Ellen wird geschlagen und muss an einem endlos langen grauen Strumpf stricken. Doch auch im Pensionat kommt man nicht mit ihr zurecht: Sie spielt Streiche, widerspricht, lacht, wo sie nicht lachen darf, trinkt Tinte und ist stolz darauf, von allen Mädchen der Schule die schlimmsten Briefe nach Hause geschickt zu bekommen. Und weil man ihrer nicht Herr wird, weist man Ellen einen neuen Schrank zu: Künftig soll sie nicht mehr wie alle anderen einen Schrank im Schlafsaal nutzen, sondern einen im Flur. Es ist eine Verbannung in der Verbannung – und ihre Antwort auf diesen Versuch, ihren Willen zu brechen, schreibt sie in die Schranktür.

Tatsächlich war es Franziska zu Reventlow, die das Altenburger Magdalenenstift hatte besuchen müssen, aus genau denselben Gründen wie Ellen: Am 18. Mai 1871 wurde Fanny Sophie Auguste Liane Adrienne Wilhelmine zu Reventlow als fünftes von sechs Kindern im Schloss vor Husum geboren. Ihre Eltern, der preußische Landrat Ludwig Graf zu Reventlow und seine Frau Emilie Gräfin zu Reventlow waren standesbewusst und legten Wert auf eine traditionsgemäße Erziehung der Tochter. Während der Vater ein distanziertes Verhältnis zu ihr pflegte, wie es durchaus üblich war, fürchtete Fanny zu Reventlow vor allem die Mutter, die ihr gegenüber so kühl war und sie so oft bestrafte, wenn sie mit ihrem jüngeren Bruder Karl harmlose Streiche beging

oder auch nur mit Jungen spielte, dass sie glaubte, ihre Mutter könnte sie womöglich nicht leiden. Alle Strenge und alles Bestrafen halfen nicht bei dieser Tochter. Schließlich wusste sich die Familie nicht mehr anders zu helfen, als sie 1886 ins Magdalenenstift zu schicken.

Auch dort ließ sich Franziska zu Reventlow nicht zum folgsamen Mädchen erziehen – sie wurde zu Ostern 1887 der Schule verwiesen, durfte jedoch bis zu ihrer Konfirmation bleiben. Das hatte sie vermutlich dem dortigen Pfarrer zu verdanken, zu dem sie ein gutes Verhältnis hatte – weil er vernünftig mit ihr sprach, weil man mit ihm lachen konnte. In der autobiographischen Skizze *Altenburg* schilderte sie später, wie nach einem Eklat mit der Schulleiterin der Pfarrer mit ihr gesprochen hatte: »Nach der nächsten Konfirmationsstunde redete mir der Pastor noch einmal unter vier Augen ins Gewissen, so nett, vernünftig, sogar mit Humor, dass ich von da an eine große Liebe für ihn fasste.« Humor, das wusste Reventlow schon da, konnte eine Waffe sein, um das Leben unter schlechten Bedingungen auszuhalten, um die eigene Würde zu wahren, selbst wenn andere einen demütigen wollten. Der Satz, den die Figur Ellen Olestjerne in ihre Schranktür ritzte, hätte von der Autorin selbst sein können.

Bis 1889 lebte Franziska zu Reventlow wieder bei der Familie im Schloss vor Husum, dann zog sie nach der Pensionierung des Vaters mit nach Lübeck. Hatte sie Husum zunächst nur ungern verlassen, so lernte sie das Leben in der Stadt und all die Kontakte, die es bot, bald zu schätzen. Nach wie vor war ihr jüngerer Bruder Karl ihr Verbündeter: Gemeinsam mit ein paar anderen jungen Leuten, vorwiegend jungen Männern, trafen sie sich heimlich zu Sitzungen des Ibsenclubs. Hier lasen und diskutierten sie zeitgenössische Autoren, neben Hauptmann, Dostojewski, Zola, Lasalle und anderen natürlich vor allem Ibsen, und – von Reventlow besonders verehrt – Nietzsche. An Emanuel Fehling, ebenfalls ein Mitglied des Ibsenclubs, schrieb sie am 21. April 1890: »Mir ist seit ich Ibsen kennengelernt habe, eine neue Welt aufgegangen von Wahrheit und Freiheit; ich möchte ins Leben hinaus und für diese Ideen leben und wirken.« Nietzsches *Zarathustra* erhob sie gar zum »Andachtsbuch«, wie sie Fehling ein knappes Jahr später am 17. Februar 1891 schrieb. Überhaupt: Emanuel Fehling wurde ihre Bezugsperson in der Lübecker Zeit. Er war Sohn des angesehenen Lübecker Bürgers Emil Fehling, der bald zum Vormund von Thomas Mann und seinen Geschwistern werden und als

»Dr. Moritz Hagenström« in dessen *Buddenbrooks* verewigt werden sollte. Mit Emanuel Fehling war Reventlow liiert, in ihm hatte sie einen Seelenverwandten und Freund. Sie trafen sich heimlich im Ibsenclub sowie in der Marienkirche und schrieben sich manchmal mehrmals am Tag. Er lieh ihr Charles Secrétans *Das Recht der Frau*, und ihm konnte sie sagen, was sie von »netten Mädchen« hielt, nämlich nichts. Wenn Franziska zu Reventlow eine junge Frau so nannte, war das kein Kompliment. Das Leben höherer Töchter lehnte sie ab, die Sätze, die sie am 1. Mai 1890 an Fehling schrieb, hätten auch von Helene Böhlau stammen können: »[S]ie dürfen überhaupt nichts sein, im besten Falle eine Wohnstubendekoration oder ein brauchbares Haustier, von tausend lächerlichen Vorurteilen eingeengt, die geistige Ausbildung wird vollständig vernachlässigt, möglichst gehemmt. Zuletzt werden sie dann an einen netten Mann verheiratet und versumpfen vollständig in Haushalt und dergleichen.« Nein, das wollte Reventlow für sich auf keinen Fall. Ihr schwebte ein anderes Leben vor, wie sie Fehling am 29. November 1890 schrieb:

> Ich will und muss einmal frei werden, es liegt nun einmal tief in meiner Natur, dieses maßlose Streben, Sehnen nach Freiheit. Die kleinste Fessel, die andere gar nicht als solche ansehen, drückt mich unerträglich, unaushaltbar und ich muss gegen alle Fesseln, alle Schranken ankämpfen, anrennen. Ich habe das mein ganzes Leben gefühlt – und dann dieser kleinliche, unaufhörende Druck aller Verhältnisse. Muss ich mich nicht freimachen, muss ich mein Selbst nicht retten – ich weiß, dass ich sonst daran zugrundegehe.

Und Franziska zu Reventlow meinte es ernst. Sie bat ihre Eltern darum, sich zur Malerin ausbilden lassen zu dürfen, was diese natürlich nicht erlaubten. Aber nach mehreren Anläufen erhielt sie die Erlaubnis, eine Ausbildung zur Lehrerin zu machen, da ihre Eltern ohnehin nicht davon ausgingen, dass sie jemals einen Mann finden würde. Von 1890 bis April 1892 besuchte sie ein Lehrerinnenseminar in Lübeck und schloss ihre Berufsausbildung ab, vor allem aber fand sie dort in Else Gutschow und Käthe Wohlert echte Freundinnen. Während dieser Zeit verließ Fehling die Stadt, er musste zum Militär, um danach zu studieren. An seine Stelle trat ein anderes Mitglied des Ibsenclubs, Karl Schorer, mit dem sie sich nun heimlich traf und Briefe schrieb, auch er teilte ihre Begeisterung für Nietzsche.

Dann, nach Abschluss ihrer Ausbildung, als sie gerade die Stadt verlassen hatte, um Verwandte zu besuchen, kam alles heraus: Ihre Ideen und Vorstellungen, ihre Verhältnisse mit den nicht standesgemäßen Männern Fehling und Schorer, noch dazu ohne verheiratet zu sein, einfach alles. Die Eltern hatten ihren Schreibtisch aufgebrochen und ihre Briefe entdeckt. Ihre Volljährigkeit half ihr nichts: Der Kontakt zum Ibsenclub, aber auch zu ihrem jüngeren Bruder Karl wurde ihr verboten. Mit Karl Schorer durfte sie sich einmal die Woche schreiben, und wenn sie sich ordentlich benehmen würden, dürften sie irgendwann heiraten. Zudem wurde sie nach Adelby bei Flensburg in eine Pfarrersfamilie geschickt, wo sie endlich ordentliches weibliches Verhalten lernen sollte. Wider Erwarten verstand sich Reventlow mit der Familie gut, besser als mit der eigenen. Trotzdem wollte sie sich das nicht bieten lassen. Im April 1893 floh sie. Sie packte einige ihrer wichtigsten Habseligkeiten, das waren vor allem Briefe und Bücher, in einen Koffer und kletterte nachts aus dem Fenster des Pfarrhauses. Unterschlupf fand sie bei Else Gutschow in Hamburg, wo sie auch ihren Bruder Karl wiedertraf und den Juristen Walter Lübke kennenlernte. Die beiden wurden ein Paar. Aber von Karl abgesehen brach die Familie nun mit ihr. Es gab keinen Kontakt mehr, obwohl sie mehrfach in Lübeck Bekannte besuchte. Als der Vater im Juni desselben Jahres schwer krank wurde, gab man die Schuld daran der Tochter. Ihr älterer Bruder Ludwig zu Reventlow fand in einem Brief vom 26. Mai 1893 deutliche Worte: »Wie ich erfahre, hat die Erregung über Deinen wiederholten Aufenthalt in Lübeck Papa eine Schlaganfall-ähnliche Affection zugezogen. – Sobald ich gesund bin, reise ich hin. Hüte dich, mir vor die Augen zu kommen. Sollte ich Dir oder Deinem Zuhälter begegnen, so wird mein Stock in Tätigkeit treten. [...] Und denke ja nicht, dass Du jetzt ›frei‹ bist. Wirst Du zu schamlos, so werde ich, wenn Papa es nicht mehr kann, den Antrag auf Entmündigung wegen Geisteskrankheit gegen Dich stellen. Moral insanity wird sich nachweisen lassen.«

Die voreheliche Beziehung machte Reventlow in den Augen ihres Bruders zur Prostituierten, offen bedrohte er sie. Sie durfte den kranken Vater nicht besuchen – als er ein paar Wochen später starb, wurde sie erst nach seinem Tod zu ihm gelassen.

Nun ganz auf sich gestellt, wurde ihr Walter Lübke zur zentralen Bezugsperson – obwohl ihr Ziel doch immer »Freiheit« geheißen hatte, verlobte sich Reventlow ein paar Monate nach dem Tod des Vaters mit ihm, allerdings unter der Bedingung, vor der Hochzeit ein Jahr lang in München malen lernen zu dürfen. Er finanzierte dieses Jahr. Sie ging nach München, lernte nicht nur malen, sondern auch die Münchner Bohème kennen – und wurde schwanger von einem anderen. Davon sagte sie Lübke, den sie 1894 heiratete, nichts. Sie verlor das Kind, was sie schwer traf, und versuchte, sich in das bürgerliche Leben einer Ehefrau zu finden. Vergebens: Ein Jahr später ging sie wieder nach München, wo sie vorerst bleiben sollte. Die Ehe mit Lübke musste unter diesen Umständen scheitern: 1897 ließen sich die beiden scheiden, und Reventlow wurde erneut schwanger. Noch im selben Jahr bekam sie ihren Sohn Rolf – die Identität des Vaters hielt sie wie Else Lasker-Schüler geheim. Und genau wie Else Lasker-Schüler war auch sie ständig in finanziellen Schwierigkeiten. Zwar wurde sie jetzt ab und zu von ihrer Familie finanziell unterstützt, doch auch mit dieser Hilfe konnte sie sich mit den von ihr angefertigten Übersetzungen für den Verlag Albert Langen und Witzen sowie kurzen Texten für den *Simplicissimus* und andere Zeitschriften kaum über Wasser halten. Zumal es ja auch noch ihren Sohn gab. Also verdiente sie ihr Geld auch mit gehobener Gelegenheitsprostitution in Salons. Am 22. August 1898 schrieb sie in ihr Tagebuch:

> Ach, guter Gott, in Geschichten werfen sich sündige Mütter dann an der Wiege ihres Kindes nieder etc. Ich komme müde heim, bin froh, wenn ich etwas mehr Geld in der Tasche hab und wieder bei meinem Bübchen bin. Aber dass es mir etwas übelnehmen sollte, wenn es groß wird und einen Einblick in die Abgründe tut, durch die seine Mutter gelegentlich wandelt – es möchte mir's eher übelnehmen, wenn ich ihn verhungern ließe, und wenn ich mich mit Übersetzen totschinde. Mein einziges Verbrechen ist, dass ich nicht reich bin.

Ihren Humor hatte die Schriftstellerin also nicht verloren, trocken blickte sie auf das Missverhältnis zwischen rührseligem Klischee und pragmatischer Wirklichkeit. Und genau dieser Blick sollte ihr Schreiben prägen, mit dem sie jetzt begann. Am Anfang standen einige gesellschaftskritische Texte, die zwischen 1898 und 1900 erschienen: *Das Männerphantom der Frau*, *Viragines oder Hetären?* und *Erziehung und Sittlichkeit*. In ihnen beschäftigte sich Reventlow mit der Situation, Bildung und Erziehung von Frauen, den Sittlichkeitsvorstellungen der Zeit und der Frauenbewegung. Letzterer stand sie ablehnend gegenüber – sie sah sich weder als politische Aktivistin noch als Feministin. Insbesondere lehnte sie die moralischen Vorstellungen der bürgerlichen Frauenbewegung ab, die Sexualität und Mutterschaft allein in der Ehe realisiert sehen wollte, Prostitution dagegen ablehnte. Dass das Reventlows eigener Biographie widersprach, liegt auf der Hand. Ganz ähnlich wie schon Louise Aston sprach sich auch diese Schriftstellerin für Gleichberechtigung und gleiche Bildung für Mädchen und Jungen aus, für sexuelle Selbstbestimmung und für eine Verbesserung der Lage vor allem armer Frauen aus der Arbeiterklasse. Gerade weil sie die Not der arbeitenden Frauen sah, war sie gegen Arbeit für Frauen – ein Blick für ökonomische Verhältnisse fehlte ihr. Vielleicht hing auch das mit ihrer Ungeschicklichkeit in finanziellen Dingen zusammen, mit der sie sich auch noch literarisch beschäftigen sollte.

Doch zunächst veröffentlichte sie den oben genannten Roman *Ellen Olestjerne*, der wie alle ihre Romane stark autobiographische Züge trägt und zum Teil aus erzählenden Passagen, zum Teil aus Briefen besteht. Dann begann sie, ihre Münchner Bekanntschaften literarisch zu verarbeiten. Sie hatte in München nicht nur Kontakt zu Schriftstellern und Künstlerinnen wie Rainer Maria Rilke, Frank Wedekind, Marianne von Werefkin und insbesondere Erich Mühsam. Vor allem war sie um 1900 eng mit dem Kreis der »Kosmiker« um Stefan George verbunden, mit Ludwig Klages war sie liiert und dann langjährig befreundet, ihr Verhältnis zu Karl Wolfskehl gestaltete sich ähnlich. Dieser Kreis, der Kunst und Lebensphilosophie aufs engste verband, übte lange eine starke Anziehungskraft auf sie aus. Aufgrund der antisemitischen Einstellung einiger Mitglieder kam es aber im Jahr 1904 zum Bruch des Kreises. Ihre Zeit im Kreis der »Kosmiker« und ihre detaillierten Kenntnisse verwendete sie, um sich im 1913 erschienenen Schlüsselroman *Herrn Dames Aufzeichnungen oder Begebenheiten aus einem merkwürdigen Stadtteil* ironisch mit eben diesem Kreis und seinem irrationalen Weltbild auseinanderzusetzen. Es ist bis heute ihr berühmtester Roman.

Aber nicht der einzige, in dem sie sich des Humors und der Ironie als Werkzeuge bedient, um kritisch auf die Realität zu blicken, die oft alles andere als einfach war: Ab 1909 spitzte sich ihre finanzielle Situation zu, was sie vermutlich dazu bewog, sich 1911 auf eine Scheinehe einzulassen. Schon ein Jahr zuvor hatte sie München verlassen und war nach Ascona gegangen, wo ihr Erich Mühsam nun eine lukrative Scheinehe mit dem Baron Rechenberg-Linten vermittelte. Wie sie führte er ein sehr unkonventionelles Leben, sah laut Reventlow aus wie ein Seeräuber, kleidete sich wie ein russischer Matrose und trank zu viel. Und wie sie steckte er in Geldschwierigkeiten, erwartete aber eine größere Erbschaft, die er allerdings nur durch eine standesgemäße Heirat bekommen konnte – und da kam Reventlow ins Spiel. Die beiden heirateten also, warteten voller Geldsorgen auf die Erbschaft und erbten schließlich … aber auch das lief nicht so wie geplant. Die Schriftstellerin verarbeitete diese Erlebnisse in einem humoristischen Roman, in dem sie sich gleichzeitig ironisch mit der sich zu dieser Zeit langsam ausbreitenden Psychoanalyse auseinandersetzte. Geldsorgen wurden hier zum »Komplex«, zur Neurose – eben zum *Geldkomplex*, so der Titel des Romans. Er besteht vollständig aus Briefen der Ich-Erzählerin an eine Freundin mit dem Namen Maria und beginnt so:

Meine liebe Maria!

Aus einem eindringlichen Brief von B…, der mir durch das Konsulat nachgeschickt wurde, sehe ich, dass man sich um meinen Verbleib beunruhigt.

Es nahm sich vielleicht nicht gerade freundschaftlich aus, dass ich so spurlos verschollen bin und auf nichts mehr antwortete (hab' noch nachträglich vielen Dank für Deine verschiedenen Briefe) – aber glaube mir, es geschah zum Teil aus zarter Rücksicht. Erwarte nur ja nicht, dass die hiermit wieder eröffnete Korrespondenz von allzu erfreulichen Tatsachen handeln wird.

B… meint, und Ihr anderen am Ende auch, ich hätte längst die berühmte Erbschaft angetreten und damit das Weite gesucht. Nein, das stimmt nicht, der alte Herr ist ja noch nicht einmal tot. Aber jedenfalls kann es nicht lange mehr dauern, und das ist einer von den Gründen, weshalb ich hier bin – bitte, erschrick nicht – in einer Nervenheilanstalt, oder sagen wir lieber Sanatorium, das klingt immerhin noch etwas milder.

Sanatorium – ich seh' Dich und mit Dir alle die anderen verständnislos den Kopf schütteln. Ich bin auch nicht nervenkrank, nicht einmal besonders nervös, ich habe nur einen »Geldkomplex«.

Ich hoffe zu Gott, Du weißt, was ein Komplex in diesem, nämlich im pathologischen, Sinne bedeutet? Etwa so: verdrängte, nicht ausgelebte Gefühle, Triebe und dergleichen, die sich, ich glaube, im Unterbewusstsein zusammenballen und einem seelische Beschwerden verursachen. Es handelt sich da um irgendeine neue Nervenheilmethode, die man Psychoanalyse nennt. Erfunden hat sie der bekannte Professor Freud in Wien – dies nur, damit Du verstehst, weshalb ihre Anhänger »Freudianer« heißen. Man möchte sonst glauben, es bedeutet irgend etwas besonders Lustiges oder gar Zweifelhaftes. [...]

Liebe Maria, wir haben uns letztes Jahr wenig gesehen, da Du meist fort warst, aber Du weißt, dass mein Dasein schon vorher nur noch eine einzige wirtschaftliche Krisis war. Wie oft habt Ihr in Eurer Verblendung meinen Optimismus und meine Todesverachtung bewundert – mit Unrecht, denn gerade das ist mein Verderben gewesen. Ich habe die Sache mit dem Geld niemals ernst genug genommen, ließ es so hingehen und dachte, es würde schon einmal anders werden. Kurz, um mich im Freudianerjargon auszudrücken – ich habe es entschieden ins Unterbewusstsein verdrängt, und das hat es sich nicht gefallen lassen. Bitte, haltet mich nicht für ernstlich gestört, aber ich bin tatsächlich dahin gekommen, es – das Geld – als ein persönliches Wesen aufzufassen, zu dem man eine ausgesprochene und in meinem Falle qualvolle Beziehung hat. Mit Ehrfurcht und Entgegenkommen könnte man es vielleicht gewinnen, mit Hass und Verachtung unschädlich machen, aber durch liebevolle Indolenz verdirbt man's vollständig mit ihm. Und das muss ich getan haben, ich ließ es kommen und gehen, wie es gerade kam und ging – ach, der verfluchte Optimismus, den Ihr so nett gefunden habt. Als ich dann merkte, dass es anfing, sich immer feindlicher gegen mich zu stellen, habe ich es gelockt, bin ihm nachgelaufen; aber es war schon zu spät – es wollte nicht mehr.

Also – die wirtschaftliche Krisis erreichte einen nie geahnten Höhepunkt.

Der Roman erschien 1916 – da herrschte schon seit zwei Jahren Krieg. Reventlow hasste den Krieg und war entschiedene Pazifistin. Ihr Sohn, der diese Position zunächst nicht geteilt hatte, änderte seine Meinung nach seinem Eintritt in die Armee. Gemeinsam flohen beide 1917 in die Schweiz. Angeblich soll Reventlow ihren Sohn über den Bodensee gerudert haben, aber diese Geschichte ist wohl ein Märchen, wenn auch eines, das zu der zupackenden, entschlossenen, humorvollen Franziska zu Reventlow gepasst hätte. Sie starb wenige Monate vor Kriegsende an den Folgen eines Fahrradsturzes am 26. Juli 1918 in einer Klinik in Locarno. Ihr Freund Erich Mühsam schrieb später in *Namen und Menschen. Unpolitische Erinnerungen*:

> Im Sommer 1918 erreichte mich in Traunstein, wo ich interniert war, die Nachricht, dass Franziska zu Reventlow gestorben sei. Es war schwer, daran zu glauben. [...] Sie trug, außer ihrem Namen, nichts an sich, was vom Moder der Vergangenheit benagt war. In die Zukunft gerichtet war ihr Leben, ihr Blick, ihr Denken; sie war ein Mensch, der wusste, was Freiheit bedeutet, ein Mensch ohne Vorurteile, ohne traditionelle Fesseln [...]. Und sie war ein froher Mensch, dessen Frohsinn aus dem tiefsten Ernst des Charakters kam. Wenn sie lachte, dann lachte der Mund und das ganze Gesicht, dass es eine Freude war, hineinzusehen. Aber die Augen, die großen, tiefblauen Augen, standen ernst und unbewegt zwischen den lachenden Zügen.

Ausgewählte Werke

Essays: *Das Männerphantom der Frau* (1898), *Was Frauen ziemt* (auch unter dem Titel *Viragines oder Hetären?*, 1899), *Erziehung und Sittlichkeit* (1900); **Prosa:** *Ellen Olestjerne* (1903), *Von Paul zu Pedro* (1912), *Herrn Dames Aufzeichnungen oder Begebenheiten aus einem merkwürdigen Stadtteil* (1913), *Der Geldkomplex* (1916), *Das Logierhaus zur Schwankenden Weltkugel und andere Novellen* (1917).

Vicki Baum (1888–1960)

Die »neue Frau«

Vicki Baums Biographie liest sich wie ein Märchen aus Hollywood – und genau dorthin, nach Hollywood, führte sie ihre Karriere. Wobei: Eigentlich hatte Vicki Baum nicht eine Karriere, sondern drei.

Alle drei begannen in Wien, als am 24. Januar 1888 Hedwig Baum in ein mittelständisch-bürgerliches, jüdisches Elternhaus geboren wurde. Da ihre Mutter Mathilde Baum nach der schweren Geburt keine weiteren Kinder bekommen wollte oder konnte, blieb Hedwig ein Einzelkind. Ihrem Vater Hermann versuchte sie, den Sohn zu ersetzen, den er sich immer gewünscht hatte und der Viktor hätte heißen sollen. Hedwig Baum nannte sich deswegen bald »Vicki« – und wurde so Vicki Baum.

Schon früh musste Vicki Baum nicht nur erwachsen werden, sondern auch Disziplin zeigen: Ihre Mutter litt unter Depressionen und kam nach einem Sanatoriumsaufenthalt 1895/96 als Pflegefall zurück. Die Pflege musste die erst 8-Jährige zusammen mit einer dafür eingestellten Pflegerin übernehmen. »Ich kann wohl behaupten, dass man als zukünftige Schriftstellerin durch eine harte Schule geht, wenn man die eigene Mutter ständig davon abhalten muss, sich umzubringen«, schrieb sie später in ihren Erinnerungen *Es war alles ganz anders* (1962).

Der Vater dagegen, der selbst zur Hypochondrie neigte, distanzierte sich von der Mutter und erzog die Tochter, die ein Sohn hätte sein sollen, mit zunehmender Härte. Später vermutete Vicki Baum, er hätte so vielleicht verhindern wollen, dass sie ebenfalls psychisch krank werde. Sie musste strikte Diäten einhalten – verboten waren beispielsweise Süßigkeiten, Obst, Limonade, zum Frühstück gab es ein trockenes Brötchen – und Kneippbäder nutzen. Tat sie das nicht, wurde ihr Taschengeld gekürzt. Verhielt sie sich den Vorstellungen ihres Vaters entsprechend, wurde sie finanziell belohnt. Schon im Kindesalter lernte die Schriftstellerin also, dass Anpassung und Leistung belohnt würden – dieses Verhalten sollte ihr die genannten Karrieren in der gerade entstehenden Unterhaltungsbranche ermöglichen. Es entspricht ganz der Haltung Vicki Baums, negative Erfahrungen positiv umzudeuten, wenn sie später in einem Brief an Elizabeth Lyons vom 5. Dezember 1958 ihre Erziehung lobte: »Ich glaube, dass Widerstände, Herausforderungen und Missachtungen gesünder für den Charakter sind als das gottverdammte Bemuttern und Verhätscheln, das so viele Kinder verkorkst.«

Im Alter von sieben oder acht Jahren begann Vicki Baum zu schreiben, um sich mitteilen zu können; vor allem schrieb sie Briefe an Erwachsene, nicht so sehr an Gleichaltrige. Zunächst – und hier begann die erste Karriere der Vicki Baum – war jedoch die Musik Ventil und Ausdrucksform für ihr Gefühlsleben: Auf Wunsch der Mutter lernte sie Harfe und studierte ab 1898 am Konservatorium Harfe, zunächst zwei Jahre lang in einem Vorbereitungskurs, dann regulär. Da war sie gerade mal 10 Jahre alt; bis sie 13 war, besuchte sie zudem eine Schule – ihre gesamte spätere Laufbahn basierte also auf einer Schulbildung, die mit 13 Jahren endete. Wie begabt und intelligent muss Vicki Baum gewesen sein! Neben Schulunterricht und Vorbereitungskurs pflegte sie zudem noch die Mutter. Als sie in die normale Harfenklasse wechselte, wurde der Aufwand noch größer.

Vicki Baum arbeitete früh hart – und tat dies ihr Leben lang, stets mit Erfolg: 1907 wurde sie als einzige Frau im Wiener Concert-Verein fest angestellt. Sie konnte sich sowohl innerhalb des Orchesters als auch in Soloauftritten behaupten und binnen weniger Jahre hatte sie alles erreicht. 1914 hatte sie nicht nur auf großen Bühnen im deutschsprachigen Raum und unter berühmten Dirigenten gespielt, sie unterrichtete an einem Privatinstitut selbst Harfe und durfte sich also »Professorin« nennen. Sie stand ökonomisch auf eigenen Beinen – das war ihr zeitlebens enorm wichtig: Freiheit, Unabhängigkeit. Diese erste Karriere hatte sie sich neben einem extrem belastenden Privatleben erarbeitet: Die Mutter erkrankte an Krebs, Vicki Baum pflegte sie und verabreichte ihr Morphiuminjektionen, durchwachte neben den beruflichen Verpflichtungen manche Nacht an ihrem Bett, bis die Mutter 1908 starb.

Schon 1907 hatte sie den Journalisten und Schriftsteller Max Prels kennengelernt, in den sie sich verliebte und den sie 1909 heiratete – und spätestens damit begann ihre zweite Karriere. Da er, der mit dem Bohème-Leben deutlich mehr anzufangen wusste als Baum, wenig und unzuverlässig verdiente, zudem wohl zu viel trank, musste sie nicht nur durch ihre Tätigkeit als Harfenistin dazuverdienen, son-

dern bald auch unter seinem Namen seine Artikel schreiben. Für die Zeitschrift *Ton und Wort*, die Prels 1910 gründete, verfasste Baum ihrer Aussage nach alle Artikel, die unter seinem Namen erschienen. Aber auch in anderen Zeitschriften wurden so entstandene Texte »von Max Prels« veröffentlicht. Baum, deren Lebensstil weit entfernt war von dem der bislang hier vorgestellten Schriftstellerinnen der Bohème, schrieb also zeitweilig ebenfalls unter männlichem Pseudonym – aus ganz eigenen Gründen.

Sie veröffentlichte aber auch unter ihrem Namen: 1910 wurde beispielsweise ihre satirische Geschichte *Alter Schloßpark* von der Zeitschrift *Licht und Schatten* mit einem Preis ausgezeichnet, in der Jury saßen Ludwig Thoma und Thomas Mann. Dennoch war Prels bald verschuldet, und zeitgleich mit der Zeitschrift *Ton und Wort* scheiterte auch die Ehe: 1912 ließen sich Prels und Baum scheiden. Unabhängig, aber allein stand sie nun da – ihr Leben lang sollte sie auch ein Gefühl der Einsamkeit begleiten, das sie mit vielen der weiblichen Figuren ihrer Romane teilt. Im Dezember 1954 schrieb sie an Carl Ostertag: »Mein Gott, wo sind nur die Zeiten hin, als ich noch dachte, dass Einsamkeit etwas Tragisches sei? Gibt es überhaupt etwas anderes als Einsamkeit? Sie ist inzwischen etwas so Selbstverständliches für mich wie die Luft um mich herum.« Aber immer wieder konnte sie sich veränderten Situationen anpassen und neue Chancen nutzen: Jetzt bot ihr beispielsweise die Familie Löw, aus der sie zwei Töchter im Harfenspiel unterrichtete, Anschluss, die ganz in der Nähe wohnte. Zur musikalischen, jüdischen Familie Löw, die sich im Zuge der Assimilierung ab 1912/13 Lert nannte, gehörte auch Richard Lert, der eine Zeit lang als Dirigent sogar ihr Chef war. Er und Baum hatten gemein, sich die eigene Laufbahn hart erarbeitet zu haben: Lert hatte eine Ausbildung als Schneider gemacht, als Geiger und Musiklehrer ein bisschen dazuverdient und sich als Autodidakt zum Dirigenten hochgearbeitet. Ab 1914 waren sie ein Paar, 1916 heirateten sie, und diese Ehe sollte – obwohl es ab und zu Probleme gab und beide einander nicht ganz treu waren – ein Leben lang halten. Vielleicht gelang dies auch aufgrund ihrer gemeinsamen Haltung dem Leben gegenüber, der Haltung zweier Menschen, die sich ihr Leben selbst aufgebaut hatten.

Da Vicki Baums zweite Karriere als Schriftstellerin trotz der Veröffentlichung des ersten Romans *Frühe Schatten* im Jahr 1914 zum Zeitpunkt der Hochzeit noch in den Kinderschuhen steckte, folgte sie den Karrierestationen ihres Mannes. Mit jedem seiner Engagements wechselten sie die Stadt. Baum hatte die eigene berufliche Tätigkeit als Harfenistin aufgegeben, aber sie schrieb weiter, zunächst wieder für sich. 1917 bekam sie im Krieg ihren Sohn Wolfgang, 1920 ihren Sohn Peter, und mit *Der Eingang zur Bühne* veröffentlichte sie ihren ersten Roman im Ullstein Verlag, mit dem ihre zweite Karriere als Schriftstellerin in Berlin wesentlich verbunden sein sollte.

Ullstein war zu dieser Zeit ein wachsendes Unternehmen mit Tausenden Angestellten, das Zeitungen wie Bücher verlegte und dabei wie kein anderer Verlag nach amerikanischem Vorbild verfuhr: Schon früh nutzte man hier ausgeklügelte und cross-mediale Werbestrategien, erkannte die Wirkmacht von Bildern und zielte auf die Unterhaltung einer möglichst breiten Leserschaft. In Vicki Baum sah man großes Potential, weswegen man sie jahrelang umwarb, bevor man sie endlich ab 1926 exklusiv an den Verlag binden konnte.

Sie zog zunächst allein nach Berlin, ihre Familie sollte etwas später aber folgen – und das sollte ab jetzt öfter so sein: Baum ging voraus, ihr Mann und die Söhne folgten ihr. Sie wurde Redakteurin und Autorin für unterschiedliche Magazine des Verlags, unter anderem *Uhu*, *Die Dame* und *Berliner Illustrierte Zeitung*, veröffentlichte ihre Romane erst als Fortsetzungsromane in verlagseigenen Zeitungen, dann als Buch und wurde gezielt zur Pionierin der Massenliteratur und zur Marke aufgebaut. Joe Lederer schrieb 1958 rückblickend, der Name »Vicki Baum« sei in dieser Zeit genauso zur Marke geworden »wie Melissengeist oder Leibnizkekse«.

Der Verlag zahlte ihr bald Rekordhonorare, ihre Romane sorgten für einen sprunghaften Anstieg der Verkaufszahlen. Dafür legte sich Vicki Baum gezielt selbst ein neues Image zu: Ab 1927 zeigte sie sich der Öffentlichkeit mit modischem blondiertem Kurzhaarschnitt, kleidete und schminkte sich aktuellen Trends gemäß, ließ sich bei sportlichen Aktivitäten, als fürsorgliche Mutter oder erfolgreiche Schriftstellerin photographieren. Sie verkörperte den Erfolgstyp der »neuen Frau«, die Karriere und Familie perfekt unter einen Hut bekommt.

Genau diesen Typ der »neuen Frau« verewigte sie auch in ihren Romanen, insbesondere in ihrem 1929 erschienenen Roman *stud. chem. Helene Willfüer*, der ihr erster ganz großer Erfolg wurde: Er erzählt von der jungen, frisch verwaisten Helene Willfüer, die sich für ein Chemiestudium entscheidet, was damals in Deutschland erst seit 20 Jahren möglich war. Die junge Frau erarbeitet sich ihre Karriere hart gegen alle Widrigkeiten: Sie wird ungewollt schwanger, will zunächst abtreiben, entscheidet sich dann doch für das Kind, was zu gesellschaftlicher Diskriminierung und Stigmatisierung führt. Doch schließlich führt ihre wissenschaftliche Arbeit zum Erfolg: Sie erfindet ein Verjüngungsmittel, das ihren alten Doktorvater, den sie dann heiratet, verjüngt. Schon hier wird deutlich, wie es Vicki Baum gelang, gesellschaftlich scharf umstrittene Themen – hier die Abtreibungsfrage und das neue Frauenbild – aufzugreifen, ohne wirklich mit Konventionen zu brechen: Am Ende führt der Weg der erfolgreichen Frau doch in den Hafen der Ehe. Eben auch das machte ihre Romane so attraktiv für ein breites Publikum. Gleichzeitig regten sie aber Diskussionen an und machten anderen Frauen Mut, eigene, unabhängige biographische Entscheidungen zu verfolgen. Das war die zweite Karriere der Vicki Baum: Sie war die höchstbezahlte Autorin ihrer Zeit, die erste Bestsellerautorin.

Ihre dritte Karriere, der internationale Durchbruch, der sie schließlich nach Hollywood führen sollte, begann noch im selben Jahr mit ihrem Roman *Menschen im Hotel* (1929). Handlungsort ist ein Nobelhotel im Berlin der späten 1920er Jahre: Hier lässt Baum Künstler, Firmenbosse, einfache Angestellte und andere auf der Suche nach dem großen Glück aufeinandertreffen, so beispielsweise den Baron Gaigern und die alternde Tänzerin Grusinskaja, die auf ein Comeback hofft:

> Gaigern trabte mit der gleichen Miene eines ernsthaft beschäftigten Menschen zurück vor das Theater. Dort war es leer und nüchtern geworden, die große Reklameschrift verlöscht, die Plakate sahen nichtssagend aus. Der Bühneneingang ging nicht nach der Straße, sondern in einen Hof, an dessen Feuermauern nasser Efeu glänzte. Gaigern drückte sich zwischen ein paar Menschen, die da herumlungerten, und starrte die erhellte Milchglastür an, aus der die Grusinskaja zu erwarten war. Erst marschierten die Feuerwehrmänner ab, dann breitschultrig und rauchend die Bühnenarbeiter, dann kam eine Weile niemand. Etwas später

stieß die Tür kleine Trupps von Ballettmädchen in den Hof, schmale Geschöpfe in billigen Pelzmänteln, von einem Kauderwelsch von Französisch, Russisch und Englisch umflattert. Gaigern lächelte hinter ihnen her, manche kannte er schon aus Nizza und Paris. Wenn er lachte, wurde seine Oberlippe zu kurz, wie bei einem kleinen Kind, das sah hübsch aus und gefiel manchen Frauen.

›Mein Gott, wie lange das heute wieder dauert‹, dachte er ungeduldig, als der Bühnenhof nun gänzlich einschlief. Es verging eine Viertelstunde fast, dann bewegte sich der Chauffeur auf dem Wagen der Grusinskaja wie ein träumender Hund und stellte den Motor an. Gaigern, der dieses Anzeichen kannte, quetschte sich ganz tief in den Mauerschatten. Als die Grusinskaja endlich erschien, war er unsichtbar geworden. »Warten Sie hier, Suzette«, sagte sie, in die Tür zurückgewendet, »ich schicke Berkley gleich zurück. Er bringt Sie dann ins Hotel.« Sie war in einen außerordentlich dekorativen Abendmantel aus Gold, Schwarz und Hermelin gehüllt bis über das Kinn und sah jetzt genau so schön aus wie ihre Photographien in den illustrierten Zeitungen der ganzen Welt. Gaigern, aus seinem Schatten heraus, starrte sie an. Als sie ihren Silberfuß auf das Trittbrett setzte, öffnete sich der Hermelinkragen, und Gaigern konnte ihren Hals sehen, ihren berühmten, langen, weißen Hals, der an diesem Abend besonders nackt und blumenhaft erschien. Gaigern zog erfreut Luft durch die Zähne; nichts hatte er heftiger gewünscht, als diesen entblößten Hals zu sehen…

Wie sich herausstellen wird, ist Gaigerns Interesse am Hals der Grusinskaja aber durchaus anderer Art, als man hier vermuten möchte. Vieles in diesem Roman erweist sich als anders als erwartet: Darüber denkt auch der todkranke Kringelein nach, der im Wissen um seinen baldigen Tod all sein Erspartes zusammengenommen hat und in das berühmte Berliner Grand Hotel gereist ist, um einmal richtig zu leben. In der Hotelbar trifft er auf Doktor Otternschlag, einen resignierten Dauergast:

Allein – damit kenne er [Kringelein] sich aus, so sagte er ungefähr, auch er sei allein in Berlin, überhaupt allein. Er habe die Fäden abgeschnitten, er habe verschiedene Verbindungen gelöst – so gewählt drückte er sich aus –, und nun sei er in Berlin. Wenn man sein ganzes Leben in Fredersdorf gelebt hätte, sei man wohl etwas dumm für die große Stadt – aber nicht so dumm, um die eigene Dummheit nicht zu merken. Er kenne wenig vom Leben, aber nun möchte er es kennenlernen, er möchte das wirkliche große Leben kennenlernen, eigens dazu sei er hier. »Aber«, so sagte Kringelein, »wo ist das wirkliche Leben? Ich habe es noch nicht erwischt. Ich war im Kasino, ich sitze hier mitten im teuersten Hotel, aber es ist noch immer nicht richtig. Ich habe immer den Verdacht, das richtige, das wirkliche, das eigentliche Leben spielt sich woanders ab, das sieht ganz anders aus. Wenn man nicht dazugehört, dann ist es gar nicht so leicht, hineinzukommen, verstehen Sie?«

»Ja, wie stellen Sie sich das mit dem Leben vor?« erwiderte darauf Doktor Otternschlag. »Gibt es das Leben überhaupt, wie Sie sich das vorstellen? Das Eigentliche geschieht immer woanders. Wenn man jung ist, denkt man: Später. Später denkt man: Früher war es das Leben. Wenn man hier ist, dann denkt man: Es ist dort, in Indien, in Amerika, am Popokatepetl oder sonstwo. Aber wenn man dort ist, dann hat sich das Leben gerade weggeschlichen und wartet ganz still hier, hier, von wo man davongerannt ist. Mit dem Leben geht es, wie es dem Schmetterlingsjäger mit dem Schwalbenschwanz geht. Wenn man ihn fortfliegen sieht, ist er wunderbar. Wenn man ihn gefangen hat, sind die Farben abgegangen und die Flügel lädiert.«

Weil Kringelein zum erstenmal einige zusammenhängende Sätze aus Doktor Otternschlags Munde zu hören bekam, machten sie ihm Eindruck, aber er glaubte sie nicht. »Das glaube ich nicht«, sagte er bescheiden.

Alle Gäste des Hotels sind in irgendeiner Form abhängig von Geld – auch deshalb erweist sich *Menschen im Hotel* als Beispiel für die literarische Strömung der »Neuen Sachlichkeit«, die ganz anders als der

Expressionismus nüchtern und illusionslos auf die Gesellschaft blickte, die die Literatur der industriellen Massengesellschaft anpassen und den Dichter nicht mehr als Dichter, sondern als Produzenten von Literatur als Ware verstanden wissen wollte. Dabei hatte Baum ihren Roman, den sie zunächst ironisch als »Kolportageroman mit Hintergründen« bezeichnet hatte, gar nicht so ernst und gefühlsschwer gemeint, wie er dann zu ihrem eigenen Erstaunen oft verstanden wurde. In *Es war alles ganz anders* schrieb sie: »Schön, dachte ich bei mir, machen wir mal ein kleines Experiment. Nehmen wir mal die abgedroschensten Situationen [...] die abgedroschensten Figuren, stecken wir in jede ein Lichtlein, das sie von innen erhellt, durchsichtig macht, zu einem Menschen macht [...]. Die Ironie lag darin, dass kein Mensch die Ironie gespürt hat.«

So oder so: Der Roman machte sie weltweit berühmt. Er wurde ins Englische übersetzt, am Broadway ein kolossaler Erfolg und als *Grand Hotel* in Hollywood mit Greta Garbo als Grusinskaja ein Welterfolg. Die Verfilmung spielte zweieinhalb Millionen Dollar ein, erhielt mehrere Oscars und eröffnete Vicki Baum mit einem Mal nicht nur Chancen auf dem amerikanischen Buchmarkt, sondern auch als Drehbuchautorin in Hollywood. Man machte ihr lukrative Angebote und wollte sie dort ebenso zur Marke aufbauen, wie dies schon in Deutschland geschehen war. Nach einem mehrmonatigen Aufenthalt in Amerika war ihr Entschluss gefasst: Diese Chance wollte sie nutzen. Sie löste ihre Verpflichtungen bei Ullstein und ging in die USA, bald darauf folgten ihr Mann und ihre Söhne. Ab 1932 lebte die Familie in Hollywood.

Dass sie Deutschland verlassen hatten, hatte aber nicht nur an Baums Karrierechancen gelegen, sondern auch an der politischen Situation, schließlich waren beide Eheleute jüdischer Abstammung, und vor allem Richard Lert hatte bereits Erfahrungen mit antisemitischen Anfeindungen gemacht. 1948 sollte Baum an ihn schreiben: »Wäre ich nicht nach Amerika gegangen, dann wären wir alle in die Würscht gekommen«, womit sie sicher recht hatte, denn schon 1933 – im selben Jahr schrieb sie an Else Lasker-Schüler, wie gut dieser vermutlich Kalifornien gefallen würde – wurde der Name »Vicki Baum« in Deutschland auf die »Schwarze Liste« gesetzt, mit dem Zusatz: »Asphaltliteratin, die im Ausland gegen das nationale Deutschland hetzt.«

Das tat ihrem Erfolg in Amerika und international freilich keinen Abbruch. Auch wenn sie an den ganz großen Erfolg von *Menschen im Hotel* nicht mehr anknüpfen konnte, schrieb sie mit der ihr eigenen Disziplin weiter: Zahlreiche Romane, journalistische Artikel und Drehbücher entstanden dort, sie lebte in einer Villa am Amalfi Drive, passte sich an die amerikanische Mode an, blondierte sich die Haare heller, lernte Englisch, beantragte die Einbürgerung. Bereits 1938 wurde sie amerikanische Staatsbürgerin. Bald schon schrieb sie ihre Romane auf Englisch – und auch, wenn sie mit der Zeit ernüchtert auf den harten geschäftlichen Umgang Hollywoods blicken würde, sollte sie bis zu ihrem Lebensende dort bleiben.

Unter anderen deutschsprachigen Emigranten wie Thomas Mann, Arnold Schönberg oder Fritz Lang war sie beliebt, auch da sie als wohlhabende, erfolgreiche Schriftstellerin die anderen Emigranten immer wieder unterstützte. Mit *Liebe und Tod auf Bali* (1937), *Hotel Shanghai* (1939) und *Kautschuk* (1943/45) verfasste sie noch einmal international viel beachtete Romane, die sogar Kritiker lobten, denen Baum eigentlich zu unterhaltend war – ein Urteil, das sie schon sehr viel früher in ihrer Berliner Zeit in dem Artikel *Angst vor Kitsch* so beantwortet hatte: »Und dann ihr Lieben: Macht euch nicht so wichtig. Kompliziert euch das Dasein nicht unnütz. Habt nur Courage. Spürt nur. Lebt nur. Auf alles andere kommt es so gar nicht an.«

In all ihren zahlreichen Veröffentlichungen ab 1932 schrieb sie nie über das Thema Exil: Amerika war ihr Zuhause, sie war nicht im Exil. Einmal mehr hatte sie ihre Chancen genutzt, sich mutig angepasst und sich ein neues Leben aufgebaut.

1950 wurde bei Baum Leukämie diagnostiziert. Sie verschwieg die Krankheit und arbeitete bis zum Tag vor ihrem Tod weiter. Zu dieser Zeit schrieb sie ihre Erinnerungen *Es war alles ganz anders*, die posthum erscheinen sollten. Am 29. August 1960 starb Vicki Baum in einer Klinik in Hollywood. Den Geschwistern Klaus und Erika Mann soll sie einmal gesagt haben: »Don't be afraid! […] Und die Zukunft wird heller sein, als die Gegenwart es ist, wenn wir ihr, statt uns vor ihr zu fürchten, mutigen und vertrauensvollen Herzens entgegenschauen.«

Ausgewählte Werke

Prosa: *Frühe Schatten. Das Ende einer Kindheit* (1914), *Der Eingang zur Bühne* (1920), *Die Tänze der Ina Raffay* (1921), *Die anderen Tage. Novellen* (1922), *Ulle der Zwerg* (1924), *Hell in Frauensee* (1927), *Feme* (1927), *stud. chem. Helene Willfüer* (1929), *Menschen im Hotel* (1929), *Zwischenfall in Lohwinkel* (1930), *Pariser Platz 13* (1931), *Das große Einmaleins* (1935), *Die Karriere der Doris Hart* (1936), *Liebe und Tod auf Bali* (1937), *Der große Ausverkauf* (1937), *Hotel Shanghai* (1939), *Marion* (1941), *Kautschuk* (1943), *Hotel Berlin* (1943), *Verpfändetes Leben* (1946), *Schicksalsflug* (1947), *Clarinda* (1949), *Vor Rehen wird gewarnt* (1951), *Kristall im Lehm* (1953), *Flut und Flamme* (1956), *Die goldenen Schuhe* (1957); **Autobiographisches:** *Es war alles ganz anders* (1962); **Journalistisches:** *Makkaroni in der Dämmerung* (2018).

Nelly Sachs (1891–1970)

Die Sprache gegen die Sprachlosigkeit

Es passt eigentlich ganz gut zu Nelly Sachs, dass *Die Günderode* von Bettine von Arnim zu ihren Lieblingsbüchern zählte. Tatsächlich war Nelly Sachs in mancher Hinsicht Karoline von Günderrode gar nicht so unähnlich: Beide lebten recht zurückgezogen, waren zu heftigem, tiefem Fühlen und insbesondere Lieben fähig, ja liebten so sehr, dass Liebe und Leid oft kaum zu trennen waren. Und beide strebten in unterschiedlicher Weise danach, das eigene Leben auszulöschen. Zwar nahm sich Nelly Sachs nicht das Leben, aber sie zerstörte zahlreiche Quellen darüber, hielt Informationen über ihr Leben weitgehend geheim und bat auch andere um strikte Verschwiegenheit. Folglich weiß man insbesondere über ihre jungen Jahre wenig – und jede Darstellung ihres Lebens darf wohl nur in dem Wissen geschrieben und gelesen werden, dass Nelly Sachs nicht wollte, dass von ihrem Leben erzählt wird. Am 25. Juni 1959 schrieb sie an Walter Berendsohn: »Meine Bücher enthalten alles, was vielleicht einer oder der andere wissen will über mein Leben [...] – ich aber will, daß man mich gänzlich ausschaltet – nur eine Stimme, ein Seufzer für die, die lauschen wollen. [...] Ich selbst will meine Einsamkeit!«

Am 10. Dezember 1891 wurde Nelly Sachs als Kind großbürgerlicher, assimilierter jüdischer Eltern in Berlin geboren. Ihrem späteren Freund und Vertrauten Walter Berendsohn erzählte sie nur wenig über ihre Kindheit und Jugend: Sie war ein Einzelkind und fühlte sich oft einsam, lebte sehr in sich gekehrt, bekam aber vom Vater ein Reh, Ziegen und Hunde zur Gesellschaft geschenkt. Schon früh begann sie, sich Geschichten und Märchen auszudenken. Die Begabung dafür führte sie auf ihre Mutter, Margarete Sachs, zurück, der sie auf das Engste verbunden war. Der Vater, der Ingenieur Georg William Sachs, war seiner Tochter gegenüber distanziert, aber er war künstlerisch interessiert: Jeden Abend spielte er Klavier und Nelly Sachs tanzte dazu.

Am 25. Januar 1959 schrieb sie an Berendsohn, der Tanz sei ihr »innerstes Element. Nur durch die Schwere des Schicksals, das mich betraf, bin ich von dieser Ausdrucksweise zu einer anderen gekommen:

dem Wort!« Und das war die Sprache, war das Schreiben für Nelly Sachs: Ihr Weg, eigentlich Unsagbares zu sagen, in einem schweren Schicksal nicht zu verstummen und unterzugehen. Es wurde ihr Element, eine »Hilfe zum Weiterleben«, wie es in demselben Brief heißt. Und Nelly Sachs begann schon früh mit dem Schreiben. Konnte sie zunächst aus gesundheitlichen Gründen nur privat unterrichtet werden, so besuchte sie dann zwischen 1903 und 1908 eine private Töchterschule. In dieser Zeit schrieb sie erste Geschichten, Puppenspiele und Gedichte und entdeckte das Lesen für sich. Mit Selma Lagerlöf, die sie verehrte, der sie einige ihrer Werke zukommen ließ und die später an ihrer Flucht beteiligt sein sollte, schrieb sie ab einem Alter von 15 Jahren Briefe.

Auf den Schulabschluss 1908 folgten zwei Jahre, die im Dunkeln liegen und über die Sachs strikte Geheimhaltung forderte, die sie aber als die »eigentliche Quelle meines späteren Schaffens« bezeichnet hat. Nur sie und ihre Mutter wussten, was wirklich passiert war. Vermutlich war sie aus unglücklicher Liebe magersüchtig und psychisch krank geworden und in diesen zwei Jahren in einem Sanatorium gewesen. Anscheinend hatte der sie behandelnde Psychiater Richard Cassirer gerade aufgrund ihrer Gedichte Hoffnung auf eine Genesung gehabt, er empfahl ihr wohl auch, ihren Gefühlen im Schreiben Ausdruck zu verleihen. So könnte für Sachs tatsächlich schon in diesen zwei Jahren das Schreiben zur »Hilfe zum Weiterleben« geworden sein. Über die Identität des Mannes, den sie so unglücklich geliebt hatte, ist nur bekannt, dass er laut ihrer Aussage kein Jude gewesen und während der Zeit des Nationalsozialismus zum Widerstandskämpfer geworden, verhaftet und wohl im Beisein von Sachs gefoltert und schließlich ermordet worden war. Vor dem Hintergrund dieser Ereignisse erklärt sich vielleicht das folgende frühe Gedicht Sachs', das 1933 veröffentlicht wurde:

Rehe

Sie sind des Waldes leise Legenden,
Darin die Geheimnisse zärtlich verenden
Der Bäume, der duftenden Blumen der Nacht.
Im Auge des Springquells jenseitiges Leuchten,

So wandeln die weither aufgescheuchten
Und streifen den Tau mit den Hufen sacht.

Haar rauchend vor Scheu, und immer im Leide,
Wenn eine Kugel auf traumtiefer Weide
Hinpflügt, was nie ganz zum Tage geweckt –
Es zeichnet der feuchte Schmerz sich im Moose,
Ein müdes Blatt noch färbt sich zur Rose,
Und Leben hat immer wie Abschied geschmeckt.

Nach den zwei Jahren Krankheit lebte Nelly Sachs weiter bei den Eltern, sie blieb jedoch kränklich. Weiterhin schrieb sie Gedichte und kleinere Prosatexte – 1921 erschien dann ihr erstes Buch *Legenden und Erzählungen*, das kein großer Verkaufserfolg wurde, sie aber in ihrem Tun bestätigte – insbesondere da Selma Lagerlöf, der sie ein Exemplar zugesandt hatte, es lobte. Diese Antwortkarte Lagerlöfs nahm Sachs später mit ins Exil, so kostbar war sie ihr.

Ihre frühen Prosatexte stehen nicht nur unter dem deutlichen Einfluss von Selma Lagerlöf, sondern auch der Romantik, mit der sich Sachs auch noch in den 1930er Jahren intensiv befassen sollte, genauso wie mit Märchen, mystischen Texten und Legenden – neben Bettine von Arnims *Die Günderode* las sie Jakob Böhme, Hölderlin und Novalis. Vom zeitgenössischen literarischen Leben war sie, wohl auch aufgrund ihrer zurückgezogenen Lebensweise, praktisch völlig abgeschnitten, obwohl es in ihrem weiteren Bekanntenkreis Kontaktmöglichkeiten gegeben hätte und Berlin eines der Zentren literarischen Schaffens war. Doch erst in den 1930ern sollte sie Gertrud Kolmar, Kurt Pinthus und Jacob Picard kennenlernen. Einzelne Kontakte ergaben sich aber aus ihrer ersten Veröffentlichung: So soll diese Leo Hirsch, der als Redakteur für das *Berliner Tageblatt* tätig war, derart überzeugt haben, dass er angeboten haben soll, ihr für die nächsten 20 Jahre einen Platz in der Zeitung offen zu halten. Angeblich war Sachs deswegen so aufgeregt gewesen, dass sie in die falsche Straßenbahn gestiegen, auf Umwegen nach Hause gekommen und ihrer Mutter mit den Worten »Ich bin eine Dichterin, eine wirkliche Dichterin« um den Hals gefallen war. Später versuchte sie von Schweden aus, Leo Hirsch zu retten – vergeblich, er starb 1943 in einem Arbeitslager bei Berlin.

Vorwiegend pflegte Sachs jedoch zunächst ihren krebskranken Vater, der 1930 starb, sowie die nun ihrerseits kränkliche Mutter. Ende der 1920er und 1930er Jahre fand Sachs in einem Kolleg über die Romantik von Professor Max Herrmann, das sie besuchte, Freunde in literarisch interessierten Kreisen. Insbesondere Gudrun Dähnert spielte fortan eine wichtige Rolle für sie. Dieser Kontakt hielt auch nach der Machtergreifung der Nationalsozialisten 1933, auch wenn Dähnert sich damit in Gefahr brachte. Die meisten Angehörigen der Familie Sachs begannen jetzt, das Land zu verlassen. Neben Sachs und ihrer Mutter blieben nur zwei weitere Verwandte in Berlin, die beide später deportiert und ermordet wurden.

Die Repressionen nahmen zu – der 1955 veröffentlichte Prosatext *Leben unter Bedrohung* fasst zusammen, wie Sachs die Zeit in Deutschland unter Hitler erlebte: »Zeit unter Diktat. Wer diktiert? Alle! Mit Ausnahme derer, die auf dem Rücken liegen wie die Käfer vor dem Tod. [...] Wettbewerb im Sterben. Gnade, Gnade des Nicht-mehr-sein-dürfens. Höchster Wunsch auf Erden: Sterben ohne gemordet zu werden.« Als dann auch noch der ehemals Geliebte ermordet worden war und 1938 die Novemberpogrome stattgefunden hatten, lebte sie, laut einem späteren Brief vom 17. März 1958 an Margit Abnius, für nichts mehr als »nur für meine geliebte Mutter«. Und die galt es zu retten – doch Emigration war nun schwierig.

Sachs wandte sich an Selma Lagerlöf, erhielt jedoch keine Antwort. Darauf entschloss sich Gudrun Dähnert, nach Schweden zu reisen und persönlich Lagerlöf um Hilfe zu bitten. Sie verkaufte ihre Möbel und machte sich auf den Weg: erfolgreich. Lagerlöf sprach sich schriftlich für Sachs und deren Mutter aus, die Jüdische Gemeinde in Stockholm sagte zu, für einen bescheidenen Lebensunterhalt der beiden aufzukommen, eigentlich stand damit der Einreiseerlaubnis nichts mehr im Weg. Gudrun Dähnert kehrte nach Berlin zurück. Doch die Erlaubnis ließ auf sich warten. 1940 erhielten Sachs und ihre Mutter dann den Gestellungsbefehl in ein Arbeitslager. Ein letztes Mal sprach Sachs bei der schwedischen Botschaft vor – und erfuhr, dass die Einreiserlaubnis schon seit 14 Tagen vorlag. Sachs zerriss den Gestellungsbefehl, mit einer der letzten Passagiermaschinen flog sie mit ihrer Mutter am 16. Mai 1940 nach Stockholm. Sie waren in letzter Minute entkommen.

In Stockholm mussten sie nun ein bescheidenes Leben führen, doch sie erhielten Hilfe. Selma Lagerlöf war zwar verstorben, aber sie hatte Enar Sahlin gebeten, sich der beiden Frauen anzunehmen. Er half Sachs, Schwedisch zu lernen. Und sie lebten. Millionen andere starben. Dieses Morden, dieses eigentlich Unsagbare, sollte Sachs fortan mehrfach in Worte fassen, so beispielsweise in dem berühmten ersten Gedicht aus dem 1947 erschienenen Gedichtband *In den Wohnungen des Todes*:

O die Schornsteine
Auf den sinnreich erdachten Wohnungen des Todes,
Als Israels Leib zog aufgelöst in Rauch
Durch die Luft –
Als Essenkehrer ihn ein Stern empfing
Der schwarz wurde
Oder war es ein Sonnenstrahl?

O die Schornsteine!
Freiheitswege für Jeremias und Hiobs Staub –
Wer erdachte euch und baute Stein auf Stein
Den Weg für Flüchtlinge aus Rauch?

O die Wohnungen des Todes,
Einladend hergerichtet
Für den Wirt des Hauses, der sonst Gast war –
O ihr Finger,
Die Eingangsschwelle legend
Wie ein Messer zwischen Leben und Tod –

O ihr Schornsteine,
O ihr Finger,
Und Israels Leib im Rauch durch die Luft!

Diese Gedichte, die im Exil in Schweden entstanden, sind in einer anderen, in einer genuin Nelly Sachs eigenen Art verfasst. Sie hatte ihre eigene Sprache gefunden. Man nimmt an, dass dazu auch ihre Tätigkeit als Übersetzerin aus dem Schwedischen beigetragen hat: Um etwas hinzuzuverdienen, übersetzte die Dichterin neben der Pflege ihrer kranken Mutter vor allem Lyrik, beispielsweise von Edith Södergran oder Karin Boye. Einen Einfluss hatten aber sicherlich auch ihre schmerzlichen Erfahrungen und ihre erst unter dem Druck der Nationalsozialisten begonnene Auseinandersetzung mit dem Judentum, das zuvor kaum eine Rolle in ihrem Leben gespielt hatte: Nun hatte sie sich mit dem Chassidismus und der Kabbala, einer Tradition jüdischer Mystik, beschäftigt.

Und nicht nur für die Ermordeten fand Nelly Sachs Worte – sondern auch für die, die wie sie entkommen waren. Für die Schwierigkeit des Weiterlebens. So findet sich *In den Wohnungen des Todes* auch das Gedicht *Chor der Geretteten*, in dem es in der zweiten Strophe heißt:

Wir Geretteten,
Immer noch essen an uns die Würmer der Angst.
Unser Gestirn ist vergraben im Staub.
Wir Geretteten
Bitten euch:
Zeigt uns langsam eure Sonne.
Führt uns von Stern zu Stern im Schritt.
Laßt uns das Leben leise wieder lernen.
Es könnte sonst eines Vogels Lied,
Das Füllen des Eimers am Brunnen
Unseren schlecht versiegelten Schmerz aufbrechen lassen
Und uns wegschäumen –
[…]

Zeitgleich zu diesem Gedichtband entstand mit *Eli – Ein Mysterienspiel vom Leiden Israels* der einzige dramatische Text Sachs', der später einige Male aufgeführt werden sollte. Davon abgesehen sollte das dramatische Werk der Dichterin weitgehend ignoriert werden. Deutlich mehr Aufmerksamkeit erhielt ihre Lyrik, die sie nun schrieb. Ab jetzt sollte Nelly Sachs zunehmend Anerkennung für ihre Gedichte erhalten und regelmäßig Gedichte veröffentlichen.

Doch zunächst starb 1950 die geliebte Mutter. An Manfred George schrieb sie am 9. Februar 1950: »Meine Mutter ist gestorben. Mein Glück, meine Heimat, mein Alles.« Sachs wurde depressiv, zerstörte einen Teil ihrer Manuskripte, Bekannte fürchteten um ihre psychische Gesundheit. Doch das Schreiben gab ihr noch einmal Halt – und sie fand neue Freunde, die ihr eine Stütze waren. 1952 erhielt sie die schwedische Staatsbürgerschaft, sie schrieb viel, las Søren Kierkegaard und Simone Weil. In dem 1959 veröffentlichten Gedicht *In der Flucht* sollte sie ihre Situation so benennen: »An Stelle von Heimat / halte ich die Verwandlungen der Welt –«.

Zu Hause war Nelly Sachs nun mehr denn je in der Sprache. Und immer mehr wurde man auch in Deutschland auf sie aufmerksam: Insbesondere Alfred Andersch, selbst Schriftsteller und Herausgeber der Zeitschrift *Texte und Zeichen*, und Hans Magnus Enzensberger, Lektor im Suhrkamp Verlag, setzten sich für die Dichterin ein. Es begann die Zeit der Anerkennung: 1957 wurde sie korrespondierendes Mitglied der Deutschen Akademie für Sprache und Dichtung, 1958 erhielt sie den Lyrikpreis des Schwedischen Schriftstellerverbandes, 1960 den Meersburger Droste-Preis, für den sie erstmals wieder nach Deutschland reiste. Hier fand sie nun endlich Anschluss an die zeitgenössische Literatur, denn alle waren gekommen: Paul Celan, Ingeborg Bachmann, Max Frisch. 1961 wurde sie zur ersten Trägerin eines nach ihr benannten Preises: des Nelly-Sachs-Preises der Stadt Dortmund.

Doch all diesem endlich eintretenden Erfolg zum Trotz: Die Einsamkeit und das Erlebte setzten Nelly Sachs zu sehr zu. Ab 1960 war sie erneut immer wieder stationär in psychiatrischer Behandlung, sie litt unter einer paranoiden Psychose, fühlte sich verfolgt und meinte, ein Klopfen in der Wand zu hören. Das Trauma von Flucht und Verfolgung ließ sie nicht los. Auch in dieser Zeit schrieb sie immer weiter – wie hätte sie auch sonst weiterleben sollen? Ihr Zustand stabilisierte sich erst 1963 wieder so weit, dass sie auf weitere stationäre Behandlungen verzichten konnte.

Doch Sachs' Zustand blieb labil, weswegen sie sich immer wieder aus der Öffentlichkeit zurückziehen musste. Ihrer Produktivität tat dies keinen Abbruch. Sie hatte nun viele Freunde unter den zeitgenössischen Literaten, neben Paul Celan und Ingeborg Bachmann etwa auch Hilde Domin, Ilse Aichinger, Johannes Bobrowski. Viele weitere lernte sie bei einem Treffen der »Gruppe 47« 1964 in Stockholm kennen. 1965 erhielt sie den Friedenspreis des Deutschen Buchhandels. Doch die größte Ehrung, die sie als Dichterin auf eine Stufe mit der von ihr verehrten Selma Lagerlöf stellte, wurde ihr ein Jahr später zuteil: 1966 wurde Nelly Sachs der Nobelpreis für Literatur verliehen (zusammen mit Samuel Joseph Agnon). Von dem mit dem Preis verbundenen Geld behielt sie wenig. Den Großteil verteilte sie an Hilfesuchende und übergab ihn der Freundin Gudrun Dähnert. Sie hatte diesen höchsten Preis für Literatur für ein dichterisches Werk erhalten, mit dem sie das Unaussprechbare hatte aussprechen können. Ende der 1960er veröffentlichte sie ein Gedicht, das ihr Verhältnis zur Sprache auf den Punkt bringt und noch einmal wiederholt, wie nah in ihrem Leben Liebe und Leid miteinander verbunden gewesen waren:

Hier nehme ich euch gefangen
ihr Worte
wie ihr mich buchstabierend bis aufs Blut
gefangen nehmt
ihr seid meine Herzschläge
zählt meine Zeit
diese mit Namen bezeichnete Leere

Laßt mich den Vogel sehen
der singt
sonst glaube ich die Liebe gleicht dem Tod –

Doch Ende der 1960er Jahre, auf dem Höhepunkt ihres Erfolgs, war Sachs bereits eine ältere Dame. 1967 erlitt sie einen Herzanfall, zudem erkrankte sie an Krebs, weswegen sie sich 1969 operieren lassen musste. Nelly Sachs wusste, dass es nun auf das Ende zuging, und wollte sterben; auch das Schreiben gelang ihr nicht mehr so, wie sie es wollte. Für jemanden, dessen Leben so mit dem Schreiben verbunden gewesen war, konnte das kein gutes Zeichen sein: Am 12. Mai 1970 verstarb die Dichterin. Sie wurde, wie von ihr gewünscht, gleich hinter dem Grab ihrer Eltern in Stockholm beerdigt.

Ausgewählte Werke

Prosa: *Legenden und Erzählungen* (1921); **Dramen:** *Nachtwache* (1945), *Eli – Ein Mysterienspiel vom Leiden Israels* (1951), *Zeichen im Sand. Szenische Dichtungen* (1962); **Lyrik:** *In den Wohnungen des Todes* (1947), *Sternverdunkelung* (1949), *Und niemand weiß weiter* (1957), *Flucht und Verwandlung* (1959), *Noch feiert Tod das Leben* (1961), *Glühende Rätsel* (1964), *Späte Gedichte* (1965), *Die Suchende* (1966), *Teile dich Nacht. Die letzten Gedichte* (1971, posthum), *Gedichte* (1977, Auswahl aus den Gedichten, hrsg. von Hilde Domin).

Gertrud Kolmar (1894 – um 1943)

Das ihr eigene Heldentum

Es heißt, stille Wasser seien tief, und dies trifft wohl auf Karoline von Günderrode, Nelly Sachs, Gertrud Kolmar und andere zu. Sachs und Kolmar hatten sich in den 1930er Jahren kurz kennengelernt, und Sachs bewunderte Kolmar. Hätten beide Karoline von Günderrode kennengelernt, vielleicht hätten sie sich gemocht. Sie hatten manches miteinander gemein. Ganz ähnlich wie bei Günderrode – aber auch bei Varnhagen – heißt es in einem frühen Gedicht Kolmars:

> Gießt mir Kugeln! Schleift den Degen!
> Oh, ein Mann sein! Ja, ein Held!
> Jubelnd einem Los entgegen,
> Das ihn krönt, der trotzt und fällt.

Über das ebenfalls sehr zurückgezogene, vor allem aber schrecklich kurze Leben Getrud Kolmars ist wenig bekannt, aber das, was wir wissen, lässt den Schluss zu, dass sie eine Heldin war – ihrem ganz eigenen Verständnis von »Heldentum« entsprechend. Man möchte niemandem ohne weiteres empfehlen, sich Gertrud Kolmars Ideale zu eigen zu machen, aber man wird doch feststellen müssen, welch innere Größe und Stärke sie besessen haben muss, um sich selbst und ihren Vorstellungen gemäß leben zu können. Die Dichterin Ulla Hahn fasste dies so zusammen: »Gertrud Kolmar verweigerte keinem Ereignis, das ihr jemals zustieß, ihr Einverständnis, sie wich dem Leben nicht aus, daher konnte ihr jede Enttäuschung, jeder Schmerz zur Bereicherung werden.«

Geboren wurde sie als Gertrud Käthe Chodziesner am 10. Dezember 1894 in Berlin als ältestes von vier Kindern des erfolgreichen Rechtsanwaltes Ludwig Chodziesner und seiner Frau Elise Chodziesner. Die assimilierte jüdische Familie lebte in wohlhabenden bürgerlichen Verhältnissen, ein Cousin von Gertrud Chodziesner war der berühmte Philosoph Walter Benjamin. Schon als Kind wurde die Dichterin als ernst, abwehrend, einsam und zurückhaltend wahrgenommen, auch zu den Geschwistern, insbesondere zur jüngeren

Schwester Margot, hatte sie kein enges Verhältnis. Dafür wurde sie als älteste Tochter von der Mutter schon früh in die häuslichen Pflichten einbezogen, was sie – im Gegensatz zu den Geschwistern – zuverlässig erledigte. Jahrzehnte später, am 21. September 1941, sollte sie in einem Brief an ihre Schwester Hilde Wenzel schreiben: »Ich entsinne mich, dass mir Mutti den oder jenen Auftrag gab, und wenn ich sagte, dass sie ihn doch Dir schon gegeben, nur meinte: ›Ach, Hildchen hat keine Lust dazu …‹ Du wirst es mir nicht verübeln, wenn ich gestehe, dass ich damit nicht sehr zufrieden war […]. Margot übrigens tat schon als Kind nur, was ihr Spaß machte, und Mutti traute sich mit Aufforderungen, zu helfen, gar nicht an sie heran.«

Diese Rolle in der Familie, die ihr bald zur Lebenshaltung werden sollte, übernahm Gertrud Chodziesner also schon in ihrer Kindheit – und eben diese Haltung sollte ihr zum Verhängnis werden. Auch Hilde Wenzel beschrieb später ihre ältere Schwester wie folgt: »Ja, diese Eigenschaft, die Pflicht, den momentanen Ruf über die innere Berufung, die große Aufgabe zu stellen, beherrscht ihr ganzes Leben und durchzieht es wie ein roter Faden. Nicht umsonst trägt eins ihrer Gedichte den Titel: *Dienen*. Nur daraus ist ihre spätere völlige Selbstaufopferung zu verstehen. Da gab es kein verkanntes Genie und kein Selbstmitleid, da galt als oberstes Gesetz: Pflicht und Nächstenliebe.«

Dieses Ideal, sich für andere aufzuopfern, verarbeitete sie auch in ihrer Dichtung, beispielsweise in diesem frühen Gedicht:

Opfergang

Ich wusste, dass auch ich geboren bin.
Es ist ein Buch, da steht mein Name drin.

Ich war mir selbst zu eigen zwanzig Jahr,
Trug schwer an mir; da fand ich den Altar

Und hab auf seinen Stufen scheu mein Ich
Um eine Güte Gott geschenkt: für dich.

Und legte meines Ichseins Glück dazu
Und wurde reich, da nichts mir blieb. Nur du.

Dabei zeigte sich Gertrud Chodziesner schon als Kind künstlerisch begabt und interessiert: Sie liebte das Tanzen, was bis ins Erwachsenenalter so bleiben sollte, und schrieb kleine Theaterstücke, oft zu antiken Stoffen, die sie mit den Geschwistern und Freunden aufführte. Ihre künstlerischen Anlagen führte sie auf die Mutter zurück, wenn ihr auch der Vater, den sie bewunderte, näherstand.

Die Dichterin besuchte zunächst eine Höhere Mädchenschule in Berlin, dann eine Haus- und Landwirtschaftliche Frauenschule bei Leipzig. Ein Jahr später, im Jahr 1916, legte sie die Lehrerinnenprüfung ab, zudem das Sprachlehrerinnendiplom für Französisch und Englisch. Aufgrund ihrer großen sprachlichen Begabung beherrschte sie zudem Russisch, Tschechisch, Spanisch, Flämisch, später wohl auch Hebräisch – die Dichterin war vermutlich dem Zionismus zugeneigt. Bis Ende 1917 arbeitete sie dann als Briefzensorin im Kriegsgefangenenlager Döberitz bei Potsdam. All diese beruflichen Schritte ging sie neben einem schwer belasteten Privatleben: Vermutlich hatte sie eine Liebesbeziehung zu einem deutschen Offizier gehabt, von dem sie schwanger geworden war, doch allem Anschein nach hatten sie die Eltern zu einer Abtreibung gezwungen, und 1916 hatte sie wohl versucht, sich das Leben zu nehmen. Hilde Wenzel erinnert sich an ihre Schwester so: »Es fehlte ihr gewiss nicht an Mut, um ein uneheliches Kind zu gebären, doch stand dies in schroffem Gegensatz zu den Moralbegriffen, in denen sie aufgewachsen und erzogen worden war. Sie wäre niemals fähig gewesen, ihren Eltern eine solche Schande und Enttäuschung zu bereiten. Das widersprach ihren ethischen Begriffen, ihrer Kindespflicht und ihrem starken Traditionsbewusstsein.«

Noch in den 1930er Jahren sollte sie diese Ereignisse literarisch zu verarbeiten suchen. So heißt es in dem Gedicht *Fruchtlos* aus dem Gedichtzyklus *Welten* von 1937:

Durch die verschlossene Tür tritt lautlos
Ein Kind.
Das einzige, das mir zubestimmt und das ich nicht geboren.
Nicht geboren um meiner Sünde willen; Gott ist gerecht.
Und ich schweige, und murre nicht, ich trage und berge
das Haupt, und so darf ich es suchen
Manchen Abend.

Gelegentlich wird zudem vermutet, hinter dem Kürzel »K. J.«, dem die Dichterin einige ihrer Werke gewidmet hat, könnte sich dieser Offizier verbergen.

Auf diese schwere Zeit folgte die Zeit des ersten dichterischen Erfolgs: Der Vater hatte heimlich eine Veröffentlichung von Gedichten seiner Tochter in die Wege geleitet – 1917 erschien der Band *Gedichte* unter dem Pseudonym Gertrud Kolmar. Sie nannte sich nun »Kolmar« gemäß der deutschen Bezeichnung der polnischen Stadt Chodziesn, von der sich auch der Familienname herleitete. Damit war aus Gertrud Chodziesner Gertrud Kolmar geworden.

In der Zeit nach dem Ersten Weltkrieg arbeitete Kolmar zunächst als Erzieherin und Lehrerin in Privathaushalten in Berlin und Hamburg. Zu den Berliner Künstlerkreisen hatte sie keinen Kontakt, sie verlebte die 1920er Jahre zurückgezogen. Vielleicht erklärt dieser fehlende Kontakt zum literarischen Leben die Eigenständigkeit ihres Dichtens: Ihr Werk ist genuin eigenständig, weist am ehesten noch Bezüge zur naturmagischen Schule auf, zu der beispielsweise Elisabeth Langgässer, Oda Schäfer oder Wilhelm Lehmann gehörten.

1927 unternahm sie eine Studienreise nach Frankreich, besuchte Paris und Dijon, was der jungen Frau, die sich für Napoleon und Robespierre begeisterte und über beide Gedichtzyklen verfasst hatte, eine große Freude gewesen sein dürfte. Doch darauf folgte der vollständige Abschied von der Welt: Ab 1928 zog sie in das Haus ihrer Eltern, um die kranke Mutter bis zu deren Tod 1930 zu pflegen und den Vater beruflich als Sekretärin zu unterstützen. Ob diese Entscheidung nur aus den ihr eigenen Idealen erwuchs oder auch aus der Überlegung heraus, so mehr Zeit für ihr dichterisches Werk zu haben, lässt sich schwer sagen – zumindest erschienen Ende der 1920er Jahre einige ihrer Gedichte in Zeitschriften und Anthologien. Ab und zu unterstützte sie dabei der Cousin Walter Benjamin, der sie mit Annette von Droste-Hülshoff verglich. Andere Werke Kolmars blieben unveröffentlicht, wie der Zyklus *Das Wort der Stummen* von 1933, der unter anderem deutlich auf das Zeitgeschehen und den brutalen Antisemitismus antwortet. In dem Gedicht *Ewiger Jude* etwa heißt es:

Meine Schuhe
Bringen Staub der tausend Straßen mit.
Keine Ruhe, keine Ruhe;
Immer weiter schleppt mich böser Schritt.
[...]

Zittrig Schleichen
Um die Menschenstimme, die mich schmäht.
Ach, das Zeichen, gelbes Zeichen,
Das ihr Blick auf meine Lumpen näht.

Ist bemakelt
Meine Stirn mit wunderlicher Schrift?
So verworren, so gekrakelt,
Dass sie nirgends mehr den Deuter trifft.

Meine Sünden
Müssen alle da geschrieben stehn
Mit den Namen, mit den Gründen:
Seht sie an; ich kann sie selbst nicht sehn.

Ruft die Hunde.
Ach, ich bin ein alter, alter Mann ...
Schlagt die Wunde, Todeswunde,
Ewig dem, der niemals sterben kann!

Kolmar veröffentlichte nur noch zwei weitere Gedichtbände: Im Jahr 1934 *Preußische Wappen* und 1938 *Die Frau und die Tiere*. Der letzte Band umfasste den schon früher entstandenen Gedichtzyklus *Weibliches Bildnis*, in dem sich die Dichterin mit Frauenfiguren am Rand der Gesellschaft beschäftigt hat, so beispielsweise in *Die Fahrende* und *Die Einsame*:

Die Fahrende

Alle Eisenbahnen dampfen in meine Hände,
Alle großen Häfen schaukeln Schiffe für mich,

Alle Wanderstraßen stürzen fort ins Gelände,
Nehmen Abschied hier; denn am andern Ende,
Fröhlich sie zu grüßen, lächelnd stehe ich.

Könnt ich einen Zipfel dieser Welt erst packen,
Fänd ich auch die drei andern, knotete das Tuch,
Hängt es auf einen Stecken, trügs an meinem Nacken,
Drin die Erdenkugel mit geröteten Backen,
Mit den braunen Kernen und Kalvillgeruch.

Schwere eherne Gitter rasseln fern meinen Namen,
Meine Schritte bespitzelt lauernd ein buckeliges Haus;
Weit verirrte Bilder kehren rück in den Rahmen,
Und des Blinden Sehnsucht und die Wünsche des Lahmen
Schöpft mein Reisebecher, trinke ich durstig aus.

Nackte, kämpfende Arme pflüg ich durch tiefe Seen,
In mein leuchtendes Auge zieh ich den Himmel ein.
Irgendwann wird es Zeit, still am Weiser zu stehen,
Schmalen Vorrat zu sichten, zögernd heimzugehen,
Nichts als Sand in den Schuhen Kommender zu sein.

Die Einsame

Ich ziehe meine Einsamkeit um mich.
Sie ist so wie ein wärmendstes Gewand
An mir geworden ohne Kniff noch Stich,
Wenn auch der Ärmel fällt tief über meine Hand.

Ein Ungekannter hat ihr Maß gezirkt,
Die fremdes Antlitz fühlt als trübes Wehn;
Die großen Schwarzhalsschwäne sind gewirkt
In ihre Falten; aber ich nur kann sie sehn.

Es tun sich meine innren Blicke auf
– Ein Pfauenauge, das die Flügel schließt –

Und schaun der Welle jadefarbnen Lauf,
Die alle Säume licht und strömend übergießt.

Sie feuchten so wie einer Elbe Haar.
Sie tragen noch den Fluss. Sie schleppen tief.
Und graues Berggestade fängt das Jahr,
Das wie ein Vogel ängstlich seine Tage rief.

Und nun ist Schweigen. Und das Kleid schwillt nun.
Und ich muss wachsen, dass es mir noch ziemt,
Drin Fische, wie sie niemals wirklich tun,
Um meine Brüste schweben, purpurblau gekiemt.

Der Erde Körner sind hineingesät.
Aus meiner Schulter bricht ein Felsengold,
Das Tuch durchschimmernd, das sich schleift und bläht
Und langsam über meiner Stirn zusammenrollt.

Das Lob, das ihr für diesen 1938 erschienenen Gedichtband zukam, bedeutete Kolmar allerdings wenig. In einem Brief vom 16. Oktober 1938 an Hilde Wenzel schrieb sie: »Aber selbst wenn ich zur ›bedeutendsten jüdischen Lyrikerin seit der Else Lasker-Schüler‹ erklärt werde, so macht das Vati mehr Freude als mir; mich erregt es nicht sehr. Es gab eine Zeit, da mich fremdes Lob erfreuen und fördern konnte (nur forderte ich es damals selten heraus und hatt' es drum meistens nicht); heut weiß ich auch ohne Kritiker, was ich als Dichterin wert bin, was ich kann und was ich nicht kann …«

Andere Gedichtzyklen, beispielsweise die Gedichte, in denen sie Robespierre in einer recht ungewöhnlichen Deutung als Symbol für Gerechtigkeit verherrlicht, der Gedichtzyklus *Welten*, die Erzählung *Die jüdische Mutter* oder die dramatische Legende *Nacht* sollten erst posthum erscheinen.

Während ihre Geschwister und Verwandten ab 1933 Deutschland verließen, blieb Gertrud Kolmar, um ihren Vater zu pflegen. Entsprechend waren beide den zunehmenden Repressionen ausgesetzt, die ab 1938 zum einen ihre ökonomische Existenz betrafen – sie mussten ihr Haus verkaufen und in das »Judenhaus« Speyerer Straße 10 ziehen –, zum anderen aber auch Kolmars Möglichkeiten, Gedichte zu veröffentlichen, vollständig einschränkten. Der Gedichtband *Die Frau und die Tiere* musste nach den Novemberpogromen 1938, also kurz nach seinem Erscheinen, wieder eingestampft werden. Die Schwester Hilde Wenzel versuchte, für Kolmar eine Möglichkeit zu erwirken, nach England zu emigrieren. Nach einigem Hin und Her schloss Kolmar diesen Weg in einem Brief vom 16. September 1939 an ihre Schwester endgültig aus: »Aber die Zukunft ist dunkel. Und selbst wenn es mir möglich wäre, bald von hier fortzukommen (ausgeschlossen ist das nämlich nicht), so darf ich doch von dieser Möglichkeit keinen Gebrauch machen; denn ich kann und will Vati gerade jetzt nicht allein lassen; er möchte selbst nicht ganz einsam bleiben.« Hier wird ihre Form von Heldentum, ihr Ideal, noch einmal deutlich: Dienen, sich opfern, die Pflicht erfüllen. In einem Brief an Hilde Wenzel vom 19. Juli 1942 erklärt sie dies und die Vorbildrolle, die die Spartaner für sie seit frühester Kindheit dabei gespielt haben:

> Die früheren Jahrzehnte, in denen es uns »sehr gut« ging, waren nichts für mich, sie erforderten Eigenschaften, meist geselliger, gesellschaftlicher Art, die mir großenteils mangelten; was aber die jetzige Zeit verlangt, das hab' ich ganz und gar, dem Heute bin ich gewachsen. Schon als Kind wäre ich gern eine Spartanerin gewesen, später wollte ich jedenfalls eine Heldin sein. Ich drängte Mutti, die spartanische schwarze Suppe zu kochen, und aß unsere Linsensuppe schon deshalb so gern, weil Vati gemeint hatte, das sei sie. Und eines Tages hielt ich in der Küche die Hand ins offene Herdloch, um Mucius Scävola nachzuahmen. Heute habe ich's nicht mehr nötig, zu Nachahmungen zu greifen; ich kann, was in meiner Jugend nicht einmal guter Ton war, »Original-Held« sein (ohne dass es unangenehm auffällt).

Dass sie aufgrund dieser ihrer Ideale bisweilen hart auf andere gewirkt haben muss, wusste die Dichterin. In einem anderen Brief an ihre Schwester vom 11. Januar 1942 schreibt die Dichterin in Bezug auf diese Härte: »Und ich bin es doch gar nicht ...« Davon, wie recht sie mit ihrer Selbsteinschätzung hatte und wie falsch die Wahrnehmung anderer war, legen ihre Gedichte Zeugnis ab.

Eine gewisse Härte gegen sich selbst zeigte Kolmar allerdings doch, nicht nur in ihrer Opferbereitschaft, sondern auch in ihrem alltäglichen Verhalten. Aber vielleicht tut man ihr unrecht, das als »Härte« zu bezeichnen, was sie wohl als »Stärke« sah: alles, was ihr widerfuhr, ohne weiteres anzunehmen. Ab 1941 wurde sie zur Zwangsarbeit verpflichtet – und machte dabei keinerlei Aufhebens um ihre Person. Ihrer Schwester Hilde Wenzel erzählt sie in einem Brief vom 21. Februar 1943: »Von zweien meiner Kolleginnen ist die eine Opernsängerin, die andere war eine bekannte Schauspielerin und ist auch musikbegabt. Während der Arbeit war einmal davon die Rede. ›Lauter Berühmtheiten, künstlerische Begabungen‹, meinte die Kusine von Frau Justizrat Wr., die neben mir saß. ›Bloß wir beide sind nichts und können nichts.‹ Ich hörte das an, ohne mit der Wimper zu zucken.«

Dieser Brief ist einer ihrer letzten. Im Jahr 1942 wurde der Vater mit 81 Jahren nach Theresienstadt deportiert, wo er ein Jahr später ermordet wurde. Gertrud Kolmar war am 27. Februar 1943 im Rahmen der sogenannten »Fabrikaktion« verhaftet und am 2. März 1943 nach Auschwitz deportiert worden, wo man sie ermordete.

1956 wurde Gertrud Kolmar posthum mit dem Deutschen Kritikerpreis ausgezeichnet. Eine große Zahl ihrer unveröffentlichten Werke wurde durch Hilde und Peter Wenzel sowie Hilde Benjamin gerettet und posthum veröffentlicht.

Ausgewählte Werke

Lyrik: *Gedichte* (1917), *Preußische Wappen* (1934), *Die Frau und die Tiere* (1938), *Gedichte* (Auswahl posthum hrsg. von Ulla Hahn); **Prosa:** *Die jüdische Mutter* und *Susanna* (beide posthum veröffentlicht).

Anna Seghers (1900–1983)

Der eiserne Bestand

Auch Anna Seghers hat alles Leid des 20. Jahrhunderts erlebt: Die Diskriminierung als Jüdin und Anfeindung als Kommunistin, die Flucht mit zwei Kindern, die Angst, das Exil, zudem einen schweren Unfall – und immer wieder stand sie auf, ging ihren Weg, scheinbar ohne ins Schwanken zu geraten. Wie war das möglich, woher nahm sie diese Kraft?

Geboren wurde sie als Netty Reiling am 19. November 1900 in Mainz. Ihre Eltern, der Kunst- und Antiquitätenhändler Isidor Reiling und seine Frau Hedwig Reiling, lebten ein wohlhabendes, bürgerliches Leben als assimilierte Juden. Der Vater gehörte der orthodoxen Gemeinde an, die Mutter war im Vorstand des Jüdischen Frauenbundes, entsprechend wurde die Tochter Netty im jüdischen Glauben erzogen. Daneben spielte aber auch immer die Religion der Mehrheitsgesellschaft, das Christentum, eine wichtige Rolle für die Vorstellungswelt der Dichterin – ihr Werk ist durchzogen von Motiven und Symbolen aus dem Neuen Testament.

Wie viele der hier vorgestellten Dichterinnen fühlte sich auch Netty Reiling als Einzelkind oft einsam, doch genau das wurde der Antrieb für die Entfaltung ihres erzählerischen Talents. In dem späteren Gespräch mit Christa Wolf, der jüngeren großen Dichterin der DDR, *Christa Wolf spricht mit Anna Seghers*, erinnerte sich Seghers: »Als kleines Kind, als ganz kleines Kind, bevor ich in die Schule ging, war ich oft krank, und dabei lernte ich verhältnismäßig früh lesen und dadurch auch schreiben. Und dann erfand ich, hauptsächlich weil ich allein war und mir eine Umwelt machen wollte, alle möglichen kleinen Geschichten, die ich mir vorerzählte.«

Auch wenn ihre Erzählungen erst sehr viel später veröffentlicht wurden, begann die Schriftstellerin schon im frühen Alter mit dem Schreiben – nämlich sobald sie schreiben konnte. Beides, Lesen und Schreiben, sollten ihr immer eine Lebenshilfe bleiben, wie sie 1965 in einer Rede auf dem internationalen Schriftstellertreffen in Weimar erzählte: »Manchmal half es mir, weil es mich nicht allein ließ in einer verwirrenden oder scheinbar lichtlosen Wirklichkeit, in die sich der

Autor tiefer hinein gewagt hatte als mancher Freund. Manchmal riß mich ein Buch aus der Wirrnis in eine stürmische, aber klare Welt, die völlig anders als meine war.«

Im Elternhaus gab es viele Bücher, die sie las, auch wenn sie für manche noch zu jung war. Besonders die russischen Schriftsteller Lew Tolstoi und Fjodor Dostojewski sollten für ihr Werk von großer Bedeutung sein. Aber auch die Realität prägte ihr Denken und ihr Werk: Nicht nur der Erste Weltkrieg mit seinen Folgen für die einfache Bevölkerung machte einen nachhaltigen Eindruck auf sie, sondern auch die Oktoberrevolution in Russland. Später erinnerte sie sich im *Gespräch mit Wilhelm Girnus*:

> [S]ehr schnell war dieses Ereignis für mich verbunden mit einem neuen Begriff, ja, sagen wir es doch ganz einfach, mit einem neuen, starken, unerhörten Begriff von Gerechtigkeit. Ich glaube, so sonderbar es klingt, das war damals das erste vorherrschende Gefühl, als ich noch gar nichts von Politik verstand. Ich hatte zum ersten Mal voll und ganz verstanden, noch bevor es mir jemand erklärte, daß es ein Oben und Unten, ein Hoch und Niedrig gibt.

Diese Eindrücke, dieses Gefühl für Gerechtigkeit und Not, wurden zur Grundlage des Denkens und Lebens der Dichterin, aus ihnen heraus entwickelte sich ihre Haltung zum Leben und zu den Menschen, und aus ihnen heraus sollte Seghers zur wichtigsten sozialistischen Schriftstellerin ihrer Zeit werden. Aber noch war sie Netty Reiling, ein Mädchen von 18 Jahren, das eine Privatschule, dann eine Höhere Mädchenschule besucht hatte und seit 1917 auf ein Gymnasium ging – durchaus nach wie vor keine Schullaufbahn, die jedem Mädchen offengestanden hätte. Vielleicht hatte sie da schon entschieden, dass sie kein normales bürgerliches Leben als Ehefrau führen und mit der Familientradition brechen wollte, das Antiquitätengeschäft des Vaters weiterzuführen.

1920 machte sie ihr Abitur, danach durfte sie nach Heidelberg gehen, um Kunstgeschichte und Sinologie zu studieren. Heidelberg war damals eine fortschrittliche Universität, an der unterschiedliche geistige Strömungen der Zeit aufeinandertrafen. Die Studentenschaft war gemischt, auch Geflüchtete aus dem zerfallenden Gebiet

der Habsburgermonarchie waren darunter, insbesondere aus der niedergeschlagenen ungarischen Räterepublik. Mit diesen trat sie in Kontakt, und sie formten ihr grundlegendes Gerechtigkeitsgefühl durch marxistische Theorie um: Netty Reiling wurde politisch.

Unter den Emigranten war auch ein junger Mann namens László Radványi. Er und Netty Reiling verliebten sich ineinander. Neben der marxistischen Theorie verband sie ihre Liebe zur Literatur und Philosophie; sie schenkten sich gegenseitig nicht Werke von Marx und Engels, sondern von Dostojewski und Kierkegaard. Doch bevor sie 1925 heirateten und so aus Netty Reiling Netty Radványi werden sollte, schlossen sie ihr Studium ab: Wie schon Ricarda Huch, mit der sie auch die Eigenständigkeit und die Standfestigkeit in den jeweils eigenen Überzeugungen verband, promovierte auch diese Dichterin. Ihren Doktortitel erwarb sie 1924 mit einer Arbeit über *Jude und Judentum im Werke Rembrandts*. Und im selben Jahr wurde in der *Frankfurter Zeitung* ihre erste Erzählung veröffentlicht: *Die Toten auf der Insel Djal*, erschienen unter dem Pseudonym »Antje Seghers«, das bald zu »Anne Seghers« wurde. Den Namen hatte sie dem niederländischen Maler Hercules Seghers entliehen. Aus Netty Reiling war also Anne Seghers geworden.

Das Pseudonym erlaubte ihr, sich als Schriftstellerin eine neue, eine eigene Identität zu geben, die von ihrer privaten abgetrennt war. Und später, zur Zeit der Verfolgung durch die Nationalsozialisten, war es vielleicht genau dieses Pseudonym, das sie rettete: Man suchte nach einer »Anne Seghers«, nicht nach einer »Netty Radványi«, was ihr das Untertauchen erleichterte.

Nach der Hochzeit 1925 zog das Paar nach Berlin, und Seghers gebar 1926 ihren Sohn Peter und 1928 ihre Tochter Ruth. Zudem wurde sie zu einer erfolgreichen Schriftstellerin. 1927 veröffentlichte sie die Erzählung *Grubetsch* in der *Frankfurter Zeitung*. Für diese und ihre erste Buchveröffentlichung *Aufstand der Fischer von St. Barbara* erhielt sie auf Vorschlag von Hans Henny Jahnn 1928 den Kleist-Preis – den in den Jahren zuvor Bertolt Brecht, Alfred Döblin, Carl Zuckmayer und Arnold Zweig erhalten hatten. Sie wurde also schon früh als Schriftstellerin anerkannt, vielleicht auch wegen ihres genuin eigenen Schreibstils, den sie ein Leben lang beibehalten sollte: Sie verband nüchterne Elemente der Neuen Sachlichkeit wie Montagetechnik, Reportage und Dokumentation mit Märchen, religiöser Legende und Mythos sowie mit politischem Engagement. Politik und Kunst waren für sie nie ein Gegensatz. In *Lebendige Erinnerung* (1978) erklärte sie: »Ich glaubte schon damals, daß wahrhaft künstlerische Literatur mit dem Wesentlichen verbunden ist. Und wenn mir künstlerisch etwas gelang, dann trat meine Verbundenheit mit dem, was ich für wesentlich hielt, daraus hervor. Man kann gar nicht das Künstlerische vom Politischen abtrennen.«

Zeitlebens glaubte Anna Seghers daran, bestehende Verhältnisse durch Literatur verändern zu können, durch Literatur an einer Vermenschlichung mitwirken zu können. Schon seit dem Studium hatte sie nach eigenen Angaben das Gefühl, einen Auftrag zu haben, durch ihre Arbeit an einer besseren Zukunft, einer besseren Gesellschaft mitwirken zu müssen. Wie Marie von Ebner-Eschenbach war sie vor allem auch Humanistin sowie Anwältin der Armen und Unterdrückten – im Gegensatz zu Ebner-Eschenbach hatte sie aber die Möglichkeit, sich wirklich politisch zu engagieren. Und so lebte sie die Verbindung von Politik und Kunst: 1928 trat sie in die KPD und in den Bund Proletarisch-Revolutionärer Schriftsteller ein. In beiden war sie eine der wenigen Frauen.

Doch bekanntlich entwickelte sich die politische Lage nicht gut für Kommunisten in Deutschland: Seghers veröffentlichte noch ihren Roman *Die Gefährten* (1932), bevor sie nach einer kurzzeitigen Inhaftierung 1933 floh. Sie und ihr Mann ließen die Kinder zunächst in Mainz bei den Großeltern, um auf unterschiedlichen Routen nach Frankreich zu fliehen, wo sie sich im Pariser Vorort Bellevue niederließen. Die Kinder holten sie nach. Noch im selben Jahr wurden die Bücher von Seghers in Deutschland verboten und verbrannt.

Die Familie fühlte sich in Frankreich schnell heimisch; Anna Seghers hatte sich dem Land der Französischen Revolution ohnehin schon länger verbunden gefühlt. Natürlich setzte sie sowohl ihre politische als auch schriftstellerische Arbeit fort: Zum einen wurde sie Redaktionsmitglied der von 1933 bis 1935 in Prag erschienenen *Neuen Deutschen Blätter*, die ein Publikationsort für all die wurden, die in Deutschland nicht mehr publizieren konnten; zum anderen versuchte sie in ihren Erzählungen und Romanen die Leser zum Widerstand zu ermutigen, indem sie an ihre Menschlichkeit rührte und ihnen literarische Vorbilder für Mitmenschlichkeit lieferte. In der Zeit des Exils kam sie zu der Überzeugung, dass man für das »gewöhnliche

Leben« werben müsse, also für den Alltag und die Bewährung in ihm, für die Liebe zum Leben und zu den Mitmenschen. Dem gegenüber stand das »gefährliche Leben«, also die Bewährung in Krieg und Gefahr, im Außergewöhnlichen, für das der Faschismus warb:

> Einer Jugend, die der Faschismus daran gewöhnt hat, vom »gefährlichen Leben« zu träumen, müssen wir eine von Grund auf andre Konzeption des Lebens bieten: eine Wahrheit, die weit verführerischer ist als die Lüge, das Aufsichnehmen von Gefahren für die Wahrheit. Statt dem »gefährlichen Leben«, wie es von Jünger und Dwinger besungen wurde, jenes andere, das gelebt wurde von Mühsam und Ossietzky.

So schrieb sie 1938 in ihrem Aufsatz *Und jetzt muß man arbeiten*. Es ging ihr also darum, das Leben auch im Kleinen, im Alltäglichen, in jedem Mitmenschen zu schätzen, nicht nur im Besonderen und Gefährlichen. Für das »gefährliche Leben« durfte nur da geworben werden, wo es dazu dienen sollte, das »gewöhnliche Leben« zu schützen, also da, wo es um Ermutigung zum Widerstand ging. Diese Wertschätzung des Kleinen, des Alltäglichen, des scheinbar Unbedeutenden wurde integraler Bestandteil des Denkens und Schreibens von Seghers. Nicht umsonst trug eine späte Sammlung von Erzählungen den Titel *Die Kraft der Schwachen* (1965).

Aus diesen humanen Grundüberzeugungen erwuchs aber leider auch ein grundlegend problematisches Verhalten, das sich ebenfalls durch ihr weiteres Leben ziehen sollte: Da sie den Kommunismus für die politische Theorie hielt, auf deren Boden die bessere Gesellschaft und Staatsform allein möglich wären, kritisierte sie die Missstände, zu denen alle Versuche ihrer realpolitischen Umsetzung führten, nicht. 1936 erklärte sich Seghers solidarisch mit den Säuberungen und Schauprozessen in der Sowjetunion, obwohl sie über Kontakte von den Repressionen und Ungerechtigkeiten dort erfahren haben musste, die auch deutsche kommunistische Emigranten in Moskau trafen. Während Brecht zu dieser Zeit versuchte, Bekannten zu helfen, unternahm Seghers nichts dergleichen. Auch später sollte sich immer wieder zeigen, dass sie nicht bereit war, etwas zu sagen oder zu tun, was der kommunistischen Sache hätte schaden können. Fehler in kommunistischen Systemen hieß es als Anfangsschwierigkeiten in Kauf zu nehmen, um weiter am großen Ziel zu arbeiten: an einer besseren kommunistischen Gesellschaft, in der solche Fehler irgendwann nicht mehr passieren würden. Es ist eine gemeine Ironie des Schicksals, dass Seghers gerade aus ihren Idealen heraus gegen ihre Ideale handelte.

In dieser Zeit des Exils in Frankreich schrieb Anna Seghers an ihrem berühmtesten Werk, das ein internationaler Erfolg werden sollte: 1936 begann sie mit der Arbeit an *Das siebte Kreuz*. 1939 wurde der Roman fertig, der dann 1942 im Exilverlag El Libro Libre und im selben Jahr in englischer Übersetzung in den USA erschien – und dort so erfolgreich wurde, dass es zu einer Hollywood-Verfilmung kam.

Das siebte Kreuz, laut Marcel Reich-Ranicki ein »Roman gegen Diktatur schlechthin«, erzählt von Georg, der mit sechs Mitgefangenen aus einem Konzentrationslager ausbricht. Es beginnt eine gefährliche Flucht vor den Nazis – im Konzentrationslager hat man bereits sieben Kreuze für die sieben Geflüchteten aufgestellt. Sollte wenigstens eines leer bleiben, so wäre die Macht der Nationalsozialisten nicht unbegrenzt, so gäbe es die Möglichkeit, ihr zu entgehen. Aber ein Entkommen scheint für den ausgemergelten, verwundeten Georg praktisch unmöglich:

> Georg sprang plötzlich gegen die Tür und zog den Schlüssel ab. Er lachte vor sich hin. Er setzte sich mit dem Rücken zur Tür auf den Boden. Er betrachtete seine Schuhe. Zwei, drei Minuten dauerte dieser Zustand, das letzte Zurückweichen in sich selbst, wenn draußen alles verloren ist, und man pfeift darauf. Wenn sie jetzt kamen, sollte er mit der Hacke losschlagen oder mit dem Rechen? Was ihn weckte, wußte er selbst nicht, jedenfalls nichts Äußeres, vielleicht der Schmerz in seiner Hand, vielleicht ein Rest von Wallaus Stimme in seinem Ohr. Er steckte den Schlüssel wieder hinein. Er guckte durch den Türspalt. Auf die Chaussee über die Mauer konnte er nicht zurück. Zwischen dem mit Scherben bespickten Mauersims und dem Himmel zog sich bräunlich der Ausläufer eines Weinbergs; so durchsichtig war die Luft, daß man die Spitzchen der Rebstöcke zählen konnte, der obersten Reihe, die über den blaßblauen Saum

herausstand. Wie er nun stumpf hinaussah auf die obere Rebstockreihe, da kam ihm plötzlich ein Rat, von einem, den er nicht kannte, denn das wußte Georg nicht mehr, ob es Wallau selbst gewesen war an der Ruhr oder ein Kuli in Shanghai oder ein Schutzbündler in Wien, der der Gefahr dadurch entgangen war, daß er einen merkwürdigen Gegenstand auf die Schulter genommen hatte, der die Aufmerksamkeit von ihm ablenkte, weil eine solche Last dem Weg einen Zweck gibt und den Träger ausweist. Ihn, Georg, in seinem Schuppen, eine Türspalte offen auf die mit Scherben bespickte Mauer, erinnerte dieser Ratgeber daran, daß schon einmal einer seinesgleichen auf diese Weise entkommen war aus einem Haus in Wien oder einem Gehöft im Ruhrgebiet oder einer gesperrten Gasse in Tschapei. Wußte er auch nicht, ob das Gesicht dieses Ratgebers Wallaus vertraute Züge hatte oder gelb war oder braun, seinen Rat verstand er: Pack das Maschinenteil auf neben der Treppe. Raus mußt du ja, vielleicht gelingt es nicht, aber was andres gibt es auch nicht. Deine Lage ist zwar besonders verzweifelt, aber auch meine damals. –

Ob man ihn überhaupt bemerkt hatte oder für den Angestellten der Maschinenfabrik hielt oder für den, dessen Jacke er trug, er kam zunächst durch zwischen Treibhaus und Treppe, kam durch das Hoftor auf den Weg vor der feldgerichteten Seite der Schule. In seiner linken Hand, die zugepackt hatte, war der Schmerz so stark, daß er minutenlang sogar alle Furcht betäubte. Georg ging weiter auf dem Weg, der parallel zur Chaussee an ein paar Häusern vorbeiführte, die alle auf die Felder sahen, aus den obersten Fenstern vielleicht bis zum Rhein. Die Flieger brummten noch immer, aus dem Dunst war der Himmel durchgeblaut, es war wohl bald Mittag. Georg brannte die Zunge, das harte verkrustete Zeug brannte ihm zwischen Haut und Jacke, er hatte einen qualvollen unbezähmbaren Durst. Auf seiner linken Schulter wippte er leicht das Maschinenteil, an dem ein Firmenschild baumelte. Er wollte das Ding gerade absetzen und sich verschnaufen, als er gestellt wurde.

Immer wieder geht es in *Das siebte Kreuz* auch um das, was eine Figur den »eisernen Bestand« nennt: um den moralischen Kern des Menschen, der ihn aufrecht hält und ihn dazu bringt, gegen das Unrecht aufzustehen. Wenn man sich fragt, was Anna Seghers wohl geholfen hat, all das Elend zu überstehen, das sie in ihrer Zeit als Frau, Jüdin und Kommunistin ertragen musste, so war ihr »eiserner Bestand« wohl ihr Gerechtigkeitsgefühl und der mit diesem unmittelbar verbundene Kommunismus. An ihn glaubte sie, für ihn arbeitete und lebte sie. In *Kleiner Bericht aus meiner Werkstatt* sollte Seghers später festhalten: »Denn wir schreiben ja nicht, um zu beschreiben, sondern um beschreibend zu verändern.«

Und Seghers' Leid, das bis zur Fertigstellung von *Das siebte Kreuz* schon erheblich zugenommen hatte, sollte noch größer werden. Am 1. September 1939 schrieb sie an ihren Verleger Wieland Herzfelde nach New York:

> Nur etwas, Wieland, ist schlimm, es geht mir furchtbar schlecht. Man merkt es bei mir nicht so, denn ich kann nicht in Sack und Asche gehen und jammern [...].
>
> Wenn Du da drüben jemand finden könntest, der mir hilft! Dadurch, daß ich – zum Glück auch – Kinder habe, ist alles doppelt schwer. Aber alle kriegen, alle, aus Amerika geholfen, vielleicht war es doch ein Fehler von mir, daß ich nicht rechtzeitig und nachdrücklich um Hilfe gedrungen habe. Wenn Du auf Menschen stößt, die da helfen können, dann mach was.

Die Verzweiflung war also so groß, dass sie als Kommunistin sogar bereit gewesen wäre, in die USA zu gehen. Sie bemühte sich auch um Visa für die USA, jedoch vergeblich. 1940 wurde ihr Mann im Lager Le Vernet in Südfrankreich interniert. Als im selben Jahr die Deutschen vor Paris standen, floh Seghers zunächst mit ihren Kindern, kehrte aber bald nach Paris zurück, als sie einsah, dass die Flucht zwecklos war – zum Glück nicht in die eigene Wohnung, die schon von der Gestapo durchsucht worden war. Die Kinder brachte sie getrennt von sich unter, sie selbst schlief keine zwei Nächte nacheinander am selben Ort. Ihr Mann durfte das Lager nicht ohne Ausreisepapiere verlassen und musste jederzeit damit rechnen, an die Deutschen ausgeliefert zu werden. Verzweifelt bemühte sich Seghers um die Papiere. Für eine Ausreise in die USA gelang das nicht – sie wusste nicht, dass sie als Kommunistin vermutlich ab 1940 vom FBI beobachtet wurde und die USA keinerlei Interesse an ihrer Einreise hatten –, jedoch bekam sie Visa für Mexiko sowie Transitvisa für die USA. In Mexiko waren auch schon andere kommunistische Flüchtlinge aus Europa untergekommen.

Endlich, im März 1941, verließ die Familie Frankreich, wenn auch die Reise zu Schiff langwierig, beschwerlich und von gefährlichen Zwischenstopps unterbrochen war. Im Sommer des Jahres 1941 kamen sie endlich in Mexiko Stadt an, wo sie freundlich empfangen wurden: Der chilenische Lyriker Pablo Neruda hatte ein Willkommensessen für Seghers organisiert. Die Erlebnisse der Flucht ließ sie in ihren nächsten großen und weltweit berühmten Roman *Transit* (1944) einfließen. Dieser Roman ihrer Exilzeit und *Das siebte Kreuz* sollten Anna Seghers zu einer Autorin von Weltrang machen.

Sie selbst war nun mit ihrem Mann und den Kindern in Sicherheit – ihre Mutter und andere Verwandte dagegen wurden 1942 deportiert und in Konzentrationslagern ermordet. All das überstand Seghers aufgrund ihres »eisernen Bestands«, der sie zum Schreiben und Arbeiten antrieb. Und so blieb sie auch in Mexiko politisch wie schriftstellerisch aktiv: Sie wurde Präsidentin des von ihr mitbegründeten Heinrich-Heine-Klubs und wirkte an der Zeitschrift *Freies Deutschland* mit. Wie zuvor in Frankreich arbeitete sie also auch hier in der Fremde für das Land, aus dem sie gekommen war, immer noch hatte sie den Glauben an eine bessere Zukunft dort nicht verloren. Und damit war sie nicht allein, auch andere Kommunisten, die in Mexiko im Exil waren, sahen sich als Sprecher eines Deutschlands der Zukunft. Dabei gefiel es Seghers gut in Mexiko, auch wenn die Kultur des Landes ihr fremd bleiben sollte. Während dieser Zeit schrieb sie nie über das Land, erst deutlich später würde sie Eindrücke von dort in ihren Werken verwenden.

In dem Essay *Deutschland und wir* schrieb die Dichterin 1941: »Deutschland ist unser Land […] überlassen wir nicht dem Feind, dem Faschismus, die Darstellung, die Auslegung unserer Geschichte […]. Was hat unsere Freiheit für einen Sinn, wenn wir nicht immer wieder die Namenlosen nennen, wir, die wir reden und schreiben können.« Eine Kollektivschuld aller Deutschen am Nationalsozialismus lehnte sie ab, aber notwendig sei nicht nur eine »Umerziehung«, sondern eine »Umwandlung« der Menschen, eine Entfaschisierung. Diese stellte für Seghers, wie es weiter in *Deutschland und wir* heißt, einen Prozess dar, der »durch Rückschläge gehen [wird], durch bittere Enttäuschungen, durch unermüdliche Geduld, durch sehr viel Zeit«.

1943, in dem Jahr, in dem sie ihre Arbeit an *Transit* abschloss, ereignete sich ein schwerer Unfall: Als sie eine Straße überqueren wollte, wurde sie von einem Bus angefahren – der Fahrer beging Fahrerflucht, die Dichterin erlitt einen Schädelgrundbruch und musste lange ins Krankenhaus. Typisch für ihre Einstellung ist, dass sie dieses Ereignis später positiv bewerten sollte: Für ihre Kunst sei dieser Vorfall gut gewesen, denn dort, im Krankenhaus, habe sie sehr unterschiedliche Menschen kennengelernt. Alles richtete sie auf ihre Aufgabe, auf ihren »eisernen Bestand« aus.

Entsprechend klar war, dass Seghers nach Kriegsende nach Deutschland zurückkehren musste. Ihre Kinder verließen Mexiko schon 1946, um allerdings nach Frankreich zu gehen. Seghers kehrte 1947 nach Berlin zurück, ihr Mann sollte ihr erst in einigen Jahren folgen. In dem Jahr, in dem sie mit dem Georg-Büchner-Preis geehrt wurde, sagte sie in einem Interview für den *Sonntag* vom 27. April 1957: »Ich bin zurückgekommen, weil ich für die Menschen, die ich sowohl im Guten als auch im Schlechten am besten kenne, das meiste tun kann. Ich will durch die Bücher, die hier entstehen werden, verhindern helfen, daß die Fehler der Vergangenheit jemals wiederholt werden.« Tatsächlich hatte sie aber ihre wichtigsten Texte im Exil geschrieben.

Auch wenn ihre Werke nie dogmatisch oder propagandistisch waren, enthielten ihre Erzählungen nun immer wieder zu deutlich eine erzieherische Botschaft, folgten zu klar einem Appell an die Leser für Aufbau und Sozialismus. Dennoch stießen sie auch auf Kritik unter Kommunisten, insbesondere in der Sowjetischen Besatzungszone, zum Beispiel weil in *Die Toten bleiben jung* (1949) die Arbeiter als zu schwächlich dargestellt würden. Wie deutlich Seghers aber schon sah, dass manche Dinge beim Wiederaufbau nicht richtig liefen, wird augenfällig, wenn es 1947 in ihrer Rede mit dem Titel *Der Schriftsteller und die geistige Freiheit* heißt: »Es kommt darauf an, trotz allem, trotz Hunger und Mißtrauen und Korruption, trotz der Fehler, die gemacht worden sind, diese Punkte herauszufinden, sie so herauszufinden, daß sie bleiben, die Punkte, die in die Zukunft gehen auf die Einheit, auf eine Zukunft, die anders gestaltet sein soll und anders werden soll, als das, was war und ist.« Dieses Denken sollte ihr Verhalten in der DDR bestimmen: Um der Zukunft willen war sie bereit, über Repression in der Gegenwart hinwegzusehen.

Und tatsächlich gefiel es ihr eigentlich nicht so gut in Deutschland. In einem Brief an Georg Lukács vom 28. Juni 1948 schrieb sie:

> Obwohl hier viele oder alle Menschen lieb und gut zu mir sind, habe ich doch manchmal das Gefuehl, dass ich bald vereise. Ich habe das Gefuehl, ich bin in die Eiszeit geraten, so kalt kommt mir alles vor. Nicht weil ich nicht mehr in den Tropen bin, sondern weil viele Sachen ganz beklemmend und ganz unwahrscheinlich frostig für mich sind, ob es um die Arbeit, um Freundschaft, um politische, um menschliche Sachen geht.

Und das Klima wurde wirklich frostiger: Hatte Seghers zunächst in West-Berlin gelebt, da es ihr Anspruch gewesen war, für Ost und West zu schreiben, so zog sie nach der Berlin-Blockade 1948 nach Ost-Berlin. Doch in der Sowjetischen Besatzungszone begann sich das künstlerische Feld ideologisch zu verhärten: Man stritt um die Frage, wie sozialistische Kunst sein dürfe und müsse. Seghers nahm hier immer wieder vorsichtig eine vermittelnde Position ein, lehnte aber Zensur auch nicht vollständig ab.

1952 wurde sie als weltweit bekanntes literarisches Aushängeschild der DDR zur Vorsitzenden des Schriftstellerverbandes gewählt. Diese Funktion erfüllte sie bis 1978, also über eine lange Zeit kulturpolitischer Kämpfe hinweg, die Autoren wie Uwe Johnson und Heinar Kipphardt in den Westen trieben oder zur Ausbürgerung Wolf Biermanns führten. Als 1956/57 Walter Janka, ihrem langjährigen Verleger erst im mexikanischen Exilverlag El Libro Libre, dann beim Berliner Aufbau Verlag, der Prozess gemacht wurde, blieb sie stumm: Janka wurde vorgeworfen, er habe Georg Lukács, der in der DDR als zentraler Vertreter der Konterrevolution galt, aus Budapest nach Ost-Berlin schmuggeln wollen. Tatsächlich hatte auch Seghers Janka gebeten, nach Budapest zu fahren, um Lukács zu helfen; die Reise war vom Kulturminister Johannes R. Becher organisiert und erst im letzten Moment von Walter Ulbricht verboten worden. Nach Jankas Verhaftung hatte Seghers zweimal bei Ulbricht für ihn vorgesprochen und danach bei Freunden sehr geweint – im Gerichtssaal und in der Öffentlichkeit hatte sie aber geschwiegen, ihr Amt führte sie weiter aus. Janka wurde zu fünf Jahren Gefängnis verurteilt.

Dass sie die Missstände in der DDR wahrnahm, macht die Fragment gebliebene und erst nach der Wende posthum veröffentlichte Erzählung *Der gerechte Richter* deutlich: Im Zentrum der Handlung steht Jan, der nach 1945 Richter geworden ist und sich dann weigert, einen fälschlich der Sabotage angeklagten Mann zu verurteilen, wofür er selbst ins Gefängnis muss. Öffentlich hatte Seghers dergleichen nie kritisiert. Auch ihre Versuche, außerhalb der Öffentlichkeit den Ungerechtigkeiten im Realsozialismus entgegenzuwirken, hielten sich in Grenzen. Ihre Biographin Christiane Zehl Romero geht davon aus, dass Seghers, die den Verlust ihrer geographischen Heimat hatte verwinden können, den Verlust ihrer gedanklichen Heimat nicht hätte ertragen können, und diese gedankliche Heimat war der Kommunismus. An ihn glaubte sie, für ihn lebte und arbeitete sie. Hätte sie eingestehen müssen, dass er nicht oder nur ungerecht umgesetzt wurde, wäre alles umsonst gewesen, ihrem Leben wäre am Ende der Sinn genommen worden. Der Kommunismus war ihr »eiserner Bestand«. Ihn konnte sie nicht aufgeben.

Für ihre politische Haltung und ihre Rolle in der DDR war Seghers in Westdeutschland stets kritisiert worden – dennoch erfuhr sie in den letzten Jahren ihres Lebens auch hier Ehrungen wie 1977 die Ehrenbürgerschaft der Universität Mainz und 1981 die Ehrenbürgerschaft der Stadt Mainz. In der DDR war Seghers längst mit allen hohen Anerkennungen bedacht worden, vom Stalin-Friedenspreis und Vaterländischen Verdienstorden 1951 über die Johannes-R-Becher-Medaille 1961 bis zur Ernennung zum »Held der Arbeit« 1980. Zahlreiche ihrer Werke waren verfilmt worden.

Im Alter machten sich dann aber die Spätfolgen ihres Unfalls während des mexikanischen Exils bemerkbar: Sie litt zunehmend unter Gleichgewichtsstörungen und wurde immer schwächer. Nachdem sie die letzten eineinhalb Jahre ihres Lebens im Heim verbringen musste, starb Anna Seghers am 1. Juni 1983 mit 83 Jahren. Sie hatte stets an eine die Menschen verbindende und verändernde Wirkung des Erzählens geglaubt, und auch wenn sie immer wieder über Unrecht hinweggesehen hatte, das sie eigentlich hatte bekämpfen wollen, sind ihre Werke gezeichnet von der Liebe zum Menschen, zu seinem Alltag und zur Gerechtigkeit. In der Sendung des Literarischen Quartetts vom 16. Juni 1989 sagte Marcel Reich-Ranicki über *Das siebte Kreuz*, den er als »vollkommenes Kunstwerk« bezeichnete: »Wir beginnen mit einem Roman, den ich für den bedeutendsten der letzten vierzig bis fünfzig Jahre halte, mit dem Roman ›Das siebte Kreuz‹ von Anna Seghers. [...] Dieser Roman ist, glaube ich, ein Buch, das uns alle heute angeht, ein Buch, das von höchster Aktualität ist, ein großer moralischer Roman.«

Ausgewählte Werke

Prosa: *Die Toten auf der Insel Djal* (1924), *Aufstand der Fischer von St. Barbara* (1928), *Auf dem Wege zur amerikanischen Botschaft und andere Erzählungen* (1930), *Die Gefährten* (1932), *Der Kopflohn* (1933), *Der Weg durch den Februar* (1935), *Die Rettung* (1937), *Die schönsten Sagen vom Räuber Woynok* (1938), *Das siebte Kreuz* (1942), *Der Ausflug der toten Mädchen* (1943), *Transit* (1944), *Post ins Gelobte Land* (1946), *Die Saboteure* (1946), *Wiedereinführung der Sklaverei in Guadeloupe* (1948), *Die Toten bleiben jung* (1949), *Die Hochzeit von Haiti* (1949), *Crisanta* (1951), *Brot und Salz* (1958), *Die Entscheidung* (1959), *Das Licht auf dem Galgen* (1961), *Die Kraft der Schwachen* (1965), *Das wirkliche Blaue* (1967), *Das Vertrauen* (1968), *Drei Frauen aus Haiti* (1980), *Der gerechte Richter* (1990, posthum); **Hörspiel:** *Der Prozess der Jeanne d'Arc zu Rouen* 1431 (1942).

Marieluise Fleißer (1901–1974)

Der ungeahnte Sprengstoff

Im Gegensatz zu vielen bislang vorgestellten Schriftstellerinnen kam Marieluise Fleißer weder aus einer größeren Stadt noch aus gebildeten, wohlhabenden Gesellschaftskreisen: Sie kam aus der katholisch-bayerischen Provinz, aus Ingolstadt, ihr Vater war Schmied und Eisenwarenhändler, sie studierte als erstes Familienmitglied. Ihr großes Talent öffnete ihr die Tür nicht nur zur Großstadt, sondern auch in die Welt der Kunst – und in beiden fand sie sich, aus einem gänzlich anderen Milieu stammend, nur schwer zurecht. Ihre Biographie zeigt, wie sehr das literarische Leben nach wie vor von Männern dominiert war und wie schwer es sein kann, einen eigenen Weg zu gehen, wenn man ihn in einem Umfeld gehen muss, dessen Spielregeln man nur schwer durchschaut. Immer wieder musste Marieluise Fleißer ihren Weg von neuem suchen.

Am 23. November 1901 wurde die Dichterin als Louise Marie Fleißer geboren. Angeblich war sie der »Ersatz« ihres kurz zuvor verstorbenen Bruders: Ihre Eltern, Heinrich und Anna Marie Fleißer, hatten zwei Jahre zuvor Zwillinge bekommen, einen Sohn und eine Tochter. Doch der Sohn war an Rachitis gestorben, und Heinrich Fleißer hatte seine Frau mit dem Versprechen getröstet, er werde ihr wieder einen Sohn schenken. Der Sohn wurde dann die Tochter Louise Marie, die aber folglich »Luis« genannt wurde und sich auch selbst so nannte. Auch diese Dichterin stand also schon früh zwischen weiblicher und männlicher Identität.

Zunächst besuchte Louise Marie Fleißer die Töchterschule in Ingolstadt, da sie aber fleißig und begabt war, wechselte sie dann auf eine Klosterschule in Regensburg – die einzige Mädchenschule in Bayern überhaupt, die 1910/11 Gymnasialkurse eingerichtet hatte und Mädchen ein Abitur ermöglichte. Obwohl sich Frauen auch in Bayern seit 1903 an Universitäten einschreiben konnten, sah sich der Staat lange nicht für die Ausbildung von Frauen zuständig – die katholische Kirche war hier fortschrittlicher als der Staat.

1919 legte Fleißer das Abitur ab und immatrikulierte sich in München für Theaterwissenschaft und Germanistik. Der Vater hätte es

lieber gesehen, wenn die Tochter ein Studium gewählt hätte, mit dem sie hätte Lehrerin werden können, aber das wollte diese partout nicht: Sie zog es ans Theater. 1966 erinnerte sie sich im *Donaukurier* anlässlich der Wiedereröffnung des Ingolstädter Stadttheaters an das alte, inzwischen zerstörte Theatergebäude und ihre Eindrücke dort: »Theater als Rausch. [...] Ich pumpte mich voll mit einem Kunstgenuß, auch wo er fragwürdig war, vergleichen konnte ich nicht. [...] Ich schlang es hinunter.« Das muss sie nachhaltig geprägt haben, ebenso wie ihr Mitwirken am Theaterspiel ihrer Schule. Dass der Vater sie gewähren ließ und ihr das Studium in der Stadt trotz der damit verbundenen Kosten ermöglichte, war durchaus nicht selbstverständlich: Üblich wäre es gewesen, wenn er auf die Unterstützung der Tochter im Haushalt oder deren zügige Verheiratung bestanden hätte. Heinrich Fleißer aber ermöglichte dieser Tochter, das zu tun, was sie tun wollte. Über den Lebensweg von Frauen entschieden in dieser Zeit immer noch maßgeblich die Männer.

Da war sie nun: Sie hatte die Enge der Kleinstadt gegen die Weite der Großstadt getauscht und konnte noch ein wenig den Geist des Münchener Bohème-Lebens spüren, das noch vor einigen Jahren die Stadt geprägt hatte. München war noch nicht zur »Hauptstadt der Bewegung« geworden, auch wenn es sich schon auf dem Weg dorthin befand. Die Dichterin erinnerte sich später an ihre Münchner Zeit so:

> Ich war eine echte Schwabingerin und lief in einer Männer-Regenjacke herum. Mein Freund hatte sie mir geschenkt, als er sich einen Mantel kaufte. Die Jacke war mir zu weit mit ihrem Raglanschnitt, aber ich zurrte den breiten Gürtel ganz eng, da hing die Jacke mir immer noch fast ans Knie und war mein Mantel, es sah verwegen aus. Und als ich an der Ecke Franz-Joseph-Straße an diesem Max Halbe vorüberlief, der da ein halber Münchner und ein halber Danziger war und der sich mit einem Begleiter erging, da sagte der Halbe nur: »Kampf! Kampf!«, und die beiden blieben stehen und schauten mir nach. Ganz laut hatte er es gesagt. Ich nahm es für einen Beweis, daß ich mich anders auswuchs, als seine Generation sich ein junges Mädchen vorstellt, und das befriedigte mich.

Spätestens jetzt, in München, muss Fleißer mit dem Schreiben begonnen haben, dabei scheint sie ihr Freund und Geliebter, der heute vergessene Schriftsteller Alexander Weicker, beraten, ja eigentlich eher belehrt zu haben. Ebenso belehrte sie bald ein anderer, heute noch berühmter Schriftsteller: Lion Feuchtwanger. Ihn lernte sie wohl 1922 kennen. Hiltrud Häntzschel zitiert in ihrer Biographie der Dichterin ausführlich deren spätere Erinnerung an dieses Kennenlernen:

> Den Lion, den hab ich am Fasching kennengelernt, am Münchner Fasching und nicht etwa auf einem großen Maskenball, sondern auf einem dieser kleinen Künstlerfeste im Steinickesaal. Und dort lernte man eben dann interessante Leute kennen. Und da lernte ich eigentlich zuerst den Bruno Frank kennen. Und der Bruno Frank, der hat mich auf seinen Schultern im Reitsitz durch den Saal getragen und hat mich dann zum Lion hingetragen und hat gesagt: Lion, hier stell ich dir eine Frau vor, die hat den – wie hot er gsagt? – die hat den schönsten Busen von Mitteleuropa, oder wie er sich ausgdrückt hot. Und der Lion hat dann schnell angesprungen, nicht, und dann blieb ich eigentlich beim Lion hängen, nicht beim Bruno Frank. Der Bruno Frank wollte schon auch, daß ich ihn besuche in seinem Häuschen am Starnberger See. Er hat erzählt, da wohnte er ganz allein mit vielen Katzen. Aber mir war das irgendwie verdächtig. Dagegen der Lion, der war ja verheiratet, nicht, also da bin ich mit viel mehr Mumm raufgegangen. Praktisch habe ich aber dann den Lion immer allein gesehen da in der Wohnung, die Marta war immer in einem anderen Zimmer, die Marta war immer nicht da. Und der Lion, der hatte es ziemlich dick hinter den Ohren.

Von einer Anerkennung der jungen Frau als gleichberechtigtes und ernst zu nehmendes Gegenüber kann hier eher nicht die Rede sein, die Zeiten waren andere. Dennoch helfen vielleicht auch Szenen wie diese, zu verstehen, warum andere der hier vorgestellten Schriftstellerinnen sich in dieser Zeit von der Öffentlichkeit oder Künstlerkreisen eher fernhielten.

Lion Feuchtwanger jedenfalls wurde bald ihr Vertrauter und Förderer. Er benannte sie von »Louise Marie« in »Marieluise« um und trat an die Stelle Alexander Weickers, indem er ihr Schreiben nach seinen Vorstellungen berichtigte. In ihrem autobiographischen, in der dritten Person verfassten Lebensbericht *Ich ahnte den Sprengstoff nicht* von 1973 erinnerte sich Fleißer daran, wie sie Feuchtwanger ihr bisheriges Schaffen vorlegte: »Er fordert sie auf, ihm zu bringen, was sie geschrieben hat. Er nennt es Expressionismus und Krampf. Heute schreibe man ›neue Sachlichkeit‹. Aus Zorn verbrennt sie alles, was an Geschriebenem da ist, auch den Aufsatz ›Ist Auflehnung Sünde?‹, auf den sie doch so stolz war.«

Diese Erfahrung sollte Fleißer in ihrem Leben noch öfter machen: Nach Weicker war Feuchtwanger erst der zweite Mann in einer Reihe von weiteren Männern, die ihr Schaffen nach ihrem Geschmack zu prägen, zu berichtigen und zu benutzen versuchten. Dass die Dichterin dem immer wieder nachgab, war vielleicht auch ihrer Herkunft geschuldet: Woher hätte sie, die aus einer Handwerkerfamilie stammte, das künstlerische Selbstbewusstsein nehmen sollen, bekannten Dichtern und Kritikern in ihrem Urteil zu widersprechen?

Feuchtwanger erkannte aber eben auch Fleißers Talent und förderte sie: So vermittelte er 1923 den Druck ihrer Erzählung *Meine Zwillingsschwester Olga* im *Tage-Buch*, das auch Texte bekannter Autoren wie Bruno Frank, Hermann Bahr, Theodor Lessing, Kurt Pinthus, Robert Musil, Bertolt Brecht und Feuchtwanger selbst veröffentlichte. Nach wie vor bedurften Schriftstellerinnen in der Regel männlicher Vermittlung, um ihre Werke zu veröffentlichen. Und nicht nur hier vermittelte Feuchtwanger – er stellte auch den Kontakt mit Brecht her, der Feuchtwanger in seiner Rolle als schriftstellerischer Berater ablösen sollte.

1922 hatte Fleißer Brechts Stück *Trommeln in der Nacht* an den Münchner Kammerspielen gesehen; sie erinnerte sich an ihre Reaktion auf das Stück so: »Stundenlang lief ich nach dem Theater in der regennassen Oktoberluft herum und wußte, von diesem Dichter komme ich nicht los, der hat was für mich, der gräbt mich um, an dem komme ich im Leben nicht vorbei.« Brecht, den Fleißer künstlerisch bewunderte, hatte neben Heinrich von Kleist einen maßgeblichen Einfluss auf das dramatische Werk der Dichterin.

Tatsächlich nahm Brecht sie in seinen Kreis auf und kümmerte sich um sie. 1926/27 erinnerte sie sich: »Ich empfand es so, als führte er mich zum Ursprung der Sprache hin, dorthin wo sie entstand.« Sie meinte, von ihm gelernt zu haben, so zu schreiben, dass die Sprache das Wesentliche fasse, ohne irgendetwas Überflüssiges zu sagen. Doch bald sollte dieses produktive Lehrer-Schülerin-Verhältnis kippen und sich Fleißer von Brecht benutzt und manipuliert fühlen.

Das hatte mit der Geschichte der Aufführung ihrer zwei Dramen zu tun, die ebenso wie ihre Prosa-Arbeiten schwer an die Öffentlichkeit zu bringen waren, auch wenn ihr künstlerischer Wert unbestritten war. So schrieb der Kritiker Herbert Ihering, an den Brecht Fleißer empfohlen hatte, am 11. September 1925 im *Berliner Börsen-Courier* überschwänglich, dass man in ihren Werken sofort das »Ungewöhnliche« empfinden würde: »Die Frage der Begabung ist schon ausgeschaltet. Das literarische Talent steht nicht mehr zur Debatte. Marieluise Fleißer ist eine schöpferische Frau (in der deutschen Dichtung der letzten Jahre die erste weiter seit Else Lasker-Schüler).«

Trotz solchen Lobes fand sich nicht ohne weiteres eine Bühne für ihr erstes Drama *Die Fußwaschung*, das sie 1924 fertiggestellt hatte und in ihrer Autobiographie *Ich ahnte den Sprengstoff nicht* als »ein Stück über das Rudelgesetz unter Schülern und über Außenseitertum« bezeichnete. Und weiter: »Ich glaube, daß diese Arbeit etwas mir völlig Eigenes war, katholische Kleinstadt aus der Sicht durch Großstadt gebrochen und überdeutlich, wie es die Bühne verlangt. Von jungen Menschen erlebt, die suchen müssen und noch lang nicht finden, die in die Irre laufen bis zur Todessehnsucht hin, und da ist keiner, der ihnen helfen kann, sie bleiben eingesperrt in sich selber.«

Schließlich konnte das Stück von Brecht erfolgreich an Moriz Seeler von der damals renommierten »Jungen Bühne« in Berlin zur Aufführung vermittelt werden. Dort änderte Seeler in Rücksprache mit Feuchtwanger, Brecht und Ihering den Titel kurzerhand in *Fegefeuer in Ingolstadt* und gab ihn an die Öffentlichkeit weiter. Die Dichterin wurde vor vollendete Tatsachen gestellt. Ein derartiger Eingriff in ihr Werk sollte nicht der letzte bleiben.

Im April 1926, kurz vor der ersten Aufführung von *Fegefeuer in Ingolstadt*, gab Lion Feuchtwanger der Autorin noch Tipps:

> Die Aufführung bei der Jungen Bühne ist der beste Start, den Du heute haben kannst. Wenn auch wenig Geld dabei

herausschauen wird, so ist es doch sehr wahrscheinlich, daß du daraufhin für Deine Novellen einen Verleger finden wirst. Der innere Wert einer Aufführung an einer so weithin sichtbaren Stelle und in so ausgezeichneter Besetzung kann was literarisches Renommé anlangt, gar nicht hoch genug geschätzt werden.

Sicher ist, daß Du jetzt, wenn Du Dich durch das furchtbare Zeitungsgeschrei, das Aufführungen der Jungen Bühne hervorzurufen pflegen, nicht ins Bockshorn jagen läßt, das Schlimmste hinter Dir hast. [...]

Auf mindestens ein Jahr wird, wie immer die Geschichte ausgeht, das Echo vorhalten.

Damit sollte Feuchtwanger recht behalten: Das Stück wurde ein Erfolg, sogar so gegensätzliche Kritiker wie Alfred Kerr und Ihering äußerten sich ähnlich positiv. In der Folge konnte Fleißer, die für die Aufführung extra nach Berlin gereist war, einen lukrativen Vertrag mit dem Ullstein Verlag abschließen. Sie war nun also bei demselben Verlag wie Brecht und Vicki Baum – im Gegensatz zu letzterer wurden ihr aber nur geringe Chancen auf größere Publikumserfolge eingeräumt. Monty Jacobs, der Feuilletonchef der zu Ullstein gehörigen *Vossischen Zeitung* schrieb ihr am 27. August 1926:

Ich brauche Ihnen nicht zu sagen, dass der Kunstwert einer Erzählung und ihre Verwendungsmöglichkeit für eine Tageszeitung zwei völlig verschiedene Dinge sind. Mit der Ehrlichkeit, die Sie mir hoffentlich nicht verübeln, muss ich nun sagen, dass Ihre Arbeiten sich mehr an ein Buchpublikum, als an den flüchtigen, gehetzten, im großstädtischen Trubel umhergewirbelten Zeitungsleser wenden. Man braucht eine Weile, um in Stimmung und Atmosphäre Ihrer Prosaskizzen hineinzukommen, und diese Zeit nimmt sich nur der Buchleser. Allein aus diesen Gründen entziehen sich fast alle der freundlichst eingesandten Schöpfungen für mein Gefühl einer Tageszeitung.

Trotzdem war es erst einmal ein Durchbruch. Quasi über Nacht war Fleißer in Berlin zu einer der wenigen wichtigen Dramatikerinnen der Weimarer Republik geworden – und das, obwohl das Theater nach wie vor eine Männerdomäne war. Wenige Tage nach der Aufführung an der »Jungen Bühne« schrieb Fleißer aus Berlin an ihren Vater in Ingolstadt: »Ich habe wie man so sagt einen Erfolg. [...] Wenn ich heimkomme muß ich mich hinsetzen und arbeiten. Man erwartet bis Herbst ein Lustspiel von mir.« Marieluise Fleißer war also dort angekommen, wo sie hinwollte: Sie war Schriftstellerin. Wie schwer ihr allerdings nach wie vor der Umgang in diesem Milieu fiel, wird etwa daran deutlich, dass sie – von der Aufführung in Berlin nach Hause zurückgekehrt – einen entschuldigenden Brief an Herbert Ihering schickte, da sie zu unsicher war, um ihn anzurufen, und nicht wollte, dass er dies als Unhöflichkeit verstand:

> In dem Fall mit Ihnen hatte ich nämlich ganz besonders Angst und die Tatsache ist die, daß ich so und so oft ans Telefon hinausging und wieder umkehrte vor dem Apparat, weil ich merkte, ich werde vor Herzklopfen kein Wort herausbringen. Ich weiß, daß dies von außen gesehen keine Entschuldigung ist und daß ich mit Worten nicht gutmachen kann. Aber vielleicht darf ich Ihnen rein menschlich sagen, daß in mir kein Wille war Ihnen gegenüber etwas zu unterlassen, aber daß ich in der Luft von Berlin ständig sehr betäubt herumging und daß eine gewisse Verwirrung, die ich an mir kenne und die mich zu meinem Unglück in Menschennähe überfällt, stärker war wie ich. Ich hoffe und vertraue, daß Sie mirs nicht allzusehr nachtragen werden.

Aus Berlin zurück in Ingolstadt – das Studium in München hatte sie inzwischen abgeschlossen und war wieder nach Ingolstadt gezogen –, wurde von ihr also ein Lustspiel erwartet. Im Sommer und Herbst 1926 traf sie sich einige Male mit dem zu dieser Zeit in Augsburg lebenden Brecht. Als sie ihm bei einem Treffen erzählte, dass derzeit Pioniere in Ingolstadt stationiert seien, die dort zu Übungszwecken eine Brücke bauten, schlug er ihr vor, darüber eine Komödie zu schreiben. Das tat sie, und schon im November 1926 war das Stück *Pioniere in Ingolstadt* fertig. Es handelt von eben diesen zeitweilig in Ingolstadt stationierten Pionieren, die das kleinstädtische Leben durcheinanderbringen. Das Dienstmädchen Berta etwa verliebt sich in Korl, einen der Pioniere. Korl jedoch ist emotional verroht und hat an Gefühlen kein Interesse:

BERTA: Dann kann ich dir gar nicht helfen?
KORL: Nicht, wenn du dich anhängst.
BERTA: Ich will dir nicht aufsitzen.
KORL: Heut muß ein Mädel sich was gefallen lassen, weil es zuwenig Mannsbilder gibt.
BERTA: Es gibt mich und gibt dich.
KORL: Dir fehlt bloß die Übersicht. Nämlich der Frauenüberschuß, der ist zu groß.
BERTA: Es gibt mich und gibt dich, und andere brauchen wir nicht.
KORL: Du sollst mich nicht immer so lieben, das macht mich noch rasend.
BERTA: Wenn ich nicht anders kann.
KORL: Weil du nicht schlau bist.
BERTA: Wie wird man schlau?
KORL: Wenn man von einem Mann was will, darf man nicht zeigen, was er mit einem machen kann.
BERTA: Wie soll ich denn sein?
KORL: Hast du schon einmal was gehört, daß man sich nicht an einem Menschen einhalten kann? Es hebt nicht.
BERTA: Es würde schon heben. Du willst nicht tragen.
KORL: Den ganzen Tag muß ich mich schikanieren lassen, bei den Weibern lasse ich mich aus. Das muß eine einsehn.
BERTA: Ja dann –
KORL: Braucht eine bloß mitspielen.
BERTA: Wenn du was zum Waschen hast, bring es mir her. Ich steh auf in der Nacht. Ich geh ins Waschhaus.
KORL: Der Mensch muß nicht alles haben. Das machen wir schon im Dienst.
BERTA: Was kann ich für dich tun?
KORL: Mich einen freien Mann sein lassen.
BERTA: Weißt du, was daraus entsteht?
KORL: Das macht doch mir nichts. Da hättest du dich eben früher rar machen müssen.
BERTA: Wenn ein Mann ein Mädel so weit hat und sie schaut

keinen anderen an, dann fragt er einmal, ob sie ihn heiraten will, weil dann geheiratet wird.

KORL: So schaust du aus. Schon wäre einer drin in der Falle.

BERTA: Du kannst doch jetzt nicht so sein.

KORL: Mit mir nicht. Ich kann das nicht brauchen.

BERTA: Du hast mich verraten.

KORL: An uns muß man glauben. Dann muß man sich von uns verraten lassen. Dann darf man weinen, wenn man mag, und dann muß man erst recht an uns glauben.

BERTA: So lang, bis eine kaputt ist.

KORL: Die Richtigen halten es aus.

BERTA: Aber das mußt du doch spüren, wer du für mich bist.

KORL: Einen Fetzen muß man aus euch machen. *Ab.*

Immer wieder sind es genau diese verrohten und raubtierhaften gesellschaftlichen Zustände, die Marieluise Fleißer so treffend darzustellen vermag: Korl, durch seinen Vorgesetzten geschunden, tritt nach unten, nach der Frau. Die kleinbürgerlichen Verhältnisse, die Fleißer immer wieder in Literatur verwandelt, sind auf eine ganz alltägliche Art brutal und in der Lage, noch die idealistischste Figur so zu verformen, dass auch sie brutal wird. Freilich sollten ihr in Reaktion auf *Pioniere in Ingolstadt* einige ihrer wichtigen Förderer – Herbert Ihering wie Bernard Guillemin von der *Magdeburgischen Zeitung* – raten, auch einmal ein anderes Milieu in den Blick zu fassen. Fleißer blieb ihrem Sujet jedoch weitgehend treu.

Einige Jahre und eine skandalträchtige Aufführung von *Pioniere in Ingolstadt* später würde Fleißer den Hergang der Entstehung allerdings ganz anders deuten und das so entstandene Stück gar zum Auftragswerk erklären, das Brecht von ihr gefordert habe. Sie fühlte sich manipuliert: »Brecht suchte mich jetzt zu formen nach seinem persönlichen Plan. Das lief darauf hinaus, daß er mir mein Eigenes nahm und mich umschmelzen wollte. Sein brauchbares Werkzeug sollte ich werden. Er verlangte die ›Pioniere in Ingolstadt‹ von mir, das war ein Sprung für mich, fast unerreichbar, da ich von Soldaten nichts wußte. Er stellte mich vor verwirrende Probleme, gab keinen menschlichen Halt.«

Ob Brechts Einfluss auf das Stück wirklich so groß gewesen war, wie hier angegeben, ist unsicher. Doch wie war es überhaupt zu dieser negativen Einschätzung des Einflusses Brechts gekommen? Der

Grund dafür liegt in der zweiten Aufführung des Stückes, für das sich wiederum lange keine Bühne finden ließ: Erst 1928 gelang es Brecht, es an ein Theater in Dresden zu vermitteln, wo es ohne weitere Probleme aufgeführt wurde. Ein Jahr später wurde das Stück jedoch auch am Theater am Schiffbauerdamm in Berlin inszeniert – und Brecht griff in Stück und Inszenierung ein. Insbesondere verlegte er die Entjungferung Bertas, die eigentlich hinter der Bühne stattfinden sollte, in eine mit einer Plane verdeckte, rhythmisch wackelnde Kiste auf der Bühne. Das Publikum, dass solch offene Anspielungen auf Sexualität noch nicht gewohnt war, reagierte empört. Als dann auch noch das Verhalten eines Feldwebels negativ dargestellt wurde, randalierten die Zuschauer, unter ihnen auch Vertreter der politischen Rechten. Das Stück war zu einem der größten Theaterskandale der Weimarer Republik geworden, die Polizei intervenierte dagegen. Brecht hatte das einkalkuliert, Fleißer dagegen traf es unvorbereitet – und ihr nahm man die vermeintlich negative Darstellung Ingolstadts dort auch übel. Der Vater erteilte ihr Hausverbot, und sie musste vorerst in Berlin leben. Zwar war Fleißer jetzt wirklich berühmt, aber solche Anfeindungen hatte sie nicht gewollt, die Reaktionen auf das Stück verstörten und verunsicherten sie nachhaltig, auch künstlerisch. Sie fühlte sich hintergangen und benutzt. Sie brach mit Brecht und seinem Kreis und floh zur Gegenseite: Sie freundete sich mit dem rechten Schriftsteller und Journalisten Hellmut Draws-Tychsen an, mit dem sie sich noch im August 1929 verlobte. Doch noch stärker als alle anderen Männer zuvor bevormundete dieser sie. Er redigierte nicht nur ihre Werke und griff also in sie ein, sondern er isolierte sie auch von Freunden und Bekannten und übernahm ihre Verlagsverhandlungen, allerdings so ungeschickt, dass sich einige Verlage weigerten, weiter mit Draws-Tychsen zu verhandeln. Zwar erschienen noch einige ihrer wichtigen Prosawerke – so 1929 die Erzählungen *Ein Pfund Orangen und neun andere Geschichten* und 1931 der Roman *Mehlreisende Frieda Geier* –, aber bis zum Jahr 1932 war Fleißer finanziell und persönlich so ruiniert, dass sie versuchte, sich das Leben zu nehmen.

Sie verließ Berlin 1932 und kehrte zu ihrem Vater zurück, die Beziehung zu Draws-Tychsen führte sie trotz mehrerer Trennungsversuche bis 1935 fort. Der Traum von der Karriere als Schriftstellerin war zum Albtraum geworden: Sie wurde von den erstarkenden

Nationalsozialisten angefeindet, war künstlerisch verunsichert, von allen isoliert, fühlte sich benutzt und wurde mal dem Lager Brechts, mal dem Draws-Tychsens zugeschoben, ohne sich einem von beiden zugehörig zu fühlen.

1935 standen dann *Pioniere in Ingolstadt* und *Mehlreisende Frieda Geier* auf der »Liste des schädlichen und unerwünschten Schrifttums« der Nationalsozialisten. Bereits ein Jahr zuvor war der Name der Autorin auf den Verbotslisten der Bayerischen Politischen Polizei aufgetaucht. Fleißer verhielt sich in dieser Situation ambivalent: Sie hatte 1933 den Antrag auf Mitgliedschaft in der Reichsschrifttumskammer gestellt, ohne die ein Publizieren nicht möglich gewesen wäre. In den Fragebögen, die zum Antrag gehörten, gab sie sich opportun und denunzierte sogar Brecht. Eine Nationalsozialistin war sie nicht, doch sie passte sich an, was aber vielleicht auch daran lag, dass sie dem Regime ohnehin schon verdächtig geworden war. 1938 wurde sie dann von der Mitgliederliste der Reichsschrifttumskammer gestrichen, aber nicht aufgrund eines Schreibverbots, sondern weil sie keine Publikationen vorzuweisen hatte.

Fleißer steckte nach wie vor künstlerisch, finanziell und psychisch in der Krise. 1935 hatte sie Josef Haindl, einen Jugendfreund und Tabakwarenhändler aus Ingolstadt, geheiratet, mit dem sie 1928 schon einmal kurz verlobt gewesen war. Die Ehe erwies sich als beengend, Fleißer musste im gemeinsamen Geschäft hart arbeiten und konnte nicht schreiben – 1938 erlitt sie einen Nervenzusammenbruch und begab sich für drei Monate in stationäre Behandlung. Erst in den letzten Jahren des Krieges schrieb sie wieder, obwohl sie ab 1943 als Hilfsarbeiterin zum Kriegseinsatz verpflichtet worden war. Es entstanden die Dramen *Karl Stuart* und *Der starke Stamm*. Das letztgenannte Stück sollte 1950 ausgerechnet auf Vermittlung Brechts in München uraufgeführt werden.

Nach dem Krieg bemühte sich Fleißer wieder darum, sich der literarischen Szene anzunähern. Zudem entdeckte die Öffentlichkeit sie neu: 1953 wurde sie mit dem Literaturpreis der Bayerischen Akademie der Schönen Künste geehrt, 1956 wurde sie ordentliches Mitglied eben dieser Akademie, zahlreiche andere Ehrungen und Preise folgten. Ihre Produktivität sollte jedoch erst nach dem Tod ihres Mannes 1958 wieder zunehmen. Nachdem dessen Firma aufgelöst worden war, wurde Fleißer Lektorin für die Abteilung Hörspiel am Bayerischen Rundfunk und für einige Verlage, bewegte sich aber weiterhin an der Grenze zur Armut.

Fleißer engagierte sich besonders für junge Autoren, die sie gar zu ihren »Söhnen« erklärte, darunter Martin Sperr, Rainer Werner Fassbinder und Franz Xaver Kroetz. Diese trugen wiederum zu einer Wiederentdeckung Fleißers bei, wenn auch nicht alles zu Fleißers Zufriedenheit ablief. Fassbinder strebte Ende der 1960er eine unautorisierte Neuinszenierung der *Pioniere in Ingolstadt* an, gegen die Fleißer zunächst vorging. Sie überarbeitete das Stück gerade – so wie sie in den letzten Lebensjahren die meisten ihrer früheren Werke noch einmal vollständig überarbeiten sollte – und wollte keine Aufführung des verhassten alten Stücks. Nur mühsam konnte sie doch noch überzeugt werden. Zwar mochte sie die 1970 folgende Verfilmung des Stücks durch Fassbinder nicht, nahm sie aber in Kauf, da sie auf das Honorar angewiesen war. Dennoch: Endlich, gegen Ende ihres Lebens, widerfuhr ihr die Ehrung und Aufmerksamkeit, auf die sie so lange nach dem Bruch mit Brecht und dann während der 1930er und 1940er Jahre hatte verzichten müssen.

Sie veröffentlichte noch einzelne wichtige neue Werke, so die Erzählungen *Avantgarde* (1963) und *Die im Dunkeln* (1965), in der es heißt: »Ins Theater drang ich ein als ein frecher Wicht. Ich gehörte da nicht hin, ich zählte ja nicht. Zwanghaft schlüpfte ich ein und hatte einen lechzenden Durst, daß mich was tränkte, nur hatten sie es nicht im Becher. Ich saß da mit meiner Bestürzung.« Diese Sätze der Ich-Erzählerin hätten auch von der Autorin selbst stammen können: Sie war und ist eine der wichtigsten deutschsprachigen Dramatikerinnen. Sie hatte sich ihren Weg zur Bühne immer wieder neu erstreiten müssen – in den 1920er Jahren und dann in den 1960er Jahren. Und jedes Mal wurden ihre Hoffnungen dabei auch enttäuscht, taten Männer, die in mächtigeren Positionen saßen als sie, mit ihrem Werk, was sie wollten. Marieluise Fleißer war gewiss oft bestürzt gewesen, aber zum Verstummen hatte man sie nicht bringen können – davon zeugen die 1972 erschienene Gesamtausgabe ihrer Werke sowie ihre Autobiographie *Ich ahnte den Sprengstoff nicht* von 1973. Im selben Jahr wurde sie mit dem Bayerischen Verdienstorden geehrt.

Nein, vieles an Sprengstoff hatte sie wirklich nicht geahnt – aber sie hatte mutig den Schritt heraus aus ihrem Milieu gewagt und ihren

Wunsch wahr gemacht, Schriftstellerin zu werden. Doch all die Aufregung hatte ihre Spuren hinterlassen: Zunehmend litt Marieluise Fleißer unter Herzproblemen. Immer wieder musste sie sich im Krankenhaus aufhalten, mehrfach hatte sie Herzanfälle. Am 2. Februar 1974 starb sie in Ingolstadt. Zu ihrem 80. Geburtstag 1981, den sie nicht mehr erleben durfte, rief die Stadt Ingolstadt den Marieluise-Fleißer-Preis für Literatur aus, der bis heute vergeben wird.

Ausgewählte Werke

Dramen: *Fegefeuer in Ingolstadt* (1926, ursprünglich *Die Fußwaschung*), *Pioniere in Ingolstadt* (1928), *Der Tiefseefisch* (1930, Fragment), *Karl Stuart* (1946), *Der starke Stamm* (1950); **Prosa:** *Ein Pfund Orangen und neun andere Geschichten* (1929), *Mehlreisende Frieda Geier* (1931; nach Überarbeitung unter dem Titel *Eine Zierde für den Verein*, 1975), *Andorranische Abenteuer* (1932), *Avantgarde* (1963), *Abenteuer aus dem Englischen Garten* (1969); **Essays:** *Sportgeist und Zeitkunst* (1929), *Ein Porträt Buster Keatons* (1930); **Autobiographisches:** *Ich ahnte den Sprengstoff nicht* (1973).

Mascha Kaléko (1907–1975)

All das Himmelgrau

Epitaph auf die Verfasserin

Hier liegt M. K., umrauscht von einer Linde.
Ihr »letzter Wunsch«: Daß jeglicher was finde.
– Der Wandrer: Schatten, und der Erdwurm: Futter.
Ihr Lebenslauf: Kind, Weib, Geliebte, Mutter.
Poet dazu. In Mußestunden: Denker.
An Leib gesund. An Seele sichtlich kränker.

Als sie verschied, verhältnismäßig jung,
Glaubte sie fest an Seelenwanderung.
– Das erste Dasein ist die Skizze nur.
Nun kommt die Reinschrift und die Korrektur. –
Sie hatte wenig, aber treue Feinde.
Das gleiche, wörtlich, gilt für ihre Freunde.

– Das letzte Wort behaltend, bis ans Ende,
Schrieb sie die Grabschrift selber. Das spricht Bände.

Dieses autobiographische Gedicht muss Mascha Kaléko recht kurz vor ihrem Tod geschrieben haben – und es umreißt ihr ganzes Leben mit wenigen Worten, in der für sie typischen Mischung aus Melancholie und Humor. In ihrem Leben, so schrieb sie einmal, habe es immer viel Himmelgraues gegeben. Es war ein schweres, trauriges Leben, durch dessen dicke Wolken sie doch immer wieder das Schöne, Helle des Daseins gesehen hat.

Geboren wurde Mascha Kaléko am 7. Juni 1907 als Golda Malka Aufen, bald »Mascha« genannt, als erstes Kind des jüdischen Kaufmannes Fischel Engel und seiner Frau Rozalia Chaja Reisel Aufen in Chrzanów in West-Galizien. Es folgten noch drei weitere Kinder: Lea, Rachel und Chayim. Der Vater war als Kaufmann viel auf Reisen, was für die junge Dichterin gewiss schade war, stand sie ihm doch näher als der Mutter, die die bravere Schwester Lea gegenüber der ersten, lebhaften und eigensinnigen Tochter bevorzugte. Auch Mascha Aufen fühlte sich also als Kind in der eigenen Familie oft allein und isoliert, wie so viele der Dichterinnen vor ihr. Die finanzielle Situation der Familie war nicht allzu gut, allerdings waren sie auch nicht arm, so dass zumindest Geld für Kindermädchen da war. Ein paar von ihnen stammten aus Berlin, so dass die Kinder bald Jiddisch, Deutsch und Deutsch im Berliner Dialekt beherrschten.

1914, Mascha Aufen war da gerade mal sieben Jahre alt, musste die Familie nach Deutschland auswandern – es war die erste Emigration in ihrem Leben. Der Grund war wohl zum einen der Erste Weltkrieg, da der Vater vermutlich fürchtete, bei einem Einmarsch der Russen in Polen eingezogen zu werden, zum anderen kam es zunehmend zu Pogromen gegen Juden, weswegen zahlreiche ostjüdische Familien zu dieser Zeit flohen. Viele ließen sich in Berlin, Wien oder Prag nieder. Die erste Station der Familie von Fischel Engel war aber Frankfurt am Main, wo er als feindlicher Ausländer interniert wurde. Mascha Aufen, die hier bis 1916 die Volksschule besuchte, empfand diesen ersten Verlust der vertrauten Umgebung als tief verstörend. Weitere Verluste sollten in ihrem Leben folgen.

1916 zog die Familie nach Marburg an der Lahn, der Vater wurde entlassen und Mascha Aufen begann, erste Gedichte zu schreiben. Die Familie war arm, was sich auch nicht ändern sollte, als sie 1918 nach Berlin zog und der Vater aus beruflichen Gründen erneut wenig zu Hause war. Viele der galizischen Jüdinnen und Juden lebten in Armut und es galt als Makel, aus Galizien zu stammen – die Dichterin sollte später ihre Herkunft verschweigen.

Fünf Jahre nach dem Umzug beendete Mascha Aufen den Schulbesuch mit der Mittleren Reife. Sie war eine gute Schülerin gewesen, vielleicht hätte sie gerne ein Abitur gemacht und studiert, der Vater aber lehnte ein Studium für Mädchen grundsätzlich ab. Zunächst wusste sie lange nicht, was sie werden sollte, die Zukunftsaussichten waren in dieser von hohen Arbeitslosenzahlen geprägten Zeit ohnehin schlecht. Sie begann 1924 eine Bürolehre im Arbeiter-Fürsorgeamt der jüdischen Organisationen Deutschlands, die sie jedoch langweilte. Mascha Aufen las viel und besuchte als Gasthörerin Abendkurse in Philosophie und Psychologie an der Lessing-Hochschule und der Friedrich-Wilhelm-Universität. 1926 lernte sie den Philologen Saul Kaléko kennen, einen zehn Jahre älteren Journalisten und

Sprachlehrer für Hebräisch – zwei Jahre später heirateten die beiden. Aus Golda Malka Aufen wurde Mascha Kaléko.

In diesen Jahren ging sie nach der Arbeit gerne ins »Romanische Café«, in dem sich die Berliner Künstlerszene traf, so beispielsweise Erich Kästner, Joachim Ringelnatz, Alfred Döblin, Else Lasker-Schüler, Gottfried Benn, Gabriele Tergit, Bertolt Brecht und Egon Erwin Kisch. Hier fand sie Anschluss zur Literaturszene ihrer Zeit, bald sollte sie selbst ihre ersten Gedichte veröffentlichen und so zur wichtigsten Lyrikerin der Neuen Sachlichkeit werden.

1929 erschienen erste Gedichte von ihr in *Der Querschnitt*, schon ein Jahr später veröffentlichte sie in der renommierten *Vossischen Zeitung*, bald darauf auch im *Berliner Tageblatt*. Ihre Texte trafen den Nerv der Zeit. Sie hatte von Anfang an Erfolg und musste nicht lange nach Zeitungen suchen, die ihre Gedichte drucken wollten – die Zeitungen meldeten sich bei ihr. Rückblickend schrieb sie in *Hat alles seine zwei Schattenseiten*: »Ich war zaghaft wie ein erstes Schneeglöckchen und scheu, wie sich das für einen so blutigen Anfänger gehört. Meine Ambitionen hingegen waren beträchtlich. Es musste immer gleich alles sein – oder nichts.«

Erfolg hatten ihre Gedichte wegen der Mischung aus Humor und Melancholie. Mit Sympathie, einem genauen Blick und Witz fand sie Worte für das, was die Menschen umtrieb – sie schrieb Zeitlyrik. Um den Kontakt zu Zeit und Alltag der Menschen für ihre Kunst nicht zu verlieren, gab Kaléko trotz des Erfolgs ihren Bürojob nicht auf. Dadurch verbesserte sich natürlich auch die finanzielle Situation des Ehepaars Kaléko, das nun Reisen nach Frankreich, Spanien und Österreich unternehmen konnte. Auch mit Lesungen und mit dem Schreiben von Chansontexten für andere war Kaléko erfolgreich. Besonders überrascht waren viele über das junge Alter der Autorin, aus deren Gedichten doch so viel Lebensweisheit sprach – später sollte sich die Dichterin dauerhaft um fünf Jahre jünger machen, vielleicht um diesen Effekt zu verstärken.

Bald schon waren Gedichte und kurze Prosatexte Kalékos regelmäßig in vielen Zeitungen in Deutschland, Österreich, der Schweiz und der Tschechoslowakei zu lesen. 1932 bot ihr Franz Hessel, Lektor beim Rowohlt Verlag, an, einen Gedichtband zu veröffentlichen, und ein Jahr später erschien *Das lyrische Stenogrammheft. Verse vom Alltag*. Schon der Titel macht deutlich, dass es sich hier um Lyrik handelt, die sich vor allem dem Alltag von Angestellten zuwendet, den Kaléko ja selbst gut kannte. Vermutlich waren die Gedichte auch darum so beliebt, denn die Reaktionen von Kritikern wie Leserinnen und Lesern waren positiv: Die Menschen fanden sich in den Gedichten wieder – und das tun sie bis heute:

Katzenjammer-Monolog

Zuweilen möchte man aus sich heraus
Und kann die Tür ins Freie doch nicht finden.
– Dann schnüffelt man vielleicht mal nach den Gründen
Und kriecht noch tiefer in sein Schneckenhaus.

Man müßte vieles tun. Und manches lassen.
Und kann das eine wie das andre nicht.
Man denkt an manche unerfüllte Pflicht.
Bis sich die Dinge dann mit *uns* befassen.

So vieles tut man rasch in Acht und Bann
Mit Augen, die geschlossen schon erblinden.
– Doch auch das Schicksal hat so dann und wann
Auf unserm Konto Unterlassungssünden.

Mitunter scheint's, man sei nun endlich da.
– Am Ziel, von dem man schüchtern nur geträumt hat –
Da plötzlich merkt man, daß man was versäumt hat,
Ein dummes Etwas nur. – Beinah … beinah.

Wenn man ein zweites Mal geboren würde,
Dann finge man das Leben anders an.
– Vielleicht, daß dann so manches anders würde …
(Vorausgesetzt, daß man vergessen kann –)

Daß man vergessen kann, was man erfahren.
– Man horcht sehr oft zu viel in sich herum.
Am besten wär es, klug zu sein und stumm.
Man ist zuweilen alt mit zwanzig Jahren.

Doch auch Kalékos früher Erfolg währte nur ein paar Jahre. Auch diese Schriftstellerinnenlaufbahn wurde durch die Machtübernahme der Nationalsozialisten praktisch zerstört. Dabei verfolgte die Dichterin durchaus schon früh, wie andere Künstlerinnen und Künstler, Jüdinnen und Juden drangsaliert wurden und emigrierten. Selbst fühlte sie sich anscheinend nicht bedroht, zumindest dachte sie nicht über Emigration nach. Sie durfte zunächst weiter veröffentlichen, ihre Bücher wurden nach wie vor verkauft, auch antisemitische Anfeindungen hatte sie, laut eigener Aussage in einem Interview mit Joachim Fischer, nicht erlebt. Sie erinnerte sich in diesem Interview vom 9. Oktober 1973 aber daran, solche Übergriffe in ihrer Kindheit beobachtet zu haben:

> Ich war mit meiner Mutter im Ostseebad Kolberg und zwar war ich damals in einer jüdischen Pension und die Lasker-Schüler war auch in dieser Pension und wurde sehr bemuttert – ich wusste gar nicht, wer Lasker-Schüler ist, ich war noch nicht in dem Alter, wo man Lyrik kennt – ich hörte nur, dass die Jungen Steine nach ihr warfen und sie »Judsche, Judsche« beschimpften und als sie dann weg war, erklärte uns die Besitzerin der Pension, dies sei eine der größten deutschen Dichterinnen, ich solle mir den Namen merken […].

Zunächst verdiente Kaléko mit ihrem Schreiben tatsächlich so viel, dass sie ihren Bürojob nun doch kündigte. Gleichzeitig begann sie aber 1933, Kurse für Reklamegraphik zu belegen. Sie trat der Reichsschrifttumskammer bei, was zu dieser Zeit für Jüdinnen und Juden noch möglich war, und verreiste weiterhin oft mit ihrem Mann. Doch die Situation veränderte sich schnell: Schon 1934 druckten die Zeitungen keines ihrer Gedichte mehr, sie verdiente nun Geld als Werbetexterin, unter anderem für die Deutsche Grammophon Gesellschaft. Zusätzlich erschien 1934 ihr zweiter Band mit neuen Gedichten und kürzeren Prosatexten im Rowohlt Verlag: *Kleines Lesebuch für Große. Gereimtes und Ungereimtes.* Auch dieser Band verkaufte sich gut und wurde positiv besprochen – Hermann Hesse wies als Erster auf die Nähe zu den Gedichten Heinrich Heines und auf Kalékos Bezug zur romantischen Tradition hin. In der Nachfolge Heinrich Heines sah sich die Dichterin zeitlebens selbst.

Doch schon ein Jahr später wurde Kaléko als Jüdin aus der Reichsschrifttumskammer ausgeschlossen. Damit durfte sie in Deutschland nicht mehr publizieren. Zwei Jahre später, 1937, teilte die Reichsschrifttumskammer dem Rowohlt Verlag mit, dass die Bücher der Dichterin auf die »Liste des schädlichen und unerwünschten Schrifttums« gesetzt worden und damit verboten seien. Der Buchhandel reagierte auf dieses Verbot der sich gut verkaufenden Bücher nur schleppend. Insbesondere die Leserinnen und Leser hingen weiter an den Texten der Dichterin: Viele schrieben die Gedichte, da man sie nicht mehr kaufen konnte, mit der Hand oder der Maschine ab und gaben sie weiter. So geriet Mascha Kaléko trotz Publikationsverbots nicht in Vergessenheit.

Zu diesen schrecklichen beruflichen und politischen Veränderungen kamen belastende und doch glückliche Veränderungen im Privatleben Kalékos: 1935 hatte sie den Komponisten und Musikwissenschaftler Chemjo Vinaver kennengelernt, in den sie sich sehr verliebte. Die beiden wurden ein Paar, zunächst jahrelang ohne das Wissen des Ehemanns Saul Kaléko. Für Mascha Kaléko und Chemjo Vinaver war es die wahre, große, nahezu symbiotische Liebe. Als die Dichterin 1936 ihren Sohn Avitar Alexander bekam, verriet sie ihrem Ehemann zunächst nicht, dass nicht er, sondern Chemjo Vinaver der Vater war. Sie litt sehr unter der Lüge. Als sie ihrem Mann die Wahrheit sagte, wollte dieser die Ehe zunächst retten, doch ihre Gefühle für Vinaver waren zu stark: Das Ehepaar trennte sich, Anfang Januar 1938 war die Scheidung rechtskräftig. Saul Kaléko erklärte sich damit einverstanden, dass der Sohn bei Mascha Kaléko aufwuchs, die schon Ende Januar 1938 Chemjo Vinaver heiratete. Den Nachnamen »Kaléko« behielt sie als Künstlernamen bei.

Diese zweite Ehe sollte für sie bis an ihr Lebensende Erfüllung und großes Glück bedeuten, auch wenn die beiden oft und heftig stritten. In ihren schwersten Zeiten, von denen ihnen noch einige bevorstehen sollten, gaben sie sich aber gegenseitig Halt. Dennoch waren die Aufregung und emotionale Belastung der Jahre zu viel für die Dichterin gewesen: Von nun an litt sie immer wieder unter Ohnmachtsanfällen, zudem sollten sie nun Gallen- und Magenbeschwerden begleiten …

1938 waren die frisch Verheirateten noch in Deutschland. Der Rest von Kalékos Familie – mit Ausnahme der Schwester Lea – war schon

1933 nach Tel Aviv emigriert, wo die Dichterin sie besuchte. Sie kehrte aber noch einmal nach Deutschland zurück, wo sich ihre Situation verschlechterte. Die Eheleute konnten praktisch kein Geld mehr verdienen, da ihnen das Ausüben ihrer Berufe verboten war. Bald bemühten sie sich um Papiere für die Emigration in die USA – und sie erhielten diese. Im September 1938 verließen sie Deutschland, also kurz vor den Novemberpogromen. Von ihrer neuen Heimat New York aus beobachteten sie, wie die Situation für die jüdische Bevölkerung nun immer unerträglicher wurde – sie waren knapp entkommen. Es war Mascha Kalékos zweite Emigration.

Im Gegensatz zu ihrem Mann lernte Kaléko bald Englisch und verdiente etwas Geld mit Übersetzungen und Werbetexten, während Vinaver weiter als Dirigent, Komponist und Musikwissenschaftler Fuß zu fassen versuchte. Die finanzielle Situation war sehr angespannt, und Kaléko stellte ihre eigene künstlerische Karriere ihrem Mann und ihrem Sohn zuliebe zurück. In ihr Tagebuch notierte sie: »Wie wäre eine solche Zeit zu ertragen ohne den Halt eines eigenen Lebens inmitten dieses Getümmels? Meine Welt hat sich ›verengt‹ auf zwei Menschen: Chemjo und Evjatar. Sie hat sich dennoch erweitert. Ich arbeite nichts für mich, bin ganz dem zugewandt, was Chemjos Arbeit angeht und Evjatars kleines Glück. Und ich fühle, es ist gut so.«

Avitar hatten sie in New York zunächst in Evjatar, dann in Steven umbenannt, um ständige Rückfragen wegen seines Namens zu vermeiden. Obwohl Kaléko freiwillig ihren Beruf zurückstellte und ihr die Familie Halt und Erfüllung gab, fiel ihr dieser Schritt schwer – zumal Chemjo Vinaver sie bald als seine »Karrierehelferin« bezeichnete, sie sich um den Alltag und sein Management kümmern musste, da er zu unpraktisch veranlagt war, und für ihn übersetzen musste, da er kein Englisch konnte. Zum Schreiben hatte sie keine Zeit. Hinzukamen andauernde Magenbeschwerden.

Ab 1939 ergab sich dann für sie wieder eine Möglichkeit, ab und an Gedichte in der Emigranten-Zeitung *Aufbau* zu veröffentlichen, für die auch Thomas Mann, Hannah Arendt, Bertolt Brecht und andere schrieben. Doch die finanzielle Situation der Familie blieb äußerst angespannt. Trotzdem versuchte die Dichterin, die eigene Situation positiv zu sehen angesichts des Elends insbesondere ihrer Schwester Lea, die in Deutschland geblieben war und von der jede Nachricht fehlte. Anfang Oktober 1940 notierte sie in ihr Tagebuch: »Darf man klagen? Nein! Wir sind alle beieinander: Und überall ist Krieg. Krieg! Keine Nachrichten aus Tel Aviv. Und denk ich an Lea, bin ich tot. Armes kleines Schwesterchen! Und ich sitz hier, mit gebundenen Händen.«

1944 wurden alle drei Familienmitglieder amerikanische Staatsbürger. Dennoch: Europa fehlte ihr. Und die alte Heimat Europa sollte für Kaléko auch nach Kriegsende verloren bleiben – sosehr sie sich nach ihr, insbesondere nach Berlin, sehnen sollte, leben würde sie dort nie wieder. Doch zumindest als Autorin wollte sie wieder wahrgenommen werden: 1945 erschien im amerikanischen Verlag Schoenhof ein neuer Band mit Gedichten aus der Exilzeit, *Verse für Zeitgenossen*. Auch diesmal waren die Reaktionen positiv – Thomas Mann, dem sie ein Exemplar zugesandt hatte, antwortete ihr am 24. Dezember 1945: »Sehr verehrte Frau, haben Sie Dank für Ihren Gruss und Ihre ausdrucksvollen Gedichte, an denen ich eine gewisse aufgeräumte Melancholie am meisten liebe. [...] [I]ch wollte doch, Ihre wohllautend-mokante Stimme erklänge auch wieder in Deutschland, wo es gewiss weniger als je an Sinn dafür fehlen würde.« Aber Kaléko konnte sich noch nicht vorstellen, wieder in Deutschland zu veröffentlichen, obwohl Ernst Rowohlt schon 1946 ihre ersten beiden Gedichtbände neu auflegen wollte. Immer wieder versuchte der Rowohlt Verlag, Kontakt zu ihr herzustellen, aber bis 1948 lehnte sie alles ab: Sie wollte Deutschland weder noch einmal betreten noch dort veröffentlichen. Nach wie vor unterstützte sie vor allem die Arbeit ihres Mannes, von der die Familie auch lebte.

Eine erste Annäherung an Deutschland erfolgte 1952. In diesem Jahr reisten Kaléko und ihr Mann zuerst nach Israel zu ihrer Familie und dann nach Europa. Um Deutschland machten sie dabei aber noch einen Bogen, sie besuchten Paris und London. Doch diese Reise verstärkte ihr Heimweh: Mascha Kaléko merkte, dass sie sich Europa nach wie vor stark verbunden fühlte. Vielleicht auch aus diesem Grund nahm sie im nächsten Jahr Kontakt zum Rowohlt Verlag auf und schlug eine Neuauflage ihrer ersten beiden Gedichtbände vor: Sie sollten unter dem Titel *Das lyrische Stenogrammheft* zusammengelegt werden und 1956 erscheinen.

Um die Veröffentlichung durch Lesungen und Interviews zu unterstützen, reiste Kaléko Anfang 1956 erstmals wieder nach Deutschland. Zunächst dominierte die deutsche Vergangenheit über ihre Eindrücke. Sie fragte sich bei jedem, den sie sah, ob er ein Nazi gewesen war. Aber schon nach ein paar Wochen schrieb sie am 8. Februar 1956 an Manfred George: »Ich wundere mich selbst: aber das hat sich gegeben.« Zunächst hielt sie sich in Hamburg auf, wo es ihr gefiel, auch wenn sie weniger zu den Menschen Zugang fand als vielmehr zum Stadtbild und der Umgebung. Sie schrieb während dieser Reise zahlreiche Briefe an Chemjo Vinaver, der in New York geblieben war. Am 21. Januar 1956 schrieb sie: »Unsere Zeit ist es nicht mehr. […] Begeistert bin ich natürlich einstweilen nur von der Begegnung mit europäischer Erde […] Ich bin eben doch ein Kind dieses Kontinents – du auch.«

Nach einigen anderen Stationen kam sie im März in der Stadt an, in der sie gelebt hatte: in Berlin. Sie besuchte die Orte, die ihr früher lieb und wichtig gewesen waren, und schrieb ihrem Mann, wie schön es wäre, wenn er bei ihr wäre. In einem Vortrag in Kassel im Jahr 1956 mit dem Titel *Die paar leuchtenden Jahre* schilderte sie ihre Eindrücke so:

> Es war ein merkwürdiges Wiedersehen. Ein sehr merkwürdiges *Erlebnis*, in diesem so veränderten, aber doch noch erkennbaren Berlin wieder wie vor langer Zeit auf einer Caféterrasse zu sitzen. Und wieder, wie damals – vor den sagenhaften »tausend Jahren« – den Kurfürstendamm hinabzuschlendern, wieder sein Buch in den Schaufenstern der Berliner Buchläden zu sehen, wieder den Duft der märkischen Föhren im Grunewald zu wittern und das so lang vermisste Gezwitscher heimatlicher Spatzen zu hören, früh beim Erwachen. Das mag nichts Besonderes scheinen – solange man es hat.

Für ihre Karriere war die Reise durch Deutschland ein Erfolg – überall gab es noch Leute, die sie kannten und ihre Gedichte schätzten. Und auch privat war es ein überraschend positiver Aufenthalt: Völlig unerwartet erhielt sie einen Anruf – an Chemjo Vinaver schrieb sie am 17. März 1956: »Mir zitterte die Stimme, ich war fertig und heulte wie ein Untier und konnte gerade noch meine genaue Adresse sagen.« Sie hatte ihre Schwester Lea wiedergefunden, oder eher: Sie war von Lea gefunden worden, mit deren Überleben wohl keiner mehr gerechnet hatte. Diese war während der Zeit des Nationalsozialismus vermutlich nach Russland verschleppt worden und hatte Schreckliches erlebt. Spontan verlängerte Kaléko ihren Aufenthalt in Berlin bis Oktober, um möglichst viel Zeit mit der Schwester verbringen zu können.

Obwohl sich ihr Buch gut verkaufte – innerhalb von drei Monaten waren 40 000 Exemplare über den Ladentisch gegangen –, war ihr Honorar bald verbraucht, und Kaléko musste sparen. In einem Brief an ihren Mann schrieb sie am 5. April 1956: »Vom Gedichteschreiben kann man nur leben, wenn man schon tot ist.« Die Dichterin konnte schlecht wissen, was wir heute wissen: Auch heute noch, Jahre nach ihrem Tod, hätte sie mit ihren Gedichten Geld verdienen können – in der Jahres-Bestsellerliste 2018 stand der Band *Mein Lied geht weiter* auf Platz vier der am häufigsten verkauften Gedichtbände.

Kaléko besuchte noch die Schweiz und Rom, im Dezember 1956 kehrte sie nach New York zurück. Die Eingewöhnung in den Alltag fiel ihr jedoch schwer. Am 14. März 1957 schrieb sie an Suse Weltsch: »Ich bin auch nicht mehr hier zuhause seitdem ich in Europa war.« Schon im nächsten Jahr reiste sie zusammen mit ihrem Mann nach Deutschland, um die Veröffentlichung der *Verse für Zeitgenossen* in einer neuen, leicht veränderten Ausgabe im Rowohlt Verlag zu unterstützen. Die Erfolge dieser Jahre wären beinahe durch einen Preis gekrönt worden: 1959 war sie für den mit 4000 Mark dotierten Fontane-Preis der Berliner Akademie der Künste nominiert. Doch als sie erfuhr, dass der Direktor der Abteilung für Dichtung, Hans Egon Holthusen, aus dessen Hand sie den Preis hätte entgegennehmen müssen, in der SS gewesen war, lehnte sie ab. Damit traf sie, insbesondere in der Akademie, auf Unverständnis – ein paar Jahre später, 1962, sollte auch Paul Celan seine Mitgliedschaft in der Akademie wegen Holthusen ablehnen.

1959 verließ sie erneut das Land, in das sie sich erst so schwer eingelebt hatte: Nun, da der Sohn Steven inzwischen erwachsen und in Italien am Theater als Regisseur tätig war, zog Mascha Kaléko ihrem Mann zuliebe mit ihm nach Jerusalem – er wollte dort seine Arbeit an einer Anthologie chassidischer Synagogalmusik fortsetzen. Dieser Umzug war für sie ein Bruch: Sie konnte sich in die neue Umgebung kaum eingewöhnen, kannte niemanden, fand nur sehr langsam neue Freunde und war nun diejenige, die sprachlich isoliert war. Sie konnte kein Hebräisch und lernte es auch in den folgenden Jahren kaum. Zudem war der Alltag beschwerlicher für sie: Täglich musste sie kochen, weil es weniger Möglichkeiten gab, um essen zu gehen als in New York. An Barbara Schopplick schrieb sie am 24. Februar 1960: »Die Kocherei ist so kraft- und zeitraubend, wenn man jede dämliche Mahlzeit zu hause machen muss. Alles bleibt ›für morgen‹ liegen, Post und Wichtigeres … aber so auf ne freie Viertelstunde hin kann ich nicht dichten. […] Ich bin 24 Stunden lang im ›Dienst‹. Pflegerin, Köchin, Dienstmädchen, alles, nur nicht Ich.«

Chemjo Vinaver dagegen kam mit dem neuen Leben gut zurecht, er konnte seine beruflichen Pläne zunächst vorantreiben. Kalékos eigene Arbeit dagegen kam nahezu zum Erliegen. Noch ein Jahr später, am 18. April 1961, schrieb sie an Robert Weltsch: »Der Alltag raubt mir Zeit und Kraft, im Winter schrieb ich sogar wieder ein bischen [sic!], aber jetzt muss ich wieder immerzu kochen und haushalten, ich schrieb schon mal darüber, wie schlimm es um uns schaffende Frauen bestellt sei, einfach weil wir keine ›Frau‹ haben, die kocht und tippt.« Es ist interessant, wie diese Beschreibung trotz dessen, was sich in den letzten 200 Jahren an der Situation der Frau geändert hatte, an die Lebensumstände Luise Adelgunde Gottscheds erinnert. Auch diese hatte das Werk ihres Mannes dem eigenen übergeordnet, freilich noch, weil sie es musste. Helene Böhlau hatte dies ebenfalls getan, freiwillig. Noch Mascha Kaléko tat dies – und schrieb darüber ein ironisches Gedicht, das in ihrem Nachlass enthalten ist:

Die Frau in der Kultur

Zu deutsch: »Die klägliche Leistung der Frau«.
Meine Herren, wir sind im Bilde!
Nun: Wagner hatte seine Cosima
und Heine seine Mathilde.
Die Herren vom Fach haben allemal
einen vorwiegend weiblichen Schatz.
Was uns Frauen fehlt, ist »Des Künstlers Frau«.
Oder gleichwertiger Ersatz.

[…]

Wenn William Shakespeare sinnend schrieb
an seinen Königsdramen,
ward er fast niemals heimgesucht
vom »Bund Belesener Damen«.
Wenn Siegfried seine Lanze zog,
Don Carlos seinen Degen,
erging nur selten an ihn der Ruf,
den Säugling trockenzulegen.

Petrarcas Seele, weltentrückt,
ging ans Sonette-Stutzen
ganz unbeschwert von Pflichten wie
etwa Gemüseputzen.
Doch schlug es Mittag, kam auch er,
um seinen Kohl zu essen,
– beziehungsweise das Aequivalent
in römischen Delikatessen …

[…]

Kaléko schrieb also in ihrer Zeit in Jerusalem wenig – die Veröffentlichungen, zu denen es kam, enthielten entweder zu einem guten Teil bereits veröffentlichte Texte in neuer Zusammenstellung wie *Verse in Dur und Moll* (1967) oder sie hatte schon seit den 1950er Jahren an ihnen gearbeitet, so an den Kinderbüchern *Der Papagei, der Mamagei und andere komische Tiere* (1961), *Wie's auf dem Mond zugeht* (1971) und den Epigrammen und Aphorismen *Hat alles seine zwei Schattenseiten – Sinn- und Unsinngedichte* (1973). Zudem hatte sie Probleme mit dem Rowohlt Verlag, der ihre Gedichtbände nicht nachdruckte, obwohl sie vergriffen waren. Man glaubte, diese nicht mehr verkaufen zu können. Kaléko wechselte zum Walter Verlag, der sie aber ebenfalls enttäuschte, und schließlich zu Blanvalet, wo sie 1968 mit *Das himmelgraue Poesiealbum der Mascha Kaléko* eine Zusammenstellung alter, aber auch einiger neuer Gedichte veröffentlichte. Den Titel erklärte sie dem Verlag in einem Brief vom 3. Mai 1968 so: »Nicht Himmelgraues gibt es und gab es nie allzuviel bei mir.«

Tatsächlich blieb ihr Leben in Jerusalem schwer: Die finanzielle Situation der Eheleute war weiterhin angespannt, zudem litten beide unter dem Klima. Vinaver hatte Asthma, Kaléko immer wieder Probleme mit Magen und Galle. Regelmäßig reisten die beiden nach Europa, um sich dort zu erholen, aber im Falle der Dichterin auch, um dort zu arbeiten.

1968, als sich beide gerade in Zürich aufhielten, kam es zur Katastrophe: Ihr Sohn Steven war bei der Probe eines Theaterstückes in den USA krank zusammengebrochen und ins Krankenhaus gebracht worden. Kaléko flog gleich zu ihm – Steven Vinaver starb am 28. Juli 1968 mit nur 38 Jahren. Sofort kehrte Kaléko zu ihrem Mann zurück, um ihm die Nachricht persönlich zu überbringen. Von diesem Schicksalsschlag sollten sich beide nicht mehr erholen. Ein Jahr lang reisten sie durch Europa, in Angst vor der Heimkehr in einen Alltag, in dem sie alles daran erinnerte, dass sie ein Kind gehabt hatten. Kaléko konnte auf Lesungen kaum selbst lesen, stattdessen las nun eine Schauspielerin für sie – sie selbst war wie abwesend. Auch nachdem beide nach Jerusalem zurückgekehrt waren, trauerten sie weiter. Nur langsam, ganz langsam konnte Mascha Kaléko wieder schreiben und half ihr das Schreiben wieder, das Leben zu meistern. Am 30. Januar 1971 schrieb sie an Ruth Ferry: »Die Zeit ›heilt‹ nichts. Sie narkotisiert nur. Und zuweilen wacht man aus der Narkose auf und merkt den Schmerz hinterm Schleier noch intensiver.«

Beide versuchten, weiter zu arbeiten, doch insbesondere der Gesundheitszustand von Chemjo Vinaver verschlechterte sich zusehends, so dass er schließlich nicht mehr nach Europa mitkommen konnte und pflegebedürftig wurde. Ab 1973 musste er in einem Heim in Tel Aviv untergebracht werden, wo ihn Kaléko so oft besuchte, wie es ging – am 12. Dezember 1973 starb er an einem Herzanfall. Nun war Kaléko allein, in einem Land, das ihr immer noch fremd war, in dem sie sich isoliert fühlte. Sie zog sich nahezu vollständig zurück, verließ die Wohnung kaum noch. Unter die Todesanzeige für ihren Mann setzte sie ein Gedicht aus *Verse für Zeitgenossen*:

Memento

Vor meinem eignen Tod ist mir nicht bang,
Nur vor dem Tode derer, die mir nah sind.
Wie soll ich leben, wenn sie nicht mehr da sind?

Allein im Nebel tast ich todentlang.
Und laß mich willig in das Dunkel treiben.
Das Gehen schmerzt nicht halb so wie das Bleiben.

Der weiß es wohl, dem gleiches widerfuhr;
– Und die es trugen, mögen mir vergeben.
Bedenkt: den eignen Tod, den stirbt man nur,
Doch mit dem Tod der andern muß man leben.

Die Dichterin setzte nun alles daran, das Werk ihres Mannes zu vollenden: Seine Anthologie und seine letzte Kantate sollten veröffentlicht werden. Ihr eigenes Werk stellte sie erneut zurück – erst ein halbes Jahr nach seinem Tod begann sie langsam wieder zu scheiben.

1974 reiste sie noch einmal nach Berlin und in die Schweiz. Gerade die Zeit in Berlin genoss sie sehr. Zudem freute sie sich, dass Rowohlt endlich *Das lyrische Stenogrammheft* neu aufgelegt hatte, das sich sehr gut verkaufte.

Ihr Aufenthalt in Berlin hatte ihr so gut gefallen, dass sie zurückzukehren überlegte. Doch dazu sollte es nicht mehr kommen. In Zürich wurde sie krank. Die Diagnose: Magenkrebs – nach all den Jahren mit Magenbeschwerden. Für eine Operation war es zu spät. Noch einmal setzte sie alle Kraft ein, um den Nachlass ihres Mannes zu regeln und seine Anthologie zu veröffentlichen – dies gelang ihr noch. Ihren eigenen Nachlass überließ sie der Schauspielerin Gisela Zoch-Westphal, die sich nach dem Tod der Dichterin sehr um die Pflege von deren Werk verdient machen sollte. Kaléko plante ihr eigenes Begräbnis bis hin zur Inschrift für den Grabstein – wie es auch im eingangs zitierten Gedicht *Epitaph auf die Verfasserin* steht. Am 21. Januar 1975 starb Mascha Kaléko im Alter von nur 67 Jahren in Zürich. Sie soll mit einem Gedicht aus dem Nachlass das letzte Wort haben:

Ein sogenannter schöner Tod

Eines Morgens wachst du auf und bist nicht mehr am Leben.
Über Nacht, wie Schnee und Frost, hat es sich begeben.
Aller Sorgen dieser Welt
Bist du nun enthoben.

Krankheit, Alter, Ruhm und Geld
Sind wie Wind zerstoben.
Friedlich sonnst du dich im Licht
Einer neuen Küste,
Ohne Ehrgeiz, ohne Pflicht.
– Wenn man das nur wüßte!

Ausgewählte Werke

Lyrik und Kurzprosa: *Das lyrische Stenogrammheft. Verse vom Alltag* (1933); *Kleines Lesebuch für Große. Gereimtes und Ungereimtes* (1935; später in die Neuauflage von *Das lyrische Stenogrammheft* 1956 integriert); *Verse für Zeitgenossen* (1945; veränderte deutsche Ausgabe: 1958); *Verse in Dur und Moll* (1967); *Das himmelgraue Poesiealbum der Mascha Kaléko* (1968); *Hat alles seine zwei Schattenseiten. Sinn- & Unsinngedichte* (1973); **Kinderbücher:** *Der Papagei, der Mamagei und andere komische Tiere. Ein Versbuch für verspielte Kinder sämtlicher Jahrgänge* (1961); *Wie's auf dem Mond zugeht und andere Verse* (1971).

Verzeichnis der Romanauszüge und Gedichte

LOU ANDREAS-SALOMÉ (1861–1937)

115 *Lebensgebet* (1)

118 *Aus fremder Seele* (2)

L A.-S.: Lebensrückblick. Aus dem Nachlass hrsg. von Ernst Pfeiffer. Frankfurt. a. M.: Insel, 1968. (1)

L. A.-S.: Aus fremder Seele. Stuttgart: Cotta'sche Buchhandlung Nachfolger, 1901. (2)

LOUISE ASTON (1814–1871)

72 *Lebensmotto* (1)

73, 75 *Aus dem Leben einer Frau* (2)

78 *Meine Emancipation, Verweisung und Rechtfertigung* (3)

L. A.: Wilde Rosen. Berlin: W. Moeser und Kühn, 1846. (1)

L. A.: Aus dem Leben einer Frau. Hamburg: Hoffmann und Campe, 1847. (2)

L. A.: Meine Emancipation, Verweisung und Rechtfertigung. Brüssel: C. G. Vogler, 1846. (3)

VICKI BAUM (1888–1960)

162, 164 Menschen im Hotel. Köln: Kiepenheuer & Witsch, 1988. – © 1988 Verlag Kiepenheuer & Witsch GmbH & Co. KG, Köln.

HELENE BÖHLAU (AL RASCHID BEY) (1859–1940)

103 *Halbtier!* Berlin: Egon Fleischel & Co., 1903.

ANNETTE VON DROSTE-HÜLSHOFF (1797–1848)

65 *Am Sonntag nach hl. drei Könige*

67 *Das Spiegelbild*

70 *Lebt wohl*

A. von D.-H.: Sämtliche Werke in zwei Bänden. Bd. 1. München: Winkler, 1973.

MARIE VON EBNER-ESCHENBACH (1830–1916)

90 *Das Gemeindekind.* In: M. von E.-E.: Gesammelte Werke in drei Bänden. Hrsg. von Johannes Klein. Bd. 1. München: Winkler, 1956–1958.

CAROLINE AUGUSTE FISCHER (1764–1842)

30 *Die Honigmonathe.* Posen: Johann Friedrich Kühn, 1802.

MARIELUISE FLEISSER (1901–1974)

209 *Pioniere in Ingolstadt.* In: Spectaculum 13. Acht moderne Theaterstücke. Frankfurt a. M.: Suhrkamp, 1970. S. 114 f.

LUISE ADELGUNDE VICTORIE GOTTSCHED (1713–1762)

14 *Die Pietisterey im Fischbein-Rocke.* Hrsg. von Wolfgang Martens. Stuttgart: Reclam, 2010. (Universal-Bibliothek. 8579.)

KAROLINE VON GÜNDERRODE (1780–1806)

54 *Liebe und Schönheit* (1)
59 *Die eine Klage* (2)
K. von G.: Sämtliche Werke und ausgewählte Studien. Hrsg. von Walter Morgenthaler. Basel: Stroemfeld / Roter Stern, 1990. (1)
K. von G.: Gesammelte Werke. Band 1–3, Bd. 2. Berlin-Wilmersdorf: O. Goldschmidt-Gabrielli, 1920–1922. (2)

RICARDA HUCH (1864–1947)

123 *Zuversicht* (1)
128 *Schwabing* (2)
130 *Der letzte Sommer. Eine Erzählung in Briefen* (3)
134 *Mein Herz, mein Löwe* (4)
R. H.: Gedichte. Leipzig: H. Haessel, 1894. (1)
R. H.: Gesammelte Werke. Bd. 11. Köln: Kiepenheuer & Witsch, 1966–1974. (2)
R. H.: Der letzte Sommer. Eine Erzählung in Briefen. Stuttgart/Leipzig: Deutsche Verlags-Anstalt, 1910. (3)
R. H.: Herbstfeuer. Gedichte. Frankfurt a. M.: Insel, 1955. (4)

MASCHA KALÉKO (1907–1975)

215 *Epitaph auf die Verfasserin*
218 *Katzenjammer-Monolog*
226 *Die Frau in der Kultur*
228 *Memento*
229 *Ein sogenannter schöner Tod*
M. K.: Sämtliche Werke und Briefe in vier Bänden. Bd. 1–4. Hrsg. und komm. von Jutta Rosenkranz. München: Deutscher Taschenbuch Verlag, 2012. –

GERTRUD KOLMAR (1894 – um 1943)

177 *Das Schwertlied* (1)
179 *Opfergang* (2)
180 *Fruchtlos* (3)
182 *Ewiger Jude* (4)
182 *Die Fahrende* (5)
183 *Die Einsame* (6)

G. K.: Das Lyrische Werk. München: Kösel, 1960. (1) (3) (4) (5) (6)
G. K.: Frühe Gedichte (1917–22). Wort der Stummen (1933). Hrsg. von Johanna Woltmann-Zeitler. München: Kösel, 1980. (2)

SOPHIE VON LA ROCHE (1730–1807)

17 *Melusinens Sommer-Abende* (1)
22 *Die Geschichte des Fräuleins von Sternheim* (2)

S. von L. R.: Melusinens Sommer-Abende. Hrsg. von C. M. Wieland. Halle a. d. S.: Societäts-Buch- und Kunsthandlung, 1806. (1)
S. von L. R.: Die Geschichte des Fräuleins von Sternheim. Hrsg. von Barbara Becker-Cantarino. Stuttgart: Reclam, 2011. (Universal-Bibliothek. 7934.) (2)

ELSE LASKER-SCHÜLER (1869–1945)

137 *Mutter* (1)
138 *Weltflucht* (2)
140 *Ein alter Tibetteppich* (3)
145 *Ich liege wo am Wegrand* (4)

E. L.-S.: Styx. Gedichte. Berlin: Axel Jucker, 1902. (1)
E. L.-S.: Gesammelte Gedichte. Leipzig: Verlag der Weißen Bücher, 1917. (2)
E. L.-S.: Gedichte 1902–1943. Hrsg. von Friedhelm Kemp. München: Kösel, 1959. (3)
E. L.-S.: Mein blaues Klavier. Neue Gedichte. Jerusalem: Tarshish Books, 1957. (4)

FRANZISKA ZU REVENTLOW (1871–1918)

154 *Der Geldkomplex.* München: Biederstein, 1958.

NELLY SACHS (1891–1970)

169 *Rehe* (1)
173 *O die Schornsteine* (2)
174 Chor der Geretteten (3)
176 *Hier nehme ich euch gefangen* (4)

In: C. V.-Zeitung, Nr. 15. Berlin 9. 4. 1936. N. S.: Werke. Kommentierte Ausgabe in vier Bänden. Hrsg. von Aris Fioretos. Bd. 2: Gedichte 1951–1970. Hrsg. von Ariane Huml und Matthias Weichelt. – © 2010 Suhrkamp Verlag, Berlin. (2) (3)
N. S.: Suche nach Lebenden. In: N. S.: Werke. Kommentierte Ausgabe in vier Bänden. Hrsg. von Aris Fioretos. Bd. 1: Gedichte 1940–1950. Hrsg. von Matthias Weichelt. – © 2010 Suhrkamp Verlag, Berlin 2010. (4)

JOHANNA SCHOPENHAUER (1766–1838)

34 *Jugendleben und Wanderbilder*
38 *Gabriele*
J. S.: Jugendleben und Wanderbilder. Bd. 1. Braunschweig: George Westermann, 1839.
J. S.: Sämtliche Schriften. Bd. 7, 1. Teil. Leipzig: Brockhaus / Frankfurt a. M.: Sauerländer, 1834.

ANNA SEGHERS (1900–1983)

193 *Das siebte Kreuz.* Berlin: Aufbau, 2004. S. 38 f. – Abdruck aus Werken von Anna Seghers mit freundlicher Genehmigung des Aufbau Verlages, Berlin

Ältere Quellentexte wurden auf die heute gültige Rechtschreibung umgestellt. Die originale Interpunktion blieb durchweg erhalten.

Katharina Herrmann

geb. 1985, studierte Germanistik und ev. Theologie. Sie ist als Gymnasiallehrerin in Ingolstadt tätig. Bis 2019 war sie wissenschaftliche Mitarbeiterin an der ev.-theolog. Fakultät der LMU München. Als Literaturbloggerin (www.kulturgeschwaetz.de) setzte sie sich u. a. in einem vieldiskutierten Beitrag mit dem männlich dominierten Literaturkanon auseinander.

Tanja Kischel

geb. 1972 in Würzburg, ließ sich zur Uhrmacherin und Goldschmiedin ausbilden, bevor sie Kommunikationsdesign studierte. Sie lebt und arbeitet als freie Illustratorin und Grafikdesignerin für verschiedene Institutionen, Verlage und Agenturen in München.